문화콘텐츠학 총서 010

유럽연합(EU)의 문화창조산업 프로젝트

홍종열

HU:iNE

들어가는 말

"창조성의 근원은 지역이고 그 도달점은 세계이다"

- EU 문화창조산업 정책 녹서(2010)

'다양성 속의 조화(United in Diversity)'라는 유럽연합의 모토는 다양한 국가의 각기 다른 문화적 배경이 가져올 수 있는 갈등과 분열을 새로운 조화로 승화시켜 초국가적 힘을 발휘하려고 하는 의도를 효과적으로 드러내고 있다. 유럽연합은 모든 문화는 고유하다는 사실을 내세우며 문화의 다양성을 역동성과 혁신, 창조성, 그리고 성장의 원천으로 보고 있다. 또한 유럽연합은 단순히 시장의 힘, 또는 특정국의 일방적인 행위에 의한 세계화에 반대하며 그들만의 고유한 해답을 제시하고자 한다. 이러한 유럽연합의 아젠다가 공통적으로 지향하고 있는 바는 무엇일까?

이 책은 2012년 발간되었던 『유럽연합(EU)의 문화산업과 문화정책』의 개정증보판으로 유럽연합의 문화정책에서 세계화 방식 가운데 하나인 글로컬라이제이션 전략을 읽어보려는 시도이다. 유럽연합은 문화정책에 있어서 '교류'에 가장 중점을 두고 있다. 문화적 다양성이 존중되기 위해서는 상호간의 대화와 소통이 핵심적인 역할을 하기 때문이다. 그리고 오늘날 부상하고 있는 문화산업 부분에서도 풍부한 고유 문화유산을 글로벌화시켜 부가가치를 창출하는 전략을 활용하고 있다. 더욱 흥미로운 부분은 그 동안 다져온 다양한 문화적·인적 교류 활동이 유럽 차원의 문화산업 정책의 근간이 되고 있다는 것이다. 오늘날 사회가 직면한 환경 자체가 디지털화에 의해 급속도로 가속화된 세계화, 여기에 부가되는 문화다양성으로 요약된다. 그러므로 문화산업 정책에서도 이동과 교류가 화두가 되는 것은 필연적이라 하겠다. 유럽은 그동안 다져온 교류 활동의 노하우를 바탕으로 문화산업의 세계화를 모색하고 있다.

유럽연합은 2010년 우리나라와 자유무역협정(FTA)을 체결함으로써 더욱 큰 관심의 대상이 되고 있다. 하지만 유럽연합에 관한 학문적 논의는 부족한 편이다. 특히 유럽연합의 문화산업과 문화정책에 관한 연구는 그 비중과 중요성이 증가하고 있는 데 반해 여전히 미비한 실정이다. 이러한 상황에서 이 책은 문화에 중심을 두는 동시에 경제·정치·문화의 통합적인 시각에서 유럽연합에 관한 학술 연구를 시도하고자 한다.

세계화는 비단 어느 특정국에만 해당하는 문제가 아니라 세계 모든 국가들이 초미의 관심을 기울이고 있는 주제이다. 그런데 여기에 대한 비관적 전망이 제기되는 주된 이유는 바로 미국 문화의 동질화 때문이다. 따라서 글로컬라이제이션과 같은 새로운 방식의 세계화에 대한 정확한 이해가 필요한 시점이라 하겠다. 이를 위해 이 책은 유럽연합의 문화정책 프로그램에 대한 최신의 자료와 정보를 활용하고 있다. 우리는 문화정체성이란 고정된 개념이 아니라 역동적인 것이라는 관점에서 유럽연합의 현재를 분석하고자 시도한다. 이 책에서 다루는 유럽연합의 문화정책을 중심으로 하는 논의는 결론적으로 유럽만의 고유한 글로컬라이제이션 모델을 도출해보는 데 의의를 두고 있다. 우리는 이를 통해 일반적인 글로컬라이제이션의 개념에서 보다 깊이 들어가 유럽연합이 지향하고 있는 글로컬라이제이션의 특성들을 이해하는 기회를 가질 수 있을 것이다.

차례

1

문화정책을 통한 유럽연합의 글로컬 전략

유럽연합(EU)의
문화창조산업 프로젝트

1

문화정책을 통한 유럽연합의 글로컬 전략

1. 세계화 시대의 문화정책

오늘날에는 '문화정체성'이라는 키워드가 과거 '이데올로기'가 회자되던 것만큼이나 중요하게 언급되고 있다. 이러한 배경에는 최근 들어 가속화된 세계화의 담론이 자리하고 있다. 세계화란 사회적·문화적 제도에 대한 지리학적 구속이 약해지고, 그러한 사실을 사람들이 점점 많이 인식하게 되는 사회적 과정으로 정의된다.[1] 세계화 이론의 선구자들, 대표적으로 뒤르켐(Durkheim)은 이러한 사회적 변화를 구조적 분화의 과정으로 일찍이 설명한 바 있다.[2] 즉 세계화를 산업화에 따른 분화 현상들인 개인화, 세속주의, 도구적 합리화 등을 수렴하고 있는 '근대화'의 산물로서 바라보는 것이다.

세계화는 종종 서구문화와 자본주의 사회의 전파를 정당화시키는 것처럼 비춰짐으로써 의심의 대상이 되어 온 것이 사실이다. 새로운 정보통신기술과 발달된 교통에 의한 경계의 해체, 인터넷 미디어 등은 세계가 점점 좁아지고 있으며 문화적 차이가 약화되고 있음을 시사한다. 그로 인해 오늘날 세계 각지의 모습은 서로 유사해지고 있다. 같은 상점, 같은 패스트푸드점, 같은 광고판 등을 세계 어느 곳에서도 볼 수 있으며, 우리는 같은 영화를 세계 여러 도시에서 동시에 볼 수 있고, 같은 드라마를 TV에서 접할 수 있다. 이러한 문화적 동질화 경향은 세계화를 미국화(Americanization)·맥도날드화(Mcdonaldization)·서구화(westernization)의 다른 이름으로 인식하도록 만든다.[3] 글로벌 문화는 문화적 동질화를 유도하려는 일종의 압력 행사와 다름없으며, 문화 제국주의의 형태로까지 이어질 수 있어 위기감을 부추긴다.

한편 최근에 등장한 이론들을 보면 문화적 동질화론에 대한 비판을 제기하고 있다. 특히 미국화나 서구화의 개념은 세계 질서의 특수한 측면만을 강조하였다는 한계를 지닌다. 미국이 가지고 있는 지배적인 국제 권력을 간과해서는 안 되겠지만, 비서구권이 가지게 된 경제적 힘과 세계적 네트워크는 괄목할 만하다.[4] 또한 조나단 프리드만은 서구의 문화적 정체성이 도전받고 있다고 보았다.[5] 이는 '동양의 부상'과는 별개로 서구 세계의 내면적인 변화를 가리킨다. 즉 서구적 근대성과 문화 헤게모니의 축소에 따른 다문화주의와 민족국가의 해체이다. 그는 자본의 분권화라는 세계 경제의 변화가 문화적 분권화 또는 복수주의에 영향을 미쳤다고 지적했다.

『춤추는 문화(Tanz der Kulturen)』의 저자들은 문화적 관점이 세계화에 대한 시각을 더 넓은 차원으로 확장시켜 줄 수 있다고 주장한다. 이를 논증하는 가운데 울리히 벡이 정의한 세계화에 관한 개념을 상정한 바 있다.[6] 벡은 세계화에 관한 개념을 보다 명확히 하기 위해 세계성, 세계화, 세계화주의를 구분하여 제시하였다. '세계성(Globalität)'은 테크놀로지, 미디어, 아이디어, 교통, 시장, 금융을 통해 연계된 세계의 현재 상태로서 되돌릴 수 없는 객관적 현실을 의미한다. 한편 '세계화주의(Globalismus)'는 그야말로 신자유주의의 이데올로기와 실천으로서, 세계시장은 세계 변화의 유일한 추진력이자 척도이며 여타 모든 세계화의 차원을 규정짓고 있다고 보았다. 그러나 이와 달리 '세계화(Globalisierung)' 자체는 항상 변화하는 네트워크화 과정을 의미하며, 중요한 사실은 우리가 이 과정에 관여할 수 있다는 것임을 강조하였다. 이러한 개념의 구분은 세계화에 대한 다각적인 인식과 함께 낙관적인 전망의 가능성을 열어주는 것이다.

우리는 이와 같은 세계화 담론이 결국 문화정체성의 문제와 직결되어 있다는 것을 알 수 있으며, 세계화에 대해 과연 어떤 입장을 취해야 할지 고민을 갖게 된다. 자국의 고유한 문화성을 지키기 위해서 거대한 세계화의 흐름에 맞서야 할 것인가? 아니면 세계화를 적극 수용하여, 이를 통해 세계시민으로의 정체성을 새롭게 획득할 것인가? 하지만 이러한 양자택일만이 해법이라고 생각되지는 않는다. 또 다른 선택지인 '자국의 문화 정체성을 버리지 않으면서 세계화의 흐름에 대응'하는 것이 더 설득력이 있는 대안이라 생각되기 때문이다. 우리는 이 마지막 선택지를 유럽연합의 문화정책에서 찾아보려고 한다.

제러미 리프킨은 '아메리칸 드림(American Dream)'이 몰락함과 동시에 인류에 세계화 의식을 가져다 줄 '유러피언 드림(European Dream)'이 부상하고 있다고 진단한 바 있다.[7] 아메리칸 드림은 성공하기 위해 개인에게 주어지는 무한한 기회를 강조하는 대신에 다양성이라든가 상호의존성이 증가하는 세계에서 사회복지에 갖는 관심은 상대적으로 낮다. 유러피언 드림은 개인의 자유보다 공동체 내의 관계를, 동화(同化)보다는 문화적 다양성을, 부의 축적보다는 삶의 질을, 무제한적 발전보다는 환경을 고려한 지속가능한 개발을, 일방적 무력행사보다는 다원적 협력을 강조한다. 과연 제러미 리프킨이 제시한 유러피언 드림은 유럽의 문화정체성이 지향해나가는 바를 제대로 드러낸다고 볼 수 있을까?

유럽연합은 지금 글로벌화 되어가고 있는 세계적 상황에 직면하여 문화를 중요한 화두로 제시하며 문화의 역할과 그 정책적 대안들을 채택해 나가고 있다. "문화에 대한 최초의 전략"[8]에서 유럽연합은 유럽통합 과정에 있어 문화가 가지는 중심적 역할을 분명히 했다. 또한 유럽을 위한 문화 아젠다(agenda)를 제안하고, 이를 유럽 안에서만이 아닌 밖으로도 확장시켜 제3세계와도 문화적 접근을 통해 관계를 넓히려 한다. 이를 위해 유럽 전역에 걸친 정책 결정자들은 물론 다양한 단체들과 계속적인 논의와 협의를 해나가고 있다.

우리는 이 책에서 세계화 시대의 문화정체성 문제를 유럽연합의 문화정책에 초점을 맞추어 논의해봄으로써 새로운 비전을 제시하려 한다. 세계적 탈영토화의 대표적 사례로 언급되고 있는 유럽연합의 문화정책들을 분석해 보고, 그들이 어떻게 문화적 정체성을 구축해나가고 있는지를 살펴보겠다. 궁극적으로 유럽의 방식들이 과연 문화적 동질화를 초래하고 있는 미국화로서의 세계화와는 다른 차원의 대안적 모델이 될 수 있는가를 논의해보도록 한다.

2. 글로컬 전략이란 무엇인가

세계화에 관한 사회학의 대표적 학자인 로버트슨(Robertson)은 세계적인 것과 지역적인 것의 마주침이 가지는 중요성을 강조하였다. 이는 전통적으로 경제나 정치에 편향되어 온 세계화 연구에 문화적 영역을 고취시키기 위한 시도의 하나로 받아들여지고 있다. 로버트슨은 세계적인 것과 지역적인 것의 상호침투성을 드러내기 위해서는 '글로컬라이제이션(glocalization)'이 더욱 적합한 개념이라고 주장하였다.[9] 그는 이제 세계적 동질화나 이질화에 대한 논쟁을 넘어서야 한다고 주장한다. 그것들은 구체적인 상황에서 마주치는 동시적인 경향이므로, 선택의 문제가 아니라 상호보완적이며 상호침투적이라는 것을 인정해야 한다는 것이다.

글로컬라이제이션은 애초에 소니(SONY)사의 창업자 모리타 아키오가 1992년 만들어낸 신조어로 알려져 있다. 일반적으로 경영·마케팅 분야에서 세계적 차원의 사업을 지역의 상황에 맞추어 토착화시킴으로써 효과를 극대화하려는 전략을 의미해왔다. 그러나 '글로벌'과 '로컬'의 작용에 대해서는 이와 정반대의 방향으로 작용될 가능성도 제기되고 있다. 즉 세계적으로 가능성을 지닌 요소들을 선택하고 변형시킴으로써 지역적인 것과 세계적인 것 간의 창조적인 참여를 이끌어낼 수도 있다.[10] 따라서 글로컬라이제이션이라는 합성어는 세계적인 것의 지역화와 지역적인 것의 세계화라는 양면적 의미를 동시에 포함하고 있다고 하겠다.

최근 국내의 문화콘텐츠 연구 분야에서도 세계화에 대한 대안으로서 글로컬라이제이션에 대한 담론에 불이 지펴지고 있다. 글로컬라이제이션은 국내에서 흔히 '세방화(世方化)', '지구지역화'라고 번역되고 있다. 박치완은 "세계화는 단순한 정의나 기준 통일의 문제가 아니"라는 점을 지적하면서, 자본과 권력의 논리에 따라 획일적으로 통일되어가는 식의 세계화는 단호히 거부해야 한다고 주장했다.[11] 또한 세계화 시대에 한국문화의 정체성과 다양성에 대한 자기의식적 대응과 반성적 성찰이 절실히 요구되는 시점이라는 자각이 일고 있다. 심승구는 초국가적 자본의 힘에 기반한 신자유주의의 파고가 어느 때보다 높은 현실 앞에 어느 민족이든 구심점을 잃지 않으면서 인류의 상생과 번영을 기약하기 위해서는 우수한 전통문화가 더욱 절실하고 소중하다고 지적하였다.[12] 나아가 이기상은 생물종의 다양성이 지속가능한 지구 생태계를 위한 필수조건이듯이 문화의 다양성은 평화로운 인류의 공존을 위한 기본조건이라고 주장했다.[13] 우리는 다양한 문화권에서 전수되어 내려오는 수많은 문화자산들을 최대한 활용하여 현재 인류가 겪고 있는 문제들을 해결해 보다 나은 미래를 준비해야 한다는 것이다.

우리는 지금 문화콘텐츠 산업을 주요 국가 산업으로 육성시켜 세계로의 도약을 꿈꾸고 있다. 하지만 문화를 산업화시켜 다른 나라 다른 문화권에 상품으로 판다는 것이 얼마나 어려운 일이며, 그 성과가 과연 얼마나 나타날지 우려의 목소리가 크다. 역으로 생각해 보자. 다른 나라와 다른 문화들의 상품들이 우리나라로 수입될 때 얼마나 많은 우려의 목소리들이 나오는가? 일본이 가장 쉬운 예라고 본다. 우리나라는 일본의 문화와 문화상품들을 본격적으로 받아들이기로 한 것이 채 10년 남짓에 지나지 않았다. 이는 타문화에 대한 보이지 않는 거부와 우려가 늘 작용하고 있다는 것을 보여준다. 더욱이 양국 간의 역사적인 갈등에 의한 묵은 감정도 가세했을 것으로 짐작할 수 있다. 이처럼 복잡다단한 이유들로 인해 어느 나라든지 서로 다른 문화권에 문화상품을 수출한다는 것이 그리 쉽게 이루어지는 일은 아니다.

이러한 맥락에서 우리는 유럽연합의 문화창조산업(cultural & creative industries)[14] 정책만이 가지고 있는 독특한 배경과 성격을 '글로컬'이라는 코드를 통해 이해해보려고 한다. 다시 말해 유럽이 그동안 다져온 문화교류 활동들을 살펴보고 이를 통한 상호 이해의 노하우가 어떻게 문화창조산업의 세계화에 기여하고 있는가를 살펴보는 것이다. 유럽 역시 그들만의 오랜 역사적 갈등의 골이 있어왔다는 것은 분명한 사실이다. 이는 수많은 전쟁과 서로 얽히고설킨 갈등 관계를 드러내는 그들의 역사가 보여주고 있다. 유럽연합의 경우 사실 이전까지만 해도 문화창조산업 정책이란 생각도 하지 못했다.

2010년 발표된 유럽연합의 문화창조산업 전략은 그간의 과정과 배경에 대한 이해가 동반되지 않는다면 단순히 새로운 또 하나의 전략으로만 치부되기 쉽다. 그러나 유럽연합은 오랜 통합과정에서 다양한 국적과 문화를 지닌 시민들의 교류 작업을 20여 년 넘게 준비해 두었다는 사실을 잊어서는 안 된다. 서로 간의 상이한 역사와 문화에 의한 갈등을 조화로 승화시키려 노력해 온 것이다. 이처럼 문화창조산업 전략을 세우기 이전에 꾸준한 문화교류와 인적교류가 선행되어 왔다는 점이야말로 우리가 눈여겨보아야 할 핵심적인 부분이라 할 수 있다.

유럽연합의 기나긴 시행착오들과 그 결실들을 거울삼아 우리는 보다 현명하게 문화산업 정책을 기획해 나갈 수 있을 것이다. 특히 동아시아 담론이 활발한 오늘날 우리의 문화콘텐츠 산업이 주변국들과 어떻게 조화롭게 유지발전할 수 있는가에 대해 중요한 시사점을 제공한다. 한류는 우리나라가 문화 수신국에서 문화 발신국으로 전환되었음을 알리는 신호로 볼 수도 있지만, 원래 이 말은 한국의 대중문화와 연예인에 빠져있는 젊은이들의 유행을 경계하기 위한 부정적 의미로 사용되었다.[15] 더욱이 최근에는 한류가 일시적 현상에 그칠지도 모른다는 위험에 처해있다. 이는 한류가 형성된 지역을 단순한 문화 수신국으로 치부함으로써 타문화권에 대한 소통과 이해를 중요한 선행과제로서 인식하지 못하고 있기 때문이라 본다. 문화적 다양성의 존중과 상호교류의 방법을 제대로 익히지 못한 탓일 수도 있다.

우리는 문화강국으로 진입하기 위한 조치들 가운데 '글로벌'이란 환상에서 벗어나 '글로컬 의식(glocal consciousness)'을 갖추는 일이 필요하다.[16]

이 책은 궁극적으로 한국의 문화콘텐츠 산업을 세계적으로 육성시키는 데 있어서 자국은 물론 다양한 문화들의 정체성을 서로 훼손하지 않으면서 지속가능한 성장을 지향할 것을 제안한다. 그것을 이끄는 것이 바로 문화정책을 통한 글로컬라이제이션 전략이다.

3. 유럽연합의 글로컬 전략

유럽연합의 글로컬라이제이션 전략은 과연 어떠한 특수성을 지니고 있을까? 이것은 사실 이 책의 본문 전체를 통해서 설명되어야 할 부분이다. 유럽연합 차원에서 문화창조산업 정책을 수립하기까지의 과정은 유럽의 문화정체성 문제에서 출발했다고 해도 과언이 아니다. 유럽연합은 유럽적 정체성 확립이라는 목표 아래 상호 문화교류에 중점을 두어왔다. 그리고 이러한 다양한 교류의 결실로 문화창조산업 정책이 구상되었다는 사실을 우리는 이미 밝힌 바 있다. 상호 간의 소통과 이해를 도모하는 교류는 글로컬라이제이션의 방식에서 역시 핵심적인 역할을 한다. 따라서 과연 유럽연합이 어떠한 방식으로 교류와 협력을 쌓아오고 있었는지를 살펴보는 일은 중요한 과제가 될 것이다.

우리는 유럽연합의 문화창조산업 정책에 접근하기 위해서는 우선 유럽의 문화정체성에 대한 이해와 문화교류의 구체적인 과정 파악이 선행되어야 한다는 사실을 알 수 있다. 그런 다음 최근에 주력하고 있는 문화창조산업 정책을 살펴보는 작업까지 완수한다면, 마침내 유럽연합의 글로컬라이제이션이 가지는 특수성을 전체적으로 조망하는 일이 가능할 것이다. 이러한 이해의 여정이 바로 이 책의 구성 내용에 다름 아니다. 앞으로 전개될 본문의 내용을 미리 제시해보면 이러하다.

가장 먼저 유럽의 현재 문화정체성이 어떠한 변화를 겪어가고 있는지를 알아보려고 한다. 제2장 <유럽의 문화정체성, 유로의식>이다. 최초에 유럽 이념이 어떻게 형성되고 전개되어 왔는지를 살펴보고, 유럽통합의 사상적 흐름과 유럽연합 출범 이후 유럽시민권의 배경과 내용에 대해 알아본다. 그런 다음 유럽연합이 세계화를 위시한 다양한 오늘날의 사회적 변화에 각각 대응하기 위해 표명하고 있는 정책 아젠다를 살펴볼 것이다. 이와 함께 유럽의 문화정체성을 표현하기 위해 '유로의식(Euro- Consciousness)'이라는 개념을 제안해본다. 유로의식은 유럽연합이 문화정책의 아젠다를 설정하는 데 매우 중요한 맥락으로 작용한다.

다음으로 유럽연합의 문화정책들을 본격적으로 분석해보아야 하겠다. 제3장 <유럽연합의 문화정책과 문화교류>에서는 문화교류 부문에 초점을 맞추어본다. 유럽연합은 통합의 확대와 심화 과정에서 유럽적 정체성의 부재로 인한 갈등과 사회통합의 문제점을 마주하게 되었다. 여기에 대한 해결을 모색하는 가운데 유럽연합은 문화의 중요성을 인지하고 정책을 강화해나가고 있다. 즉 개별 회원국 단위를 넘어 유럽연합 차원에서 제도를 마련함으로써 공동의 문화정책을 추진해나가는 것이다. 여기서는 유럽연합이 지금까지 시행해온 세 단계의 문화정책들을 개관해보겠다. 특히 2007년부터 2013년까지 진행 했던 '문화 2007' 프로그램을 보다 상세히 분석해본다. 이를 통해 유럽연합이 문화정책을 통해 어떻게 아젠다를 실천해나가고 있는지를 확인해보도록 한다.

그런 다음 문화교류와 보완관계를 맺고 있는 인적교류에 초점을 두어 교육정책을 살펴본다. 제4장 <유럽연합의 교육정책과 인적교류>이다. 교육은 개별 국가의 고유한 권한으로서 국가의 정체성과 존립에 중요한 부분을 차지한다. 유럽통합 초기의 교육교류활동은 직업훈련에 한정되어 있었으므로 우선 여기에 대해 살펴보고, 연이어 학생교류에 관한 프로그램도 다루어본다. 그 후에 이러한 양자의 흐름이 어떻게 보다 체계적이고 통합적인 프로그램들로 발전되어 나가는지를 설명하겠다. 평생학습프로그램이 가지는 목적과 의의를 분석해보면 유럽연합이 그리고 있는 사회의 모델을 짐작해볼 수 있다. 그리고 유럽 내 다양한 고등교육체계를 통합한 볼로냐 프로세스를 통해 유럽연합이 교육정책을 통해 드러내고 있는 글로벌 시대의 비전을 알아본다.

마침내 우리는 문화창조산업을 성장시키기 위한 유럽연합의 창의적이고 혁신적인 정책들에 대해 알아볼 것이다. 제5장 <유럽연합의 문화창조산업과 문화도시>이다. 문화창조산업 정책은 문화·교육정책을 통해 20여 년 간 다져온 유럽의 다양한 문화적·인적 자원의 교류 활동과 긴밀한 연관성을 가지고 진행되고 있다. 또한 경제적인 부가가치의 효과와 결합한다는 측면에서는 단순한 교류 협력의 의미를 넘어서며, 문화창조산업의 세계화까지 모색하고 있다. 여기서는 2010년에 발표된 '유럽 2020' 전략을 중심으로 문화창조산업 육성 정책을 살펴본다. 지역 개발의 중요성을 강조하면서 지역적인 것에서 세계적인 것으로 도약시키고자 하는 유럽연합의 의도를 읽어낼 수 있을 것이다.

우리의 종착점은 제6장 <유럽연합의 창조유럽 프로젝트와 글로컬라이제이션>이다. 결론적으로 현재 진행 중인 유럽연합의 창조유럽 프로젝트와 글로컬라이제이션 전략이 지니는 특성을 이해해볼 것이다. 쌍방향적인 글로컬라이제이션, 이중적 글로컬라이제이션, 포용적 글로컬라이제이션이 바로 그것이다. 한 마디로 요약하자면 그들은 유럽식의 새로운 사회모델을 제시하고 있다. 우리는 세계화 모델로서 글로컬라이제이션을 제안하겠지만 동시에 궁극적으로는 그것이 유럽의 시민들에게 어떠한 사회 모델을 제공하느냐에 관심을 두려고 한다. 유럽연합은 인본주의적 측면에서 유럽시민의 대다수가 지지하는 방식의 사회 모델을 표방한다.[17] 이처럼 '더불어 살기'와 복지가 중요시되는 유럽식 사회 모델은 결국 글로컬라이제이션을 통해 형성하고자 하는 그들의 문화정체성을 드러낸다고 할 수 있을 것이다.

주석

1 '세계적인(global)'이라는 단어는 400년 이상 사용되어 왔지만, '세계화(globalization)'가 상용어로 사용되기 시작한 것은 1960년대이며, 1980년대 들어서야 학계에서 중요성을 인정받기 시작했다(Malcolm Waters, *Globalization*, New York: Routledge, 2001, pp.1-2).

2 *Ibid.*, pp.28-29 참조.

3 Paul Hopper, *Understanding Cultural Globalization,* Cambridge: Polity Press, 2007, p.87-88 참조.

4 Ibid., p.100. 예를 들어 아시아의 문화 상품과 문화적 실천들(전통 약재와 치료법, 요리, 영화, 무술, 운동요법, 소프트웨어 프로그램과 게임, 불교와 도교 철학)은 전 세계적으로 전파되고 있는데, 특히 동양의 정신성과 치유법은 서구에서 점차 보편화되고 있다

5 조나단 프리드먼, 『지구화 시대의 문화정체성』, 오창현 & 차은정 옮김, 서울: 당대, 2009 참조.

6 Ulrich Beck, *Was ist Globalisierung?*, Frankfurt a. M., 1997, p.26, 요아나 브라이덴바흐 & 이나 추크리글, 『춤추는 문화』, 인성기 역, 서울: 영림카디널, 2003, p.12 재인용.

7 Jeremy Rifkin, *The European Dream,* New York: Penguin, 2004.

8 CEC, *First-ever EU Strategy for Culture: Contributing to Economic Growth and Intercultural Understanding*, Brussels, 2007b.

9 R. Robertson, "Glocalization: Time-Space and Homogeneity-Heterogeneity", in M. Featherstone, S. Lash and R. Robertson(ed.), *Global Modernities*, London: Sage, 1995.

10 R. Cohen, & P. Kenney, *Global Sociology*, New York: New York University Press, 2007, p.62.

11 박치완 외, 『글로컬문화콘텐츠, 어떻게 그리고 왜?』, 서울: 한국외국어대학교출판부, 2009, p.17.

12 심승구, 「수원 화성행궁 앞 공간의 문화복원과 전망」, 『인문콘텐츠』 제8호, 2006, p.211.

13 이기상, 『지구촌시대와 문화콘텐츠』, 서울: 한국외국어대학교 출판부, 2009, p.8.

14 유럽연합은 문화산업의 개념을 확대하여 문화창조산업이라는 용어를 공식적으로 사용하고 있다. 이에 대한 배경과 구체적인 정의에 관해서는 제5장에서 설명될 것이다.

15 유상철 외, 『한류 DNA의 비밀』, 서울: 생각의 나무, 2005. p.17 참조.

16 박치완, 「왜 글로컬문화콘텐츠인가」, 『인문콘텐츠』 제20호, 2011. p.12.

17 Pascal Fontaine, *Europe in 12 Lessons,* Luxembourg: Oopec, 2004, p.7. 유럽연합은 인간가치와 사회 진보의 증진을 희망하고 있다. 유럽인들은 풍부한 정신적 유산을 물려받았다고 믿고 있으며, 이를 매우 소중히 간직하고자 한다. 여기에는 인권에 대한 신념, 사회의

결속, 자유 기업, 경제 성장의 공정한 분배, 환경 보호에 대한 권리, 문화에 대한 존중, 언어적 종교적 다양성에 대한 존중, 그리고 전통과 개혁의 조화 등의 가치가 포함된다. 유럽인들은 세계화와 기술적 발전이 세계를 혁명적으로 변화시켰다고 판단하면서, 이러한 변화의 과정에서 세계 모든 사람들이 희생자가 아닌 주체적 세력이 되어야 한다는 점을 강조하고 있다.

2

유럽의 문화정체성과 문화정책

2

유럽의 문화정체성과 문화정책

우리는 이 장에서 지금 유럽의 문화정체성이 어떠한 과도기적 변화를 겪고 있는가에 주목해 보도록 하겠다. 우리는 문화정체성의 개념을 고정된 것이 아니라 역동적인 것이라는 관점을 가지고 현재 유럽이 과거와는 어떻게 다른 성숙되고 열린 정체성을 지향하고 있는가를 논의해보려고 한다. 이를 위해서는 물론 '유럽'이라는 이념이 어디에서부터 어떤 방식으로 형성되어 왔는지를 이해해야 하며, 통합의 과정에서 역사적으로 어떠한 변화 양상을 거쳐 왔는가를 먼저 고찰해보아야 할 것이다.

1992년 유럽연합은 새로운 방식을 도입하여 통합유럽에 시민들을 동참시키고자 노력한다. 이전까지의 유럽통합 과정 속에 나타난 방식은 정치인을 비롯한 고위 관료들과 경제학자를 포함한 전문가그룹과 기술 관료들이 주도해 온 것이 사실이다. 이 때의 통합방식은 '아래로부터'가 아닌 '위로부터'의 관점일 수밖에 없었기 때문에 소위 엘리트들의 사상일 수밖에 없다는 한계를 안고 있었다. 즉 시민들의 외면이라는 현실적 난관에 부딪치게 되었던 것이다. 따라서 유럽연합은 '유럽시민권'이라는 조항을 첨부하여 시민들의 통합에 대한 실질적 참여를 유도하게 되었고, 구체적 지원책으로 문화와 교육에 대한 유럽 내 교류를 추진해가면서 아래로부터 외면당했던 유럽통합의 문제점을 극복하고자 노력하고 있다.

우리는 새롭게 생성되고 있는 유럽의 문화정체성을 표현하기 위해 '유로의식'이라는 개념을 제안해보려고 한다. 유럽은 경제적 통합과 함께 정치적 통합의 토대를 마련하고, 현재는 유럽시민을 중심으로 고유한 문화정체성을 확립하는 데 노력을 기울이고 있다. 여기에 중심적 역할을 하는 것이 문화정책이라 볼 수 있는데, 특히 유럽은 풍부한 문화유산을 글로벌화 시켜 부가가치를 창출하고자 문화산업 부문에 큰 관심을 두고 있다. 즉 유로화로 상징되는 경제적 통합은 정치, 문화의 영역을 관통하면서 아우르고 있다. 이러한 맥락에서 현재 유럽의 문화정체성을 '유로의식'을 통해 분석해본다.

유로의식은 유럽연합이 문화정책의 아젠다를 설정함에 있어 중요한 배경으로 작용한다. 이 장에서 우리의 궁극적인 목표는 유럽연합의 문화정책 아젠다를 제시하고, 이것이 어떻게 문화와 교육 분야의 정책 프로그램들과 연결될 수 있을 것인가를 밝히는 것이다.

1. 유럽이념의 형성과 전개

(1) 유럽이념의 형성 과정[1]

'유럽(Europe)'은 로마시대까지도 단지 지리적인 개념만을 지니던 것이 점차 단일한 문명권으로 인식됨으로써 고유한 정체성을 획득해나갔다.[2] 이는 외부 세계와의 관계 속에서 뚜렷한 윤곽을 드러내기 시작하는데, 바로 이슬람 세력의 침입을 막아낸 카롤링거 왕조는 왕국의 통일성을 강조하기 위해 유럽인을 구별짓고자 한 것이다. 또한 여기에 종교적 정체성이 부가되면서 유럽의 정체성은 더욱 보편화되었다고 할 수 있다. 기독교는 유럽을 다른 지역과 구분시켜주는 역할을 하였다. 한 마디로 중세의 유럽은 곧 기독교 공동체라는 정체성으로 인식되게 되었다.

그러던 것이 기독교가 유럽 이외의 지역으로 전파됨에 따라 원래의 의미가 퇴색해가기 시작하였다. 게다가 교회의 분열에 따라 기독교의 권위가 추락함으로써 그간 유럽을 지배해 왔던 기독교성(Christianity)은 약화되어 가고 있었다. 이러한 상황에서 14세기 무렵 민족국가가 형성되어 나감으로써 유럽에서는 제국의식이 새롭게 대두된다. 그러나 전반적인 역사의 맥락을 조망해보면, 이 시기는 기독교적 정체성과 민족주의가 혼재되어 있는 시기로 정리될 수 있다. 1453년 이슬람 세력에 의해 동로마 제국의 콘스탄티노플이 함락되자 유럽은 기독교 세계가 파괴되었다는 사실에 충격을 받아 유럽의식을 되살리고자 하였다. 이러한 의도가 국가들 간 평화로운 공존을 위한 통합이라는 유럽이념을 형성시키는 것이다.[3] 여기서 우리는 기독교성에 민족주의가 부가되면서 정치적 의미를 띠기 시작했다는 점을 주목해볼 수 있다.

유럽이라는 개념은 18세기 계몽주의 시대에 매우 활발하게 논의되었다. 계몽주의 사상가들은 유럽을 공동의 역사에 기원한 하나의 문화적 통일체로 인식하였고, 유럽 각국은 종교, 법, 전통, 관습 등 정신적·지적으로 통일되어 있다고 보았다.[4] 이처럼 계몽주의적 유럽의식은 기독교적인 유럽의식을 대체하는 또 다른 성격의 새로운 정체성을 드러내었다. 그러나 이는 그리 오래 지속되지 않는데, 바로 19세기에 들어서면서 계몽주의 사상이 종말을 고하기 때문이다. 유럽의 19세기는 민족주의 시대이다. 이에 따라 유럽의 여러 나라에서는 민족주의와 유럽주의를 융합하고자 하는 다양한 시도가 일어나게 된다.

헤겔을 비롯한 일부 민족주의자들은 유럽통합을 특정한 국가가 주도해야 한다고 보았다. 이러한 관점이 부정적인 형태로 나타난 경우, 나폴레옹은 프랑스가 유럽의 국가들 위에 군림하면서 통치해야 한다고 생각하였으며 이는 필연적으로 전쟁을 동반하는 개념이었다.[5] 그러나 이탈리아의 통일운동가 마치니(Giuseppe Mazzini)를 위시한 민족주의자들은 민족국가들 간의 조화로운 공동체로서 유럽통합사상을 제시하였다.[6] 그는 개인의 자유와 민족의 독립을 통합적으로 사고하려 했고, 나아가 자유롭고 독립된 민족들의 형성이 민족 간 갈등이 아니라 민족 간 평화의 필수적인 전제조건이라고 확신함으로써 유럽통합 사상을 성숙시켜 나갔다.[7] 마치니는 국내적으로는 강력히 통합된 이탈리아를 주장하면서도 국가 간 연방주의를 옹호하였다는 점에서 민족주의자이자 유럽통합의 주창자로 알려져 있다. 마치니의 사상에는 민족주의와 유럽통합 사상이 잘 결합되어 있는데, 즉 그의 민족주의 사상에는 자유에 기초한 유럽 국민국가 건설이 평화적인 유럽 국가체제를 구축하는 데 필수적인 전제 조건이라는 사상이 수렴되어 있다.

19세기에 논의되는 유럽주의에서 주목해야 할 또 다른 측면은 '연방주의'적인 성향을 띠는 통합이라는 것이다. '유럽합중국(United States of Europe)'이라는 용어는 유럽통합이 본격적으로 시작된 1950년대 이전의 유럽통합 사상을 대표하는 핵심어이다. 이는 1849년 8월 파리에서 열린 국제평화회의 개막 연설에서 빅토르 위고(Victor Hugo)가 주창했던 말이다. 물론 유럽합중국이란 말을 위고가 처음으로 사용한 것은 아니다. 그 당시 몇몇 지식인들에 의해 회자되기는 했지만 위고를 통해 분명히 각인되는 계기가 되었으며 그의 사상에 있어 핵심으로 자리 잡게 되었다. 위고는 유럽의 인민들이 내외의 압제자를 물리치고 자유와 독립을 쟁취하여 공화국을 건설한 후, 전쟁이 아니라 자발적으로 통합된 유럽 내에서 평화를 누리는 하나의 유럽합중국 국민으로 거듭나야 한다고 역설했다.[8] 나폴레옹 전쟁 이후 유럽 각지에서 다양한 흐름으로 전개되던 평화운동은 1848년 혁명이 야기한 변화의 물결에 힘입어 국제회의로 수렴되었으며, 그 회의의 의장직을 수락한 위고는 하나의 유럽을 만들어 전쟁의 가능성을 종식시키자는 주장을 하게 된 것이다. 위고가 하나의 유럽을 위한 이름으로 유럽합중국을 택한 것은 물론 미합중국을 염두에 둔 것이다. 1849년 8월의 연설에서 그는 두 합중국을 나란히 언급하며 1776년 13개 주가 하나가 되어 왕을 내쫓고 공화국을 건설한 미합중국과 같은 대안으로 보편적 공화국을 제시한다. 그는 유럽합중국을 한 순간의 아이디어로 보지 않고 계속 자신의 글을 통해 새로운 유토피아로서의 대안으로 내세운다.

이와 같은 연방주의의 이론적 토대를 다지는 작업이 19세기 후반에 이루어졌는데, 그 중심적 역할을 한 것이 프루동(Pierre J. Proudhon)이다.[9] 아나키즘을 주장하던 프루동은 보다 현실적인 방향으로 관심을 돌리고 소유와 통치의 불가피성을 인정하면서 정치권력과 국가기구를 재조직할 방안을 내어놓는다. 그는 민족국가라는 구분보다는 내부의 불평등이 더욱 심각한 공통의 문제라고 인식했다. 민족국가는 인민의 민주적 권리를 보장할 수 없다고 보았기 때문에 프루동이 제시하는 진정한 국가는 위계적 권력구조를 지니는 중앙집권국이 아니라 연방주의 구조인 '코뮌(Commune)'이었다. 그는 정치적 상황을 고려하여 민족국가를 단번에 제거하는 것이 아니라 점진적으로 강화하여 유럽이 새로운 민족국가들의 연방으로 태어날 것을 주장하였다. 그는 자신의 연방주의가 아나키즘의 연장선에 있다고 밝혔는데, 당시 민족의 명목 아래 행해지던 국가들 간 패권 다툼의 현실을 타개하려 했기 때문이다. 프루동은 민족들의 배타성이 사라지고 누구나 자유롭게 국경을 넘나들며 한 사람이 여러 국가의 시민이 되는 날을 희망했으며, 이것이 바로 그가 바라던 아나키즘의 이상향이었던 것이다.

프루동은 사회주의 진영의 비주류 사상가로서 마르크스와는 다른 방식으로 인간해방을 주장했지만 국민국가의 경계를 뛰어넘는 유럽통합을 추구했다는 점에서 유럽 사회주의의 맥을 잇고 있다고 할 수 있다. 이러한 면에서 프루동과 유사한 방식의 유럽통합을 구상했던 사상가가 바쿠닌(Mikhail A. Bakunin)이다.[10] 바쿠닌은 19세기 러시아의 아나키즘 이론가이자 혁명가로 '평화 자유 국제연맹'의 발기인으로 유럽합중국 건설의 열렬한 주창자였다. 그의 통합론은 자유의 원리에 기초한다. 국가는 억압의 원리를 상징하고 이는 자유와 양립될 수 없다는 것이 바쿠닌의 입장이다. 그는 기존 국가를 전면 부정하는 해체적 통합을 제시하는데, 이는 유럽합중국이 현존 국가들로부터는 결성불가능하다고 보았기 때문이다. 국력 차이가 천차만별이라 구성원의 평등한 통합이 이루어질 수 없기 때문이다. 폭력과 권위에 기초한 통합에 반대하고 코뮌이라는 자유로운 결사체들을 제시하며 자신만의 연맹이론을 주창한다. 그에 따르면 행위의 기본적 주체는 개인이고, 그 다음은 개인들의 자발적 조직체인 코뮌, 그리고 코뮌이 모여 지방이 되고, 그 지방들이 연맹을 구성한다. 그리고 이들은 최종적으로 국제연맹인 세계합중국을 만드는데 그 하위개념 중 하나가 유럽합중국이라는 것이다. 이러한 바쿠닌의 유럽통합론은 그만의 독창성을 지닌다고 할 수 있으며, 오늘날 국가 간 협의로 주도되는 통합 속에서 각 주체 단위들에 대해 시사점을 제공하고 있다.

위에서 살펴보았던 위고나 마치니, 프루동, 바쿠닌은 공통적으로 개인의 자유를 실현하고 보장하기 위해 유럽통합이 필수적이라는 입장을 견지하고 있다. 즉 개별 국가는 개개인의 자유를 보장해 주는 데 한계를 지니며 진정한 민주주의는 유럽적 협력 없이는 불가능하다고 본 것이다. 이러한 맥락에서 이들의 유럽통합 사상은 평화주의 사상을 드러낸다.[11] 그러나 이러한 민족국가 간의 조화나 평화의 이념들은 이후 제국주의 앞에서 힘을 발휘하지 못했다. 제국주의의 팽창은 결국 1차 세계대전을 불러왔고, 발레리(Paul Valéry)나 슈펭글러(O. Spengler) 등의 지식인들은 민족주의와 제국주의에 대한 강도 높은 비판을 개진하였다.[12]

이러한 정황 속에서도 공동의 유럽문명을 바탕으로 하나의 유럽을 형성해야 한다는 주장이 제기되는데, 그 핵심적 정신은 칼레르기(R. Coudenhove-Kalergi)의 '범 유럽(Pan-Europe)'사상에서 찾을 수 있다.[13] 오스트리아 귀족 출신인 칼레르기는 1차 세계 대전 후인 1922년 '범 유럽 운동'이라는 단체를 창립하고 1923년 『범 유럽』이라는 책을 발간한다. 그는 유럽이 세계에서 밀려나게 된 원인을 과거에 대한 집착으로 진단하면서, 미래지향적인 차원에서 유럽문명을 보존하기 위해 범 유럽 연방인 유럽합중국을 건설해야 한다고 역설했다. 칼레르기의 유럽통합 구상은 단계적 과정을 담고 있는데, 우선 유럽 민족들 간 분쟁거리를 논의하기 위한 회의체 결성, 평화연방 창설, 이어 경제공동체 설립, 그리고 마지막 단계로 유럽연방을 건설하자는 것이었다. 그는 1926년 범 유럽 국제회의를 개최하고 이후 범 유럽 연합의 초대 회장으로 선출되었다. 그러나 그의 이런 유럽통합과 관련된 운동이 비판을 받기도 하는데 사실 그의 범 유럽 운동은 오스트리아의 당면 문제를 해결할 수 있는 현실적 외교정책이기도 했다. 그러나 결과적으로 본다면 1차 대전 이후 그가 구상했던 범 유럽은 2차 대전 이후 사실상 실현되었다고 할 수 있다.

문제는 다양한 유럽통합의 사상들이 대중들에게 널리 관심을 끌지 못했다는 데 있었다. 유럽에서는 여전히 민족주의가 강하게 대두되고 있었는데,

특히 1차 세계대전의 전후 처리 문제에서 이탈리아와 독일은 민족주의적 수정주의를 도입하였다. 더불어 1930년대 초, 세계 대공황은 극단적인 민족주의로 전환되어 유럽을 다시 전쟁으로 끌어들인다. 그러나 역설적인 것은 전쟁을 통해 유럽인들은 다시금 유럽이념에 관심을 돌리는 계기를 마련했다는 사실이다. 이는 파시즘에 대항한 저항 운동가들의 사상에서 잘 드러나고 있다. 대표적으로 스피넬리(Altiero Spinelli)는 민족주의의 한계와 위험성을 지적하면서 유럽연방만이 유럽에 평화를 가져온다고 확신하였다.[14] 그는 유럽 국가들이 민주주의 연방으로 통합되어야 하며 연방은 종족, 문화적 성격에 따른 회원국들의 고유한 권리를 침해함이 없이 유럽의 단합을 위한 입법, 행정, 사법의 민주주의적 권리를 가져야 한다는 것, 이를 위해 필요하다면 회원국의 주권을 제한할 수도 있다는 것을 주장했다. 스피넬리의 사상은 여러 가지 형태로 유럽통합 운동을 형성시켰으며 2차 세계대전 이후에도 지속적으로 영향을 미치면서 유럽통합의 토대로 작용하게 된다.

(2) 유럽통합의 사상과 역사

벌머(Simone Bulmer)는 유럽통합과 협력의 주역을 네 가지로 나누고 있는데, 바로 연방주의자, 기능주의자, 민족주의자, 그리고 외부행위자이다.[15] 연방주의자(federalist)는 전후 유럽의 구도를 민족국가에서 민주주의적 방식의 유럽연방으로 대체하고자 의도했던 세력으로, 스피넬리를 대표로 한다. 반면 기능주의자(functionalist)는 연방주의자와 같은 목표를 가지고 있었지만 그것의 실현에 있어서 실용주의적인 접근방법을 택했던 세력으로 정치적인 목적 달성의 시발점으로서 경제협력의 필요성을 자각했던 이들이다. 여기서 가장 두각을 나타낸 인물은 모네(Jean Monnet)로 '유럽통합의 아버지'라는 수식어가 늘 뒤따른다.[16] 유럽통합의 과정을 살펴보면 크게 연방주의와 기능주의의 대립과 갈등 양상이 드러남을 알 수 있으며, 기능주의의 주도에 의해 실제 통합이 진행되어온 역사를 확인할 수 있다.

2차 대전 후 유럽에서는 연방주의 사상이 널리 퍼졌지만 실질적인 결실을 맺지는 못했다고 할 수 있다. 우선 전후 재건 과정에 있어 철저히 민족국가 단위로 진행이 되었기 때문에 통합의 가능성을 찾지 못하였다. 마셜플랜으로 알려진 유럽재건계획이 발표되자 연방주의자들은 미국의 의도를 비판하면서도 이를 전략적으로 이용하려 했다. 그러나 마셜플랜을 실행한다는 명목 하에 유럽경제협력기구(OEEC)를 결성했지만 그 기능은 극히 제한된 것이었다. 이어 유럽은 북대서양조약기구(NATO)의 창설을 통해 안보의 틀을 확립하는 기회를 얻는다. 결과적으로 경제와 안보 양면에서 당면한 문제를 어느 정도 해소하게 되었기 때문에 유럽 통합의 논의는 정체되는 국면을 맞는다. 연방주의자들은 자신들의 이상이 부분적으로 실현된 '유럽평의회'의 창설에 만족해야만 했다. 1949년 설립된 유럽평의회는 유럽에서 연방국가의 설립이나 정치적 통합과 같은 이상적 목적이 좌절되면서 국가들 간 사회적 협력이라는 현실적인 목적을 위해 만들어졌다. 유럽평의회는 정치통합이라는 당초 목적을 달성하지 못하고, 대신 유럽국가들 간에 인권, 법치, 사회적 협력 및 문화정책 부분에서의 국가 간 협력기구로 남았다.

연방주의자인 스피넬리는 유럽통합에 대한 기능주의적 접근법에 강하게 맞섰다. 그의 눈에 기능주의는 유럽의 통일과 국민주권의 유지를 동시에 추구하는 자기모순적인 신조로 보였다. 그에게 기능주의는 민족주의의 언어가 용인되지 않는 쇠퇴기에 민족주의의 특권을 유지하는 방식에 불과했다. 따라서 그는 경제통합이 자연스럽게 유럽연방으로 이어지리라는 기능주의적 낙관론을 거부하고, 경제통합이 잘 이루어지기 위해서라도 정치적 연방국가가 필요하다는 철저한 연방주의론을 옹호했다. 그러나 스피넬리는 기능주의의 결함에 대해 뚜렷하게 인식하면서도 기능주의가 연방주의운동에 제공하는 가능성에 대해서도 열려 있는 태도를 취했다. 즉 연방주의적 원칙과 현실정치를 절충하고자 시도한 것인데, 이른바 '제도적 접근법'을 제시했다.[17] 처음부터 점진적이되 철저하고 지속적으로 연방주의적인 성격의 제도들을 창출해 나감으로써 유럽연방에 도달할 수 있다는 전망을 담고 있다. 그러나 민주주의적이고 초국가적인 새로운 유럽 질서를 구축하려는 연방주의적 시도가 활력을 잃어가고, 1950년대는 유럽통합에 대한 기능주의적 접근법 쪽으로 무게 중심이 기울어지는 전환점이 되었다.

2차 대전 이후는 유럽통합에 대한 명확한 정치적 목표와 구체적 형태가 갖추어지기 시작한 시기라고 볼 수 있다.[18] 그 중심에서 기능주의적 통합을 추진한 것은 프랑스의 모네와 슈만이었다. 당시 프랑스 경제계획청장인 모네의 구상을 수용한 외무장관 슈만은 1950년 5월 슈만플랜(Schuman Plan)을 발표한다. 슈만플랜은 참여국 간에 석탄·철강의 공동운영 계획을 담은 것이다. 이는 당시까지 진행되어 왔던 연방주의와 전혀 다른 통합 방식으로 바로 기능주의를 적용하여 높은 생산성을 바탕으로 합리적 분배, 안정적인 시장 공급, 석탄·철강 산업의 현대화, 더불어 노동자들의 생활수준 향상을 도모한 것이다. 이러한 목표를 구체화하기 위해 참여국들은 석탄·철강의 공동생산과 분배를 관리하는 초국가적 기구인 고등관청(High Authority)를 설립하였다. 유럽 각국의 반응은 매우 호의적이었는데 이를 기반으로 다음해 4월 파리조약을 통해 유럽석탄철강공동체(ECSC)가 탄생하는 것이다. 유럽연합은 통합의 기저원칙을 드러내는 주요사건들을 아래와 같이 제시한 바 있다.[19]

- 기저원칙
  파리조약(1951): 유럽석탄철강공동체 창설
  로마조약(1957): 유럽경제공동체, 유럽원자력공동체 창설
- 다음 조치들에 의해 수정
  단일유럽의정서(1986)
  유럽연합조약(1992, 마스트리히트)
  암스테르담조약(1997)
  니스조약(2001)

유럽통합의 출발은 앞서 언급한 유럽석탄철강공동체의 창설로 보고 있음을 알 수 있다. 이 공동체는 벨기에, 독일 연방 공화국, 프랑스, 이탈리아,

룩셈부르크, 네덜란드 6개 국가가 모여 석탄과 철강에 있어 공동시장을 형성한 것이다. 세계 대전의 영향으로 유럽 내의 승전국과 패전국 사이에 평화 정착이 시급한 시점이었다. 이를 통해 공동의 체제 내에서 차별 없는 공평성과 협력의 기틀을 마련했다고 볼 수 있다. 이후 1957년 로마조약과 함께 유럽원자력공동체(Euratom)와 유럽경제공동체(EEC)가 연이어 창설된다. 모네의 구상을 안보 부문에 적용한 것이 유럽원자력공동체라 할 수 있다. 또한 유럽석탄철강공동체에 이어 보다 다양한 범위로 재화와 용역이 거래될 수 있는 공동시장을 형성하고자 하는 의도로 결성된 것이 유럽경제공동체이다. 1968년 7월 1일을 기해 6개국 사이의 관세가 완전히 철폐되었고, 1960년대에 걸쳐 교역 및 농업 분야를 중심으로 한 공동정책에 대한 구상이 이루어졌다. 이후 세 개의 개별 공동체들은 1967년 유럽공동체(EC)로 묶여 통칭된다.

1970년대 초부터 1980년대 중반까지는 유럽회의주의(Europessimism)라는 말이 나올 정도로 통합이 정체되었다. 주된 원인은 서유럽 대부분의 국가들은 1960년대 말을 끝으로 전후 호황기를 끝내고 불황에 접어들었다는 점과 1970년대 이후 금본위제의 붕괴와 두 차례의 석유파동으로 세계경제가 위태로워 졌다는 점 등에서 찾을 수 있다. 유럽공동체 회원국들이 국내의 경제를 보호하기 위해 통합에 소극적인 자세를 취했던 것이다. 1980년대에 들어서면서 한국과 대만 등 동아시아 국가들의 경제 성장, 미국의 과감한 경제개혁 등에 자극받은 유럽이 새로운 탈출구를 모색하기 시작한다. 첫 단계로서 유럽의회가 열렸는데, 1984년에 이르러 유럽연합 설립을 위한 조약의 초안을 내어놓는다. 여기서는 유럽의회의 권한을 확대하는 등 대대적인 유럽공동체 개혁방안을 담고 있었다. 이를 바탕으로 유럽공동체는 1986년 단일유럽의정서(SEA)를 만들어 1980년대 말 이후에는 새롭게 통합의 전기를 마련하게 된다. 세계 경제의 침체로 성장 동력을 상실했던 유럽공동체 회원국들은 이를 통해 통합의 목적을 재확인하면서 급진적인 제도개혁을 단행하였다. 단일유럽의정서의 목적은 유럽공동체 회원국 간의 완전한 시장 통합이다. 따라서 이를 위한 여러 제도 개혁의 방안을 주요한 내용으로 담고

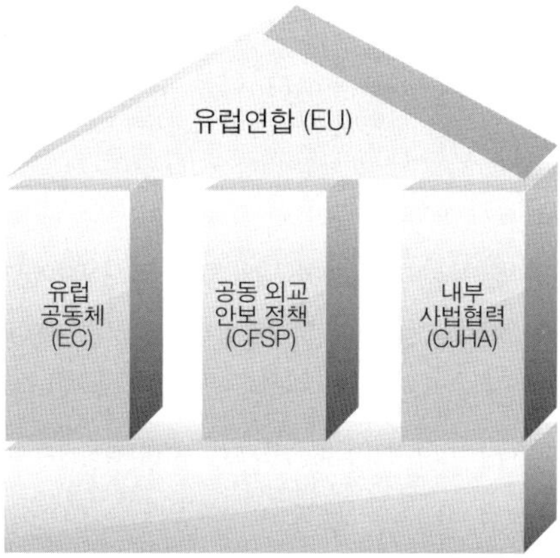

[그림 1] 유럽연합을 구성하는 세 개의 기둥(Three Pillars)[20]

있으며, 의사결정 과정의 단순화를 위한 시스템을 도입하고 있다.[21]

1989년 베를린 장벽이 철폐되자 유럽은 정치적 국면에서 격변기를 맞는데, 이에 따라 유럽 공동체도 변화를 추구한다. 1992년 마스트리히트조약은 공동외교안보정책(CFSP), 내무사법협력(CJHA) 등 기존의 공동체 제도에 정부 간 협력이 필요한 영역을 추가시키고 새로이 '유럽연합(EU)'을 탄생시킨다. 지금까지 추구해온 경제 통합 뿐 아니라 정치·사회 통합을 위한 방안이 마련되었다는 점에서 이는 단순한 개칭 이상의 의의를 지닌다고 할 수 있다. 마스트리히트조약을 통한 유럽연합의 새로운 목표는 다음과 같다.[22] 첫째, 역내 국경이 없는 지역 창설로 균형적인 경제·사회적 번영 고무, 둘째, 경제·사회적 결속정책 강화, 셋째, 경제통화동맹 설립, 넷째, 안보와 방어 부분에서의 협력, 다섯 째, 유럽시민권 형성으로 회원국 시민의 권리와 이해 보호, 여섯 째, 사법과 내무 부분에서 협력 발전 등이다. 이러한 내용은 이후 암스테르담조약(1997)과 니스조약(2001)을 통해서 더욱 수정·보완되어 나간다.

2000년 3월 리스본에서 개최된 유럽이사회에서는 유럽연합의 경제 현대화를 위한 포괄적인 전략을 채택하고, 세계 시장에서 미국이나 신흥 산업국 등을 의식한 경쟁력 제고 방안을 수립한다. 이른바 '리스본 전략(Lisbon

Strategy)'은 모든 경제 부분을 경쟁력 있게 개발할 것과 혁신 및 기업 투자 증진, 정보화 시대의 필요에 부응하기 위한 유럽 교육 제도의 현대화 등의 내용을 담고 있다.[23]

유럽연합은 최초 6개국에서 시작하여 1973년에 덴마크, 아일랜드, 영국 등의 신규 회원국을 받아들이고, 1981년 그리스, 1986년 스페인과 포르투갈을 포함하여 확대시켜 나갔다. 또한 새로운 유럽의 역동성과 유럽 대륙의 지정학적 변화로 인해 오스트리아, 핀란드, 스웨덴 3개국이 1995년 가입하였다. 연이어 12개국이 유럽연합에 가입을 희망했는데, 구소련 체제에 속한 국가들(불가리아, 체코 공화국, 헝가리, 폴란드, 루마니아, 슬로바키아)이나 과거 구소련의 일부였던 국가들(에스토니아, 라트비아, 리투아니아), 뿐만 아니라 과거 유고슬라비아 공화국 가운데 하나인 슬로베니아와 두 개의 지중해 연안 국가인 사이프러스와 말타였다. 과거 어느 때보다 큰 확장이 이루어질 상황에 놓인 셈이었다. 유럽연합은 이것을 유럽 대륙에 안정을 구축하고 유럽통합의 혜택을 이들 신생 민주국가로 확산시킬 수 있는 좋은 기회로 여겨 환영을 표했다.[24] 가입 협상을 거쳐 2004년 25개국으로 확대했으며, 2007년 루마니아와 불가리아 2013년 크로아티아를 포함하여 유럽연합은

〈표 1〉 유럽연합의 확대과정[25]

회원국 확대		가입국	가입국 누계
창설국		프랑스, 독일, 이탈리아, 네덜란드, 벨기에, 룩셈부르크	6개국
1차(1973년)		영국, 아일랜드, 덴마크	9개국
2차(1981년)		그리스	10개국
3차(1986년)		스페인, 포르투갈	12개국
4차(1995년)		스웨덴, 오스트리아, 핀란드	15개국
5차	2004년	에스토니아, 리투아니아, 라트비아, 폴란드, 헝가리, 체코, 슬로바키아, 슬로베니아, 말타, 사이프러스	25개국
	2007년	루마니아, 불가리아	27개국
6차(2013년)		크로아티아	28개국
가입 예상국		터키, 마케도니아, 세르비아, 코소보, 몬테니그로, 보스니아헤르체코비나, 알바니아	35개국

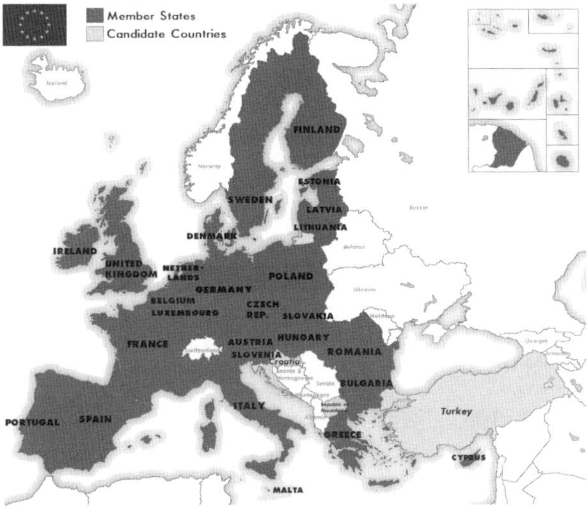

[그림 2] 유럽연합 28개 가입국[26]

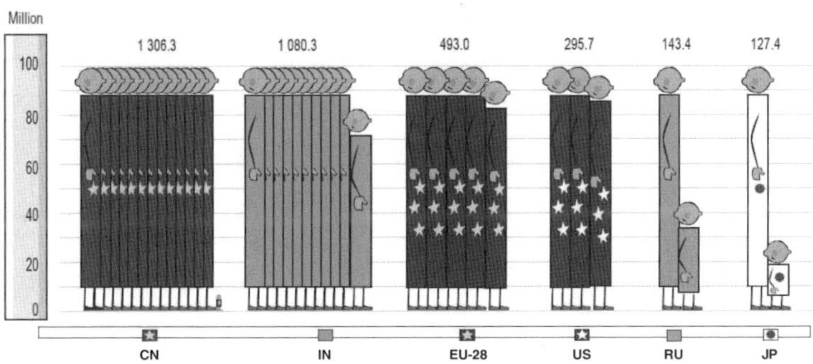

[그림 3] 유럽연합의 인구[27]

현재 총 28개국으로 구성되어 있다. 그리고 새로운 회원국의 가입은 열려있으므로 앞으로도 계속 확대될 전망이라고 할 수 있다.

유럽 통합의 역사는 이제 반세기를 넘어섰다. 그로 인해 유럽의 역사와 유럽인의 정신세계에 미친 영향도 매우 크다. 회원국 정부들은 그들이 표방하는 정치적 색채가 어떠하든 간에 민족국가의 절대통치시대가 막을 내렸음을 알고 있다. 유일한 대안은 힘을 모아 열린 공동체 운명을 향해 나아가는 것임을 인식하고 있는 것이다. 이와 같은 통합이 가능했던 것은 유럽 국가들 간의 오랜 반목을 털어낼 수 있었기 때문이다. 유럽연합은 우월적인 태도를 견지하거나 국제적 차이를 해결하기 위해 무력을 사용하는 것을 버리고 함께 협력하는 공동체 방식으로 바꾸어 유럽대륙의 정치적·경제적 재통일을 이룩해 가고 있다.

2. 유럽의 문화정체성, 유로의식

(1) 시민의 유럽

유럽은 6개국이 모인 경제공동체를 시작으로 반세기 동안 통합의 길을 모색해 왔으며 그 가시적 성과가 단일시장과 단일화폐인 유로화이다. 이런 경제적 측면의 통합적 성과와 더불어 정치적 측면에서도 유럽연합이라는 공동체의 출범은 어느 정도 성과를 거두었다. 이는 유럽연합이 공동외교안보정책을 통해 안보와 방어 부분에서 협력을 도모하고 사법과 내무 부분에서도 협력을 발전시키고 있기 때문이다.[28]

그러나 이런 경제적이고 정치적인 유럽통합이 정작 유럽공동체의 실질적 주체인 회원국들의 국민들로부터는 외면당하고 있었다. 이는 회원국 국민들의 저조한 관심과 참여가 분명하게 보여주었다. 유럽연합을 이끌어가는 실무 고위 관료들은 이러한 사태의 심각성을 누구보다도 잘 알고 있었고 공동체의 근본적인 문제로 인식하기 시작했다.[29] 물론 지금까지 통합을 위해 움직인 정치인들의 의지와 그들을 뒷받침해 주었던 경제학자와 많은 분야의 전문가그룹 그리고 회원국 공무원들과 기술 관료들의 뒷받침이 중요했다고 볼 수 있다. 게다가 그 동안은 개별 회원국들의 이익이 결부된 여러 갈등 속에서 경제적 통합을 거두는 것조차 쉽지 않았었다. 그러나 이제는 통합성과의 실질적 주인이자 주체들인 회원국 국민들의 참여가 절실해졌다. 이것이 이루어지지 않는다면 유럽공동체의 통합은 단지 사상누각에 불과한 신기루일 뿐이기 때문이다.

유럽연합은 이러한 이유로 시민들의 관심과 참여를 유도해내며 더 나아가 개별 국가들을 넘어선 범 유럽적 정체성 고취를 필요로 했다. 국경 내부에서 독점권을 누렸던 개인의 국민 정체성이 통합의 과정에서 요청되는 유럽 정체성과 어떻게 충돌되지 않고 양립할 수 있는가는 유럽연합의 쉽지 않은 과제가 되었다. 이를 위해 유럽연합은 크게 두 가지 방안을 정책적으로 실천하게 된다. 하나는 유럽시민권이고, 다른 하나는 문화와 교육을 통한 교류협력 프로그램이다.

유럽시민권은 1992년 마스트리히트조약의 체결과 함께 도입된 것으로, 유럽연합 회원국 소속 시민의 권리와 의무를 총괄하는 법적 조건을 의미한다. 유럽연합의 법에 유럽시민권에 대한 규정을 추가시킨 것은 통합을 추진함에 있어서 지금까지 시민들의 자발적인 참여를 기다리던 소극적인 자세에서 벗어나 시민들의 참여를 적극적으로 유도한 것이다. 이에 따라 회원국의 국적을 보유한 사람은 자동적으로 유럽시민권을 부여받게 되었다. 유럽연합 내 어디로든 이주해서 일하고 살 수 있는 자유[30], 거주국에서 지방선거와 유럽의회 선거에 출마하고 선거에 참여할 권리, 유럽연합 밖에서 자국의 외교 및 영사업무가 존재하지 않을 경우 유럽연합 및 기타 유럽연합 회원국으로부터 보호받을 권리, 그리고 옴부즈만을 통한 청원권 등을 가지게 된 것이다. 유럽시민권은 국적뿐 아니라 성별, 인종, 종교, 연령 및 성적 취향에 따른 차별 금지 원칙을 도입하여 평등의 원칙을 강화하여 정치적 권리뿐만 아니라 경제적 권리와 사회적 권리도 분명히 하였다.[31]

유럽시민권은 개별 국가의 시민권을 대체한 것은 아니며, 회원국의 시민권에 부여된 권한이다. 역사적으로 시민권 개념이 처음 등장한 곳도 유럽이지만 기존 민족국가 위주의 고전적 시민권 개념이 현 상황에서 부적절하다는 인식을 드러낸 것도 유럽인 셈이다.[32] 유럽시민권이라는 법적 보장을 통한 '유럽시민'의 등장은 국가적 단위에 얽매여 살아가고 있는 시대에 분명 새로운 패러다임을 시도한 것이다. 그러나 문제는 법적 보장뿐만 아니라 유럽시민들이 일상생활 안에서 피부에 와 닿게 현실화시키는 것이었다. 이는 유럽 공동의 정체성과 그 상징에 대한 대중의 지지를 확보해야 함을 의미한다. 이러한 노력은 유럽 여권(1985년부터 이용), 유럽 국가(베토벤의 '환희의 송가'), 및 유럽 국기(파란 배경에 12개 금색 별의 원) 등을 통해 실천되고 있으며, EU 운전면허 역시 1996년 이래 모든 국가에서 발행되고 있다.[33] 또한 무엇보다 일상생활에서 항상 사용하고 있는 유로화는 그 어떤 상징들보다 가장 강력하게 공통된 유럽인으로서의 정체성 인식에 일조하고 있다. 이러한 상징적 수단들은 유럽시민들이 공동체에 대한 애정과 소속의식, 그리고 참여의식을 고취시키는 데 효과적인 영향을 미치는 것이다.

유럽시민권과 함께 문화와 교육 교류협력 프로그램 역시 시민들의 유럽의식 고취와 유럽공동체의 참여를 자연스럽게 유도하기 위한 정책적 방안이다. 교류협력 프로그램은 교육과 문화 두 방향에서 회원국 내 교류의 활성화를 꾀하고 있다. 이는 유럽의 다양성이라는 문화적 배경이 이질감이라는 갈등의 요인이 아니라 오히려 풍요로운 삶의 원동력임을 일깨워주고 더 나아가 그 다양성 속에서 유럽적 가치와 정체성을 찾아 연대의식을 강화하려는 의도이다. 이것이 문화에 관심을 집중하는 이유로 소속감에 대한 문화적 자의식의 중요성을 고려하고 있는 것이다.

젊은이들에게 교환학생 같은 프로그램을 통해 유럽 내 다른 나라에서 공부하면서 자국 외의 경험을 쌓게 만들어 다양한 문화가 공존하고 있음을 일깨워주고, 유럽이라는 자국의 경계를 넘어선 더 큰 공동체로 함께 공생하고 있다는 의식을 심어주고 있다. 대학생뿐만 아니라 초중고의 학생과 교사들, 그리고 대학의 교수 혹은 기술 훈련을 받는 이들 모두까지 전 방위적으로 막대한 예산을 들여 교류시킴으로서 유럽연합은 소속감을 고취시키고

'Youth in Action' Programme

Education and Culture DG

Youth

'Europe for Citizens' Programme

[그림 4] 유럽시민을 위한 교육과 문화 프로그램들[34]

있다. 이런 교육적 교류뿐만 아니라 문화적 교류 역시 활성화시키고 있다. 예술가들을 지원하고 교류시키는 것은 물론이고 다양한 언어의 서적을 번역·출판시키고, 유럽 내 문화적 유산들을 복원하고 보존시켜 공유하는 등 문화적 교류에도 박차를 가하고 있다. 유럽연합은 다양성 가운데에서 조화를 이루기 위해 다각적인 교류협력 프로그램들을 진행시키고 있다.

지금까지 유럽연합이 시민의 참여를 이끌어내고 문화정체성을 형성시키기 위해 추진하고 있는 노력들을 논의해 보았다. 그렇다면 유럽연합이 그처럼 많은 노력을 기울이며 고취시키려는 유럽의식은 무엇인가? 과연 무엇이 유럽정체성이란 말인가? 어쩌면 문화를 통해 유럽의식을 고취시키려는 것이 과거의 파시즘과 유사한 폐쇄적이고 배타적인 나르시즘을 다시 한 번 재현시키려는 것은 아닐까?

여기서 잠시 앞에서 언급하였던 발레리의 유럽정신을 먼저 살펴볼 필요가 있다. 발레리의 유럽정신은 유럽연합이 경제공동체에서 정치공동체로 전환되면서 내놓은 커다란 쟁점인 정체성 문제와 관련되어 있다. 새로운 정치, 문화공동체를 위한 유럽통합론이 현실적으로 유럽연합 확대와 더불어 심각한 갈등을 빚고 있는 시점에서 발레리의 유럽정신이 가지는 통합과 배제의 이분법은 분명히 짚고 넘어가야 할 부분이다.

발레리는 유럽인의 정체성을 이룰 수 있는 기본적 요소를 세 가지인 로마 문화, 그리스도교 문화, 그리스 인문·자연과학 유산이라고 말한 바 있다.[35] 이 경우에 오늘날 종교적으로 그리스도교가 아닌 다른 종교를 가진 유럽인, 이민자, 외국인은 배제의 대상이 된다. 또한 역사적으로 그리스, 로마 문화에게 영향을 미친 메소포타미아, 이집트 문명의 역할, 그리고 중세 유럽에게 그리스, 로마 문화의 유산을 전해준 이슬람 문명도 상대적으로 평가 절하된다. 이렇듯 발레리의 유럽정신은 배타적인 유럽중심주의를 다분히 내포하고 있다.

유럽연합은 정체성과 관련하여 현실적으로 어려움을 겪고 있는 게 사실이다. 가령 각국 회원국의 이민, 인종 문제를 비롯해서 터키와 같은 몇몇 가입 신청국의 문제가 유럽정체성과 맞물려 있다. 그러나 중요한 사실은 발레리의 유럽정신은 지금의 현실엔 더 이상 설득력이 있을 수 없다는 것과 이는 많은 문제와 갈등, 혹은 폭력을 유발할 뿐이라는 것이다.

문화정체성을 이해하는 데는 보통 두 가지 방식이 있을 수 있는데 바로 본질주의적 사고와 역사주의적 사고이다. 전자는 문화정체성을 이미 완성된 사실 혹은 이미 구성된 본질로 보는 개념이고, 후자는 문화정체성을 만들어지고 있는 그래서 언제나 과정 속에 있는 결코 완전히 완결될 수 없는 어떤 것으로 보는 입장이다. 이 두 가지 입장을 홀은 다음과 같이 기술한다. 문화정체성은 무엇임(being)의 문제일 뿐만 아니라 동시에 무엇으로 됨(becoming)의 문제이기도 하다.[36] 곧 과거뿐만 아니라 미래의 문제임을 분명히 하고 있는 것이다.

문화정체성은 사실 역사를 가진 어떤 장소에서 생겨날 수 있지만 그것 역시 외부와의 관계 속에서 생성과 소멸을 거듭하는 산물로서 지속적인 변형의 어느 지점에 있다. 그것은 문화정체성이라는 것이 어떤 본질적인 과거에 영원히 고정된 게 아니라 역사, 문화, 어떤 계급이나 집단의 이해관계 혹은 권력의 지속적인 작용을 받게 되며, 그 안에서 만들어진 상징과 개념들 속에서 문화적 제도로 자리 잡기도 하고 다시 해체되기도 하면서 변형을 거듭한다는 것이다. 자칫 어느 일정 장소나 기간 혹은 소속된 집단만의 시각으로 문화정체성을 규정지으려 한다면 극단적인 본질주의적 시각에서 나오는 배타성과 그것이 외부에 대해 가질 수밖에 없는 적대적 폭력성은 평상시에는 교묘하게 감추어져 있지만 언제든 드러낼 준비를 하고 있다. 이는 어느 집단이든 혹은 집단에 소속된 개인이든 상관없이 말이다.

지금 유럽은 어떤 유럽적 정체성의 요청과 그 과도기적 변형을 겪고 있는가? 게다가 과거와는 어떻게 다른 성숙되고 열린 정체성이어야 하는가? 이 질문들은 유럽이라는 복잡성 때문에 쉽게 답해질 수 없을지도 모른다. 그러나 우리는 두 차례의 세계대전이 남긴 그 정신적이고 물질적인 유럽의 폐허 이후 지금까지 유럽이 함께 헤쳐 나온 통합의 과정과 결실들을 분석해 보면서 유럽공동체와 유럽의 관계성 속에서 새롭게 생성되고 있는 문화정체성에 접근해보고자 한다.

(2) 유로의식의 등장

우리는 이 책에서 유럽공동체와 유럽 각국의 관계성 속에서 새롭게 생성되고 있는 유럽정체성을 가리키는 용어로서 '유로의식'을 제안해 보고자 한다.[37] 유로의식은 역사적이고 지리적이며 사상적인 측면에서의 유럽정체성 전반을 포괄하는 개념이 아니라, 2차 세계대전 이후 반세기 유럽정체성의 현주소를 분석하기 위한 개념이라고 할 수 있다. 유로의식은 '유럽인'이라는 공동체의식으로서 현재 유럽통합 방식에 직간접적인 영향을 미치고 있다. '유로(euro)'라는 용어는 물론 일반적으로 '유럽(Europe)'의 어원으로 이해될 수도 있지만, 특별히 유럽연합 내에서 유통되는 화폐의 단위이다. 유럽인의 공동체의식을 정의하기 위해 왜 이와 같은 경제적 개념을 환기시키게 되었는지에 대해서 우선 설명해야 할 것이다.

1970년대 초 공동체의 지도자들은 유럽 각국의 경제가 조화로운 방향으로 발전하기 위해서는 궁극적으로 화폐 통일이 필요하다는 것을 깨달았다.[38] 결국 경제적 통합으로 시작된 유럽공동체는 1986년 단일의정서를 통해 시장을 단일화하고 마침내 하나의 화폐를 만들어 내었다. 그것이 2002년 1월 1일부터 유럽연합 내 유로존(eurozone) 시민들이 자국의 화폐 대신 새로이 사용하게 된 유로화이다. 화폐는 예로부터 외교 군사 분야와 함께 국가의 가장 기본적인 기능과 권한에 해당한다. 때문에 자국의 화폐를 포기하는 것은 국가의 주권과 관련된 중대한 사안이다.[39] 유로화는 이제 유럽공동체의 단일성과 그 상징을 압축한 경제 통합의 핵심으로서 유럽인들의 공동체적 소속감에 영향을 미치고 있을 뿐만 아니라, 현재 세계 주요 통화가 되어 그 위상이 미국 달러화와 필적할 만한 위치를 점하고 있다. 바로 유럽연합이 초창기 경제공동체를 통한 유럽의 통합과 공통의 의식 생성을 위한 결실의 상징인 셈이다. 앞서 말했듯이 유럽연합은 경제공동체를 모태로 시작되었다. 그만큼 유로화로 대변되는 경제와 유럽공동체의 통합 정신은 중요한 기반을 차지할 수밖에 없는 것이다.

또한 유로로 상징되는 경제적 통합의 성과는 정치적 통합을 앞당기는 데 일정한 역할을 하였다는 사실을 인정해야 한다. 유럽경제공동체의 초대 집행위원장인 할슈타인은 경제를 통합시키고 있는 것이 아니라 정치를 통합시키고 있다고 말하며 정치 통합의 의지를 보여준 바 있다.[40] 유럽공동체 초기 통합 방식은 기능주의에 근거를 두고 있는데, 이 기능주의적 방식이란 바로 경제적 차원에서 협력이 이루어지면 질적으로 상이한 정치 분야로도 협력이 확산된다는 파급효과(spillover)를 전제로 한 방식이다.[41] 1980년대 단일시장과 유로화의 계획이 진척됨에 따라 1992년 마스트리히트조약이 체결되고, 이를 통해 정치적 부분에서의 통합도 구체적이고 제도적인 모습을 갖추기 시작한다.

그러나 유럽의 구성원으로서 유럽인이라는 소속감은 임의로 만들어낼 수 없다. 이는 공유되는 문화적 자의식으로부터만 나온다. 바로 이 때문에 현재 유럽은 경제와 정치 뿐 아니라 그 문화에 관심을 집중하고 있다고 하겠다.[42] 유럽통합의 아버지로 불리는 장 모네는 "유럽을 다시 건설한다면 문화로부터 시작해야만 할 것"이라고 만년에 술회한 바 있다.[43] 이 말은 유럽통합을 거론할 때 문화적 통합의 중요성을 환기시키기 위해 빈번히 인용되고 있다. 유럽연합의 문화정책은 유럽문화정체성을 통한 유럽시민의 창조를 목적으로 한다.[44] 현재 유럽연합은 정치적 통합에 이어서 시민들에 의해 자발적으로 유럽의 문화정체성이 형성될 수 있도록 문화정책에 주력하고 있다.

그런데 흥미로운 사실은 오늘날 유럽연합의 문화정책을 분석해보면 산업으로서의 문화에도 크게 주목하고 있다는 것이다. 유럽연합은 문화산업의 중요성과 그 광범위한 파급효과를 인식하며 정책적 중요성을 강조하고 있다. 개별 회원 국가들의 문화산업이 연대를 통해 더욱 빠르게 성장할 수 있으며 그 기대효과도 긍정적이라 예견하고 있다. 이는 문화산업의 동반성장이 결국은 개별 회원국가의 경제 성장을 이끌어 주리라 보는 것이다.[45] 궁극적으로 유럽연합은 이것이 유럽 경제 전반에 기여할 수 있도록 하는 전략을 마련하고 있다. 2006년 유럽연합 집행위원회에서 발간한 <유럽의 문화와 경제 보고서>[46]는 유럽 내 다양한 문화적 자산에 대한 부가가치 창출

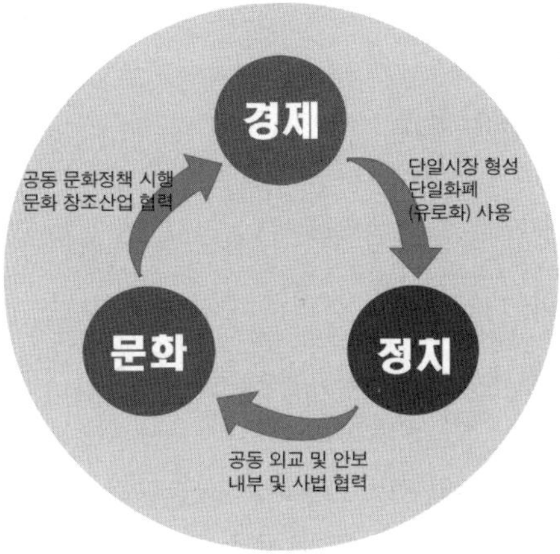

[그림 5] 유로의식의 순환구조

과 이로 인한 경제적 효과를 분석했다. 유럽연합은 유럽 내 문화의 교류라는 정책적 차원을 넘어 문화의 유로화를 추진하고 있는 것이다. 곧 문화의 산업적 가치를 인식하고 이미 개별 국가에서 진행 중인 문화와 창조산업 영역을 유럽연합 차원에서도 본격적으로 지원하고 육성하려 하고 있다. 특히 유럽이 가지고 있는 많은 문화적 유산과 창조적 예술 작품 및 다양한 창조산업군을 유럽이라는 큰 그림에서 서로 연계시켜 차세대 성장동력으로 키우려 하고 있다. 이것이 의미하는 바는 유럽연합이 문화를 유럽의 공동체 의식을 위한 정책적 대안으로 제시한 후 20년이 지난 지금 문화를 다시 유럽 전체 차원에서 산업화시켜 유럽의 부를 생산해내려 한다는 것이다

지금까지 고찰해본 유럽 통합의 과정과 맥락이 '유로의식'이라는 개념 속에 녹아있다. 경제 영역으로부터 출발한 유럽통합은 정치와 문화의 영역을 거쳐 경제로 귀결되는 하나의 원(circle)을 그려내면서 순환구조를 취하고 있다고 할 수 있다. 여기서 유로는 단순히 경제적 지표로서 의미를 지니는 것이 아니라, 오늘날 유럽 통합이 가지는 지향점이라는 복합적 의미를 드러낸다. 결론적으로 유로의식은 문화적 정체성 수립을 위해 다양한 문화정책에 강조점을 두면서도 이를 통해 경제와 정치적 통합까지 아울러 추구

하고자 하는 현대 유럽통합 이념을 규정하는 데 필수불가결한 요소이다.

(3) 유로의식과 문화코드

오늘날의 유로의식은 '다양성 속의 조화'라는 유럽연합의 모토와 긴밀한 관련이 있어 보인다. 다원주의의 인식은 우리를 조각내는 것이 아니라 우리가 일체감을 갖게 한다. 즉 다중심적이고 탈중심적인 사고는 우리를 흩어지게 하는 것이 아니라 여러 중심들을 커다란 맥락 안에서 서로 연결시킬 수 있게 하는 것이다.[47] 유럽연합이 표방하고 있는 이러한 모토는 홈페이지 등을 통해 공식적으로 명시화되어 있다. 이는 다시 말해 유럽연합 사회 전반에서 작동되고 있는 하나의 문화코드로서 간주될 수 있다. 문화코드란 일종의 "문화적 무의식(cultural unconscious)"이다.[48] 정신분석학에서 무의식이 의식의 모태라고 보듯이 다양한 문화적 현상과 실천들이 실은 어떠한 문화코드에 기원을 두고 작동되고 있다고 보는 관점에서다. 그러면 다양성 속의 조화라는 문화코드가 어떠한 방식으로 여러 가지 차원에서 실현되면서 공통된 유로의식을 형성하고 있는지를 분석해 보자.

첫째, 유럽연합은 정치적인 측면과 문화적인 측면에서 다각적인 통합을

[그림 6] '다양성 속의 조화'를 내세운 유럽의 날 포스터[49]

추구하고 있다. 유럽 이념의 형성과 그 전개 과정을 살펴보면 문화적 측면에서의 유럽정체성이 강조되던 시기와 정치적 측면에서의 유럽통합을 지향했던 시기들이 있었다. 예를 들어 중세에 유럽은 기독교라는 종교에 의해 하나의 정신적·문화적 공동체로 통합되었다. 그리고 계몽주의 시대에도 유럽인들은 유럽이 인종적·언어적 다양성에도 불구하고 상당한 정도의 정신적·지적인 단일성을 나타낸다고 인식하였다. 반면 19세기 후반 민족주의자들은 정치적 목적에서 통합을 열망하였고, 2차 세계대전 후에도 정치적 통합을 위해 경제적 통합 기반을 마련하기도 하였다. 유로의식의 형성에서 지적하였듯이, 현재 유럽연합은 정치적 통합체로서 기틀을 마련한 동시에 문화적 유럽정체성 형성에 주력하고 있다. 이처럼 어느 한 측면이 아닌 다각적인 방식으로 통합을 추진한다는 점에서 다양성의 코드를 읽어낼 수 있는 것이다. 더불어 여기서 중요한 사실 하나는 문화적 정체성의 성격이다. 오늘날 유럽연합은 통일성이 아니라 '다양성'을 통한 조화 자체를 통해 유럽인으로서의 정체성을 공유하고자 노력하고 있다.

둘째, 유럽연합은 운영체제에 있어 다층적 거버넌스(multi-level governance)를 지향한다. 이는 초국가와 국가의 수평적인 연대를 기반으로 하는 일종의 권력 분산 시스템으로 볼 수 있다. 다층적 거버넌스에서는 권위가 부재하는 대신에 유럽연합, 개별 국가, 국가 내 하위 기관 등 여러 수준에 걸쳐 존재하는 정부들이 다양하게 결합하여 정책네트워크를 형성한다. 이는 각각의 정부가 갖는 고유한 자원에 대한 상호의존적 관계로 볼 수 있다.[50] 이와 유사한 목적으로 유럽연합 내에서 실행되고 있는 것이 합의 방식인데, 바로 '유연성의 원칙(Principle of Flexibility)'을 기조로 하고 있다. 이는 마스트리히트조약에 명문화된 원칙으로, 회원국 간 능력의 격차나 정치적 견해가 다를 경우 목적 실현을 위해 유연한 방식을 채택하는 것을 말한다. 여기에는 여건이 좋은 회원국이 먼저 정책과 제도를 도입하고 뒤이어 후발국이 뒤따라가는 이중속도의 유럽(two-speed Europe)과 유럽연합 정책을 모든 회원국에 적용하는 것이 아니라 수용할 능력이 있는 국가가 먼저 적용한다는 가변적 지역(variable geometry) 개념이 포함된다. 또한 비타협적 회원국들을 포용한다는 차원에서 선택적 거부권(opt-out)이라는 제도를 두었는데, 일부 통합 정책에 거부감을 가진 회원국의 저항을 막기 위한 정치적 선택으로 영국이 유로화 도입을 거부한 것을 수용한 방식이 대표적 사례라 할 수 있다.[51]

셋째, 유럽연합에서는 '엘리트의 유럽'에서 '시민의 유럽'으로 참여 주체자가 확대되고 있다. 유럽연합은 현재 인본주의적 측면에서 유럽시민의 대다수가 지지하는 방식의 사회모델을 표방하고 있다. 유럽인들은 국제화와 기술적 발전이 세계를 혁명적으로 발전시켰다고 판단하고 있으며, 이러한 변화의 과정에 있어 세계 모든 사람들이 희생자가 아닌 주체적 세력이 되어야 한다고 믿는다.[52] 경제적 통합을 넘어 정치적 통합으로까지 박차를 가하고 있는 유럽연합은 기존의 통합과정이 기술관료 중심의 통합방식임을 시인하고 새롭게 문화정책에 관심을 기울이기 시작하였음을 지적하였다. 그 동안의 방식이 '위로부터 아래로' 진행되었다면 이제는 '아래로부터 위로'의 통합이 중요해졌다. 그 구체적 방안으로 유럽연합은 문화를 통한 회원국 간 교류를 통해 유럽 공동의 정체성 확보와 이를 기반한 통합에 박차를 가하고 있다.

넷째, 로컬을 기반으로 글로벌을 추구하는 글로컬 문화 경향이다. 유럽은 한 나라 한 나라가 다른 나라와 구별될 수 있는 고유한 문화적 유산을 풍성히 갖고 있다. 또한 지역적인 문화적 자산도 풍부하지만, 그럼에도 불구하고 유럽을 세계 다른 지역과 구별 짓는 공동 가치라는 유산을 통해 하나로 결속되어 있다.[53] 2000년대를 맞으며 세계적으로 문화산업이 크게 부각되는 환경이 펼쳐지게 되었다. 유럽연합과 개별 국가의 상호관계는 '로컬'을 존중하고 발전시키면서도 그것이 결국은 '글로벌'을 향하고 있는 '글로컬'의 모델을 지향하고 있다고 해도 과언이 아니다. 유럽연합은 2010년 문화와 창조산업 육성 정책에 대한 구체적 그림을 암스테르담에서 발표하였다. 여기에서 유럽의 각국 문화정책자들은 '유럽의 창조산업 육성을 위한 초석(Towards a Pan-European initiative in support of creative industries in Europe)'을 발표하였고, 이를 '유럽창조산업연합체(Towards a European Creative Industry Alliance)' 구상이라는 실질적인 추진 계획으로 만들었다.[54] 미국

시장에 잠식되지 않고, 유럽의 고유한 문화유산을 최대한 복원함으로써 동시에 더욱 세계적으로 영향을 미칠 수 있는 글로벌 문화콘텐츠를 수출하려는 비전을 보여주고 있는 것이다.

3. 유럽연합의 문화정책 아젠다[55]

시민의 유럽이라는 정책에서 언급했지만 유럽연합의 문화 프로그램은 주로 문화유산을 보호하고 대중들의 접근성을 높임으로써 유럽시민의 자각을 고취시키기 위한 목적으로 시행되고 있다. 문화 주체자를 '위'에서부터 '아래'로 확대시킴으로써 유럽의 문화정체성을 공고히 하고 사회적 결속을 이끌어내려는 것이다. 여기서 특히 주목할 부분은 '사회적 포용'을 위한 정책이라 생각한다. 유럽연합은 사회적 약자와 소외 계층에 대한 적극적인 지원을 매우 강조하고 있다. 지식기반사회로 접어들면서 문화와 정보에서 소외되는 계층이 발생할 확률은 더욱 높아진다. 유럽연합은 지식사회에서 모두가 주체자가 되어야 한다는 목적 아래 여러 프로그램을 추진하고 있다. 또한 문화는 이미 매우 다이내믹하게 경제적 활동과 연계되어 있으며 고용증대의 효과를 낳고 있는 것이 사실이다. 유럽연합은 문화 활동을 통해 가난을 위시한 사회적 배제를 완화시키고 포용적 사회로 나아가기 위해 다각적인 노력을 기울이고 있다.

유럽연합은 현재 마주하고 있는 '다문화사회'라는 환경에 대해서도 정책적 방향성을 제시하고 있다. 유럽집행위원회가 2007년 발표한 "문화를 위한 아젠다"[56]에서는 다음과 같은 3가지 항목이 제안되었다.[57] 1)문화의 다양성과 문화 간 대화, 2)창의성의 기폭제로서의 문화, 3)국제관계를 위한 핵심요소로서의 문화이다. 유럽연합은 여기서 무엇보다 다양한 문화들이 공존하고 있다는 점을 가장 중요한 의제로 떠올리고 있다는 것을 알 수 있다. 유럽 내 이동의 자유가 보장된 이후 문화교류는 크게 증가하고 있다. 그리고 바로 다양성을 특징으로 하는 유럽 고유의 문화에서 창의성을 이끌어내고자 하며 세계화 시대의 국제관계에 대응하겠다는 의도를 읽을 수 있다. 다시 말해

‘다양성 속의 조화’를 모토로 문화와 언어의 다양함을 유지시키는 가운데 공통의 문화유산을 보존하고 발전시키겠다는 것이 바로 유럽 프로젝트의 핵심이다. 여기에 대응한 아젠다가 바로 ‘문화 간 대화’라고 볼 수 있다.

마지막으로 유럽연합은 오늘날 당면하고 있는 세계화에 대응하여서도 ‘글로컬라이제이션’이라는 아젠다를 제시하고 있다. 유럽연합에서 문화창조산업은 새로운 유럽의 경제와 경쟁력을 위한 자산으로 적극적인 진흥책이 추진되고 있다. 그런데 중요한 점은 유럽연합이 문화창조산업에 대한 공동체 차원의 전략을 구상함에 있어서 문화의 다양성을 역동성과 혁신, 창조성 그리고 성장의 원천으로 보고 있다는 것이다. 유럽연합 내부에서도 다양성은 매우 중요하게 존중되고 있지만, 글로벌을 지향함에 있어서도 그 원칙은 고스란히 지켜지고 있다. 또한 앞서 살펴보았던 사회 포용적이고 상호문화적인 정책의 아젠다들을 통해서도 ‘유럽적인’ 고유한 색깔을 만들어 나가는 데 노력을 경주하고 있다고 본다. 이것이 바로 미국 주도의 획일적인 세계화에 대응하는 유럽연합의 ‘글로컬’ 문화 정책이다.

(1) 사회적 포용

유럽연합은 ‘문화를 위한 아젠다’의 제사(題詞)에서 스위스 작가인 드니 드 루즈몽(Denis de Rougemont)의 문장을 인용하고 있다. 문화는 “휴머니티로 향해가는 모든 꿈과 노고들”이라는 것이다.[58] 유럽연합은 문화는 서로 간의 분리가 아닌 조화를 향한 노력이어야 한다고 본다. 문화는 사회적 결속을 강화시킬 수 있는 힘을 지닌다. 특별히 유럽연합은 소외층과 사회적 약자를 포용할 수 있는 정책에 관심을 기울이고 있다. 문화교류와 대화를 통해 유럽통합의 최고의 목적 중 하나인 평화 유지에 기여하기 위해서이다.[59]

유럽연합은 여러 방면에서 ‘가난과 사회적 배제(poverty and social exclusion)’에 관한 해결책을 모색해오고 있다. 여기서 도출된 아젠다가 바로 ‘사회적 포용’이다.[60] 사회적 배제의 반대 개념에 해당하는 사회적 포용은 빈곤층이나 장애인과 같은 여러 사회적 소외그룹들이 일상의 사회적 활동에 동등하게 참여할 수 있음을 의미한다. 이들도 다른 평범한 사람들과 같이 일상을 영위하고 일자리를 가지며 사회적이고 문화적인 삶에 동참할 수 있어야 한다. 이것을 실현하기 위해선 이들도 동등한 기회와 재정적 충당을 보장받을 수 있어야 한다. 사회적 포용은 또한 이들이 삶과 관련된 결정들에 참여를 할 수 있는 권리도 가져야 함을 의미하고 있다.

유럽연합 내 8400만 인구, 이 수치는 전체인구의 16%로 이 중 아이들이 19%를 차지하는데 모두 빈곤의 위험에 처해있다. 이들은 각자 자국의 중산층 60% 이하의 수입으로 살아가는 층에 해당된다. 유럽연합은 이에 대해 5가지 방향에서 그 대책 마련에 힘쓰고 있다.[61] 첫째, 세대 간 상속의 악순환이 가져오는 고리로 인한 가난의 대물림을 근절한다. 둘째, 노동시장에 가장 취약한 그룹들에 대한 사회적 포용 증진에 힘쓴다. 셋째, 적정 수준 이상의 주거 공간을 모두에게 제공한다. 넷째, 장애인, 이민자, 소수민족 그 밖의 소외 그룹에 대한 차별을 없애고 사회적 통합을 이끈다. 다섯째, 재정적 파산과 같은 금전적 배제조치를 차단시킨다.

유럽연합은 당면하고 있는 이러한 위기에 대해 문화를 하나의 수단으로 하여 준비하고자 한다. '사회적 배제'는 '문화적 배제'를 의미한다.[62] 많은 문화적 활동들은 소외된 사람들, 특히 젊은이들이 사회로 재통합되도록 돕는 데 주안점을 두고 있다. 일례로 유럽연합의 문화정책 가운데 집시 문화(Roma culture)에 관한 프로그램이 있다.[63] 집시 공동체는 유럽에서 가장 큰 소수 그룹으로서 1000-1200만 정도의 구성원을 가진다. 가난과 사회적 배제 속에서 많은 집시들은 교육이나 거주, 의료 같은 기본적인 혜택을 받을 수 없었고 노동 시장에 대한 접근마저도 쉽지 않은 상태이다. 이에 유럽연합은 집시를 포용하기 위해 효과적인 정책들을 추진하고 있다. 또한 유럽연합의 번역에 대한 지원에 있어서도 '소수어'에 우선권을 부여하기 위하여 이런 언어로 쓰여진 작품들은 우선적인 지원 대상으로 선정하고 있다.

사회적 보호와 사회적 포용은 결국 사회의 결집 강화와 함께 경제성장과 고용증대에도 관심을 갖지 않을 수 없다. 곧 사회적 포용 정책은 노동력의 공급을 증대시키는 노력도 의미한다. 1997년 11월 룩셈부르크에서 열린 유럽이사회는 고용 증진에 대한 지금까지의 공동체의 정책보다 좀 더 체계적이고 신중한 방법을 활용하는 방안을 논의했다. 여기서 유럽연합의 "문화와 문화산업 그리고 고용"이라는 과제에 대해서 다양한 문화 활동을 통해 일자리를 창출하고 보전할 수 있다고 보았다.[64]

오늘날 유럽은 산업혁명에 비견할 만한 커다란 변화를 겪고 있다. 유럽연합은 교육을 통해서도 지식 기반 사회로 진입하는 때를 맞아 일상의 모든 면에서 겪게 된 커다란 변화에 주목하면서 거기에 대응하고자 한다. 단순히 개인이 변화에 적응해야 하는 차원의 문제가 아니라 사회 전반에 걸쳐 여기에 대해 방향성을 가진 준비가 필요하다는 것이다. 유럽연합은 평생학습프로그램에서 특정집단의 사회적 배제나 주변화를 막고 개인들의 학습과 관련된 열망들을 충족시키는 중요한 역할로서 교육 프로그램을 바라보아야 한다는 점을 강조하고 있다. 즉 모든 사람에게 평생 동안 동등하게 학습에 접근할 수 있는 기회를 제공하기 위한 '포용적 사회'를 건설하기 위해서이다.[65] 또한 교육의 격차에 의해 발생하는 노동시장에서의 커다란 불균형을 완화시키는 데 기여하고자 한다. 궁극적으로 유럽에 사는 사람은 예외 없이 사회적 경제적 변화에 적응할 수 있는 평등한 기회를 가져야 하며, 유럽의 미래를 건설하는 데 적극적으로 동참해야 한다는 것이다.

유럽연합은 동유럽을 위시한 회원국의 대거 확대 과정에서 민주적, 경제적 그리고 사회적으로 많은 변화를 겪고 있다. 2000년 시작된 리스본 전략은 경제정책, 고용정책, 사회정책의 상호 연계 속에서 지속적인 발전 모델을 추구하고 있다. 또한 이러한 공동협력정책이 사회적 포용과 보호를 위한 메커니즘으로 작동되기를 기대하고 있다. 또한 사회적 포용과 배제에 대한 인식의 전환을 시민들에게 심어주기 위해 많은 활동들을 하고 있다.

(2) 문화 간 대화

세계는 점차 서로 다른 문화적 배경을 지닌 사람들이 만나고 섞여가면서 더욱 의존하는 관계가 늘어가는 추세를 보이고 있다. 특히 유럽 사회는 지금 상호문화적 "모자이크(mosaics)"의 양상을 띠고 있다.[66] 유럽에서 문화의 경계들을 결정짓는 전통적 기준들을 보면 우선 크게 국가들의 구분에 의한 문화적 차이가 있을 수 있겠고, 한 국가 안에서도 지역적으로 문화의 색깔이 다를 수 있으며, 이런 경계선들과 상관없이 언어로 인해 구분되는 문화적 차이를 생각해 볼 수 있다. 긴 시간에 걸쳐 다져진 유럽 내의 이러한 차이가 낳은 다양성에 비하면 반세기 가량 된 유럽통합 프로젝트는 그 통합이라는 말이 무색할 정도로 짧다고 할 수 있다. 따라서 유럽연합은 국가의 경계에 의한 혹은 어느 지역에 의한 문화적 차이들을 완전히 존중하면서 포괄적인 유럽적 소속감을 구축한다는 것은 차이가 그어진 많은 경계들을 가로지르는 소통을 전제로 한다는 점을 알고 있다.

문화다양성과 문화 간 대화는 유럽연합의 문화적 다양성이 가지고 있는 매우 중요한 자산을 창의성, 혁신, 번영을 위한 원천으로 역할을 하게 하는 데 목적이 있다. 다양성의 강점을 최대한 살리기 위해서는 반드시 서로 다른 문화의 배경과 사람들에 대한 올바른 이해와 소통이 전제되어야 함을 밝히고 있다.[67] 함께 공존하고 있다는 사실만으로는 절대 부족하다. 그 이상을 위해서는 1)상호 간의 진실한 대화의 장려와, 2)상호 문화 간 소통 기술의 향상, 3)예술가들이 다른 지역이나 국가에서 더 편리하게 작업을 할 수 있는 환경 조성이 필요함을 구체적 과제로 들고 있다.

문화 2000 프로그램 제안서를 보면, 문화적 차원에서의 통합을 위해서는 문화가 지니는 영향력, 특히 유럽의 문화와 언어들이 가지는 창조성과 다양성의 고수가 매우 중요하다는 것이 표명되고 있다.[68] 이주(migration)의 결과로 대부분의 유럽 도시는 다문화주의(multiculturalism)가 이슈로 떠오르고 있다. 유럽 사회는 효과적이고 관용적인 사회 통합을 위해 반드시 넘어야 할 시련의 장을 제공할 것인가, 아니면 긴밀한 연관 없이 단순히 문화를 병렬(juxtaposition)시킬 것인가의 기로에 서 있다. 여기에 대해 유럽연합은 인권과 자유, 연대, 관용이라는 기본적 가치의 기반 위에서 통합을 이끌어가고자 한다.

유럽연합은 공동체 내부에서 뿐만 아니라 대외 파트너와의 관계를 위해서도 문화가 커다란 중요성을 가진다는 사실을 직시하고 있다. 문화는 유럽연합의 대외정책을 위한 커다란 자산이다. 유럽연합이 문화의 역할에 대해서 강조하고 있는 것은 특히 동유럽으로의 대폭적인 확장과 관련하여 기존 15개 회원국들과 새로 가입한 회원국들 사이에 문화적·교육적 교류의 활성화를 통해 보다 긴밀한 관계를 도모하기 위해서이다. 문화는 유럽과 유럽으로 이주해 들어온 수많은 이주민들, 그리고 유럽연합 이외 국가들 간에 연결고리를 지탱시켜주는 데 반드시 필요하다. 모든 회원국들이 가지고 있는 풍요로운 경험들을 서로에게 제공해줄 수 있는 기회를 만들어 가려는 의도이다.

문화 2007 프로그램에서도 유럽연합은 그 목적에 있어 문화 간 교류에 초점을 맞추고 있다.[69] 여기서 제시하고 있는 목적을 보면, 첫째, 문화와 예술 관련 분야에서 일하는 사람들의 초국가적 이동(cross-border mobility)을 장려한다. 둘째, 문화와 예술 창작물들과 작업들을 국가 간 유통(transnational circulation)시킨다. 셋째, 유럽 내 다양한 문화 간 대화(intercultural dialogue)를 장려한다. '문화의 교류와 대화'에 초점을 맞춘 이 프로그램은 지원하는 모든 프로젝트들이 위의 세 가지 목적 중 두 가지 이상을 충족시켜야 한다는 조건을 제시하고 있다.

'문화 2007' 프로그램은 또한 이전 실행되었던 프로그램과 마찬가지로 문화정책이 유럽연합의 확대 문제에 있어 어떻게 연관되는가를 보여주고 있다. '문화 2007' 프로그램은 유럽연합 회원 가입 희망국들 역시 이러한 문화적 협력에 동참하도록 권장하고 있다. 예를 들어 터키나 크로아티아, 세르비아 등의 가입 희망국들은 이미 유럽 문화프로그램에 동참하고 있다. 더불어 유럽연합은 새롭게 떠오르고 있는 신흥 산업국인 중국, 인도, 브라질,

멕시코, 러시아와도 긴밀한 관계를 유지하려고 한다. 상호 문화교류 활동들을 실행하고 있으며 이들 나라의 문화 프로젝트에 대한 재정적 지원도 하고 있다.

문화 간 대화라는 유럽연합 문화정책의 아젠다를 가장 직접적으로 드러내고 있는 것이 바로 2008년 '문화 간 대화의 해(Year of Intercultural Dialogue)'[70] 지정이다. 유럽연합은 세계화와 유럽연합의 확장, 그리고 단일시장을 통한 노동자들의 자유로운 이동으로 인해 회원국들이 다문화적 상황에 직면하고 있다고 보았다. 여기서 이런 문화적 혼종의 현상은 생명력 있고 역동적인 사회를 창조해낼 수도 있지만, 동시에 끝없는 긴장감을 가져올 수도 있다. 그러므로 모든 시민들의 참여와 통합을 도모하려는 정책은 필연적이라 할 수밖에 없다. 모든 다문화사회가 올바르게 기능할 수 있도록 하기 위해서는 효과적이고 건설적인 대화가 우선적으로 필요하다. 유럽연합은 이러한 문화 간 대화가 다양한 사회가 함께 공존할 수 있는 '접착제(glue)' 역할을 할 것으로 기대한다.

교육교류정책에 있어서도 문화 간 대화를 위한 다양한 노력을 기울이고 있다. 학생교류를 위한 에라스무스 프로그램에서는 학문적인 영역에서의 경험을 쌓을 수 있도록 장려할 뿐만 아니라 외국어를 익히고 '문화 간 소통기술(intercultural skill)'도 증진시키는 것을 촉진한다. 이것이 궁극적으로는 자기 발견의 기회를 갖고 유럽인으로서의 정체성을 깨닫는 것으로 이어지길 기대하는 의도이다. 2010년 볼로냐 프로세스(Bologna Process)는 유럽연합 내 다양한 고등교육체계를 통합하는 계기를 마련했다. 기존 유럽 내 대학들의 나라마다 다양한 학위제도와 그로 인한 학점교류 문제, 그리고 기타 고등교육기관들의 협력에 있어서 문제점으로 지적되었던 시스템들을 보완시켜 일정 기준으로 통합하여 서로 교류함에 지장이 없도록 하였다. 더불어 교육과 직업훈련 분야에서 교류와 협력을 증대시키기 위해서 지역적 계획(regional initiatives)도 마련되고 있다. 최근의 예로서는 동방 파트너십(Eastern partnership)과 지중해 연합(Union for the mediterranean)을 들 수 있다. 또 유럽연합은 가입 후보국들과 미래의 가입국으로 예상되는 국가들과도 상호 교육과 직업훈련 프로그램을 통해 유대관계를 쌓아가고 있으며, 아프리카(Africa-EU strategic partnership)와 아시아(ASEM)와도 교육과 학습 프로그램을 통해 상호 협력을 강화시키고 있다.

(3) 글로컬라이제이션

유럽연합은 오늘날의 세계화 추세에 대해 중요한 의문을 제기한다. 유럽연합은 세계화라는 상황이 서로 간의 풍요로움의 근원이 될 수도 있고 획일화의 근원이 될 수도 있다고 본다.[71] 개개의 문화로부터 고유성을 빼앗아 가거나 아니면 다양한 문화적 표현의 가능성을 확장시키거나 하는 기로에 서 있다는 것이다. 유럽연합은 다양한 유럽의 문화에 대해 시민들과 여러 포럼을 통해 논의해 나가는 과정에서 세계화와 문화적 다양성이라는 문제 역시도 자각시킨다.

유럽연합의 결론은 문화는 '고유(unique)'하다는 것이다.[72] 문화적 상품과 서비스들은 다른 영역의 상품과 서비스와는 다르며, 그것은 시장 논리에 의해서 일괄적으로 지배될 수 없다. 따라서 문화적 다양성과 창조성 증진을 존중할 수 있는 규제의 틀이 필요하다고 본다. 유럽연합은 모든 공동체의 문화적 정체성과 문화적 권리를 보존하고 그들 문화가 계속적으로 존재하고 번영할 수 있게 하는데 힘을 쏟고 있다. 곧 고유한 각각의 문화를 인정함과 동시에 이에 그치지 않고 서로 조화롭게 공존할 수 있는 방향을 모색하고 있는데 이것이 바로 글로컬라이제이션의 중요한 모토이자 전략이라고 할 수 있다.

유럽연합은 2007년 브뤼셀에서 세계화 시대에 문화의 역할에 대한 정책적 논의를 하면서 유럽의 문화 전략을 제안하였다.[73] 이 자리에서 유럽연합 집행위원장인 바로소(Barroso)는 문화는 경제적 성장과 상호문화 간 이해에 기여해야 한다고 밝혔다. 문화와 창의성은 시민의 일상생활과 직결되어 있기 때문에 개인의 성장, 사회적 결속, 그리고 경제적 성장을 위해서 중요한 원동력이 된다. 그러나 이러한 원동력은 다양성에 대한 인정과 존중을 전제로 한다. 오늘날 상호 문화적 이해를 위한 전략은 모든 정책들 가운데 핵심으로서 문화가 차지하는 자리와 그 중요성을 의미한다. 위의 전략 제안서에서는 유럽통합에 있어 문화가 그 중심적 역할을 담당하고 있음을 확언하면서 '글로벌 시대 유럽의 문화 아젠다(A European agenda for culture in a globalising world)'를 제시하였다. 여기서 유럽연합이 중점을 두고 있는 문화적 전략 사항은 첫째, 문화적 다양성과 문화 간 대화의 증진이고, 둘째, 창의성에 대한 촉매제로서의 문화, 셋째는 유럽연합의 국제 관계를 위한 역동적인 요소로서의 문화이다.

이러한 관점을 잘 드러내고 있는 프로젝트 가운데 하나가 '상호문화도시(intercultural cities)' 프로젝트이다.[74] 문화는 시민들의 일상에서 체현(體現)되어야 하는 동시에 창의성을 유발하는 원천이 된다. 유럽 사회는 당면하고 있는 문화 간 다양성을 건전한 방식으로 수렴시키면서 창의성을 생산해내기 위한 프로젝트로 상호문화도시 프로젝트를 시범적으로 이행해보고 있다. 공공장소, 학교, 집, 일터와 같은 일상의 공간들은 서로 다른 문화적 배경의 사람들이 함께 섞여서 생산적이고 창조적으로 상호작용할 수 있도록 디자인되어야 한다. 공공의 협의와 논의를 통한 결정은 공동체의 문화적 혼종을 반영하여야 하며, 정치가와 미디어는 가치있게 공유될 수 있는 정체성을 창조하기 위해 시민의 참여를 적극 유도하여야 한다. 그리고 이러한 비전이 현실화되기 위해 도시들은 '상호문화전략(intercultural strategy)'을 발전시켜야 한다는 것이다.

상호문화도시 프로젝트가 표방하고 있는 독창성은 도시 간 협력을 통해서 서로의 경험과 비전을 공유한다는 것이다. 지방자치단체의 정치인에서부터 청소년들, 문화 관련 종사자들, 사회적 포용과 상관된 모든 사람들까지를 대상으로 하여 이들을 팀으로 구성하여 다른 나라의 다른 도시로 보내어 도시 간 경험과 생각들을 경험하고 이를 통해 새롭고 특별한 정책들과 구조를 만들어 문화 간 대화를 어떻게 장려할 수 있는가를 공유하고 있는 것이다. 현재 다양한 도시가 정해져서 서로 상호 방문을 통해 서로의 도시 간 비교를 하고 있으며 이 작업은 유럽연합과 유럽평의회가 공동적으로 추진하고 있는 사업이다. 여기서도 유럽연합은 내부적으로 뿐만 아니라 대외 국가들과의 관계를 열어두고 있다. 즉 터키나 러시아, 우크라이나, 세르비아 등 유럽연합 28개국 이외의 도시들 또한 상호문화도시 프로젝트에 참여시키고 있다.[75] 이것이 바로 유럽이 자신들의 정체성을 세계에 드러내고 관계를 맺어가는 방식이라 할 수 있다.

2009년은 유럽연합이 지정한 창조와 혁신의 해(European year of creativity and innovation)였다. 유럽은 지식에 기반한 경제를 구축한다는 비전을 내세우고 있다. 세계화와 신흥 경제 대국들의 부상에 대항해 경쟁력을 유지하기 위한 유럽의 전략이다. 유럽에서 지식 경제의 개념이 부각되기 시작한 것은 2000년도의 리스본 전략이었다. 이는 2010년까지 유럽을 경쟁력 있고 역동적인 지식기반경제 체제로 만들기 위한 유럽개혁 프로젝트이다. 2000년 리스본에서 열린 유럽 정상회의에서 유럽 각국은 지식기반경제의 출현과 가속화되는 국제경쟁에 대응하여 경제성장을 위한 발전 계획과 실천들을 모색하였다. 이러한 전략의 하나로서 유럽연합은 경제적 성장과 문화 간 이해에 기여하기 위한 문화정책들을 추진하기 시작하였다.

유럽연합은 교육에 있어서도 글로컬 정책 아젠다를 드러내고 있다. 교육정책은 유럽연합 초기에 계속 확장과 통합을 거듭하면서도 정책의 주안점이 여전히 교수·학생들의 이동성 촉진에 있으며, 유럽 차원에서 공통된 고등교육체제를 구축하려는 시도로까지는 발전하지 못했던 한계를 지니고 있었다. 이는 보충성의 원칙(Principle of Subsidiarity)과 회원국의 주권 존중을 강조하는 마스트리히트조약의 기본 정신에 따라 교육 분야의 경우 적극적 개입을 가급적 제한하려는 유럽연합의 경향 때문이라고 볼 수 있을 것이다. 이러한 상황에 결정적인 변화를 초래한 것은 고등교육도 '이익창출을 위한 하나의 산업'이라는 시각의 등장과 이에 따라 이 영역에서 미국에 대한 주도권을 확보하기 위한 유럽차원의 문제제기 때문이라 볼 수 있다.[76] 시장이라는 관점에서 볼 때 유럽의 대학들은 잠재적 경쟁대상자인 미국과 대비되는 유럽 고등교육의 상대적 경쟁력을 강화해야 할 필요성을 절실히 느끼게 되었다.

이에 따라 단순히 역내 국가 간의 교수, 학생의 이동에 치우치던 유럽 고등교육협력의 패러다임을 한 차원 확장시켜 유럽대학들의 교육과정과 학사구조 자체를 세계적인 학위구조 변화 추세에 맞추어 통일적으로 개편함으로써 고등교육 전반의 경쟁력을 제고하자는 식으로 논의가 발전하게 된 것이다. 이것이 문화 간 대화의 아젠다에서 언급하였던 볼로냐 프로세스로 가시화되었다. 이와 맞물려 리스본 전략의 채택으로 인해 고등교육을 경제성장과 고용창출의 기반으로 선언하고, 종래 개별 참여국 중심으로 추진 되던 볼로냐 프로세스가 유럽연합 차원의 초국가적 아젠다로 격상된다.[77]

오늘날 유럽연합의 국제협력 프로그램과 '고등교육에 있어서 현대화의 아젠다(The higher education modernisation agenda)'[78]는 유럽의 차원을 넘어서려고 한다. 교사와 학생들의 이동이나 자격증의 상호 간 인정과 같은 이슈는 유럽과 대외 파트너 국가들 사이에 우선시 되고 있다. 또한 이러한 파트너 국가들과의 '정책 대화'를 통해 유럽연합은 유럽의 교육과 직업훈련의 매력을 부각시킬 수 있다. 더 나아가 유럽연합뿐만 아니라 상대 파트너 역시도 좋은 경영과 노하우를 공유할 수 있는 길이라 본다.

우리가 제시해 본 아젠다들은 사실 어느 하나를 따로 떼어내어 생각할 수 없는 것들이다. 지식기반사회, 다문화사회, 세계화 등은 오늘날 동시적으로 유럽사회에 커다란 과제를 제시하고 있고, 유럽연합이 거기에 대해 어떤 방식으로 고유한 해답을 내어놓고 있는가 하는 점이 중요할 것이다. 유럽연합은 자신들의 문화적 풍요로움과 다양성이 세계에 그 역할과 영향력을 제시할 수 있어야 한다고 생각한다. 유럽연합은 스스로를 단지 경제적 혹은 대외 무역을 위한 힘으로 작동되어서는 안 된다고 본다. 그 이상의 의미로서, 즉 성공적인 사회적·문화적 프로젝트들의 과정으로 인식되어져야 한다는 점을 명백히 하고 있다. 유럽연합은 인간존중, 연대, 관용, 표현의 자유, 다양성의 존중, 상호 간 대화와 같은 내일의 세계를 위한 영감을 제공하는 "소프트파워(soft power)"로서의 선구적 역할을 해야 한다는 것이다.[79] 이러한 아젠다를 통해 현재에도 유럽연합은 새로운 유럽식의 세계화 모델인 '글로컬라이제이션'을 추진해나가고 있다고 할 수 있다.

우리는 글로벌라이제이션과 차별되는 글로컬라이제이션 모델을 도출하기 위해 문화기호학자 로트만의 이론을 차용해볼 수 있다.[80] 그는 문화를 유형화시키기 위한 메타언어로서 공간적 언어를 사용하고자 하였다. 기본적인 문화모델은 이차원적 공간에 경계를 두고 내부영역과 외부영역으로 나누어지는 것이다. 내적 공간은 한정된 그룹의 점으로 채워진 폐쇄 공간이고 외적 공간은 열린 공간으로 제시된다. 이와 같은 문화모델에 대한 가장 단순한 의미론적 해석은 바로 '우리↔그들'이라는 대립으로 볼 수 있다. 로트만은 자신이 속한 내부의 닫힌 영역을 '문화'로 볼 때 이를 벗어나는 구조화되지 않은 타자의 영역은 '비(non)문화'로 규정된다고 보았다. 이러한 대립은 다양한 맥락에서 다음과 같은 의미의 쌍들로 실현되고 있다.

문화적 적(敵)의 이미지는 인류사 전체를 거슬러 올라가서도 확인된다. 인종주의적 관점에서 세계를 바라볼 때 자신의 고유문화가 곧 중심이 된다. 기독교적 중세 유럽은 자신들이 신과 가장 가까이 있다고 믿었으며, 중국은 자국을 세계의 중심 제국으로 인식했다. 오리엔탈리즘으로 대표되는 서구인들의 이분법적 사고는 수백 년에 걸쳐 유포되어왔다. 즉 스스로를 창조자이자 현대적인 선진국의 국민으로 간주하며, 세계의 여타 지역에 대해서는 원시적 국가라고 보는 편견에 익숙해져 있는 것이다.[81] 이러한 관점으로 접근한다면 세계화 역시 강력한 힘을 지닌 중심국의 영향력이 주변국으로 확산되어가는 방식으로 밖에 해석될 여지가 없다.

로트만의 이론이 우리의 논의에 반드시 필요한 이유는 그가 문화모델에 있어 또 다른 가능성을 제시하였기 때문이다. 바로 문화는 비문화에 대립하

〈표 2〉 내부와 외부의 의미 체계[82]

내 부 영 역	↔	외 부 영 역
우리 민족	↔	타민족
성(聖)	↔	속(俗)
문화	↔	야만
지식인	↔	민중
질서	↔	혼돈

는 동시에 '반(anti)문화'에도 대립한다는 것이다.[83] 문화와 비문화의 대립이 특정 성질의 유무 관계라면, 문화와 반문화의 대립은 특정 성질의 뒤집혀진 반복, 즉 상반성의 관계이다. 다시 말해 자민족 중심적 시각에서 특정한 자질을 갖추지 못한 타민족의 문화를 문화로 인정하지 않는 체계가 아니라, '우리'의 문화는 또 다른(반대의) 특성을 가진 그들의 문화와 공존하는 체계이다. 이러한 맥락에서 글로컬라이제이션의 모델은 기본적으로 '문화↔반문화'의 모델과 일맥상통하는 부분이 있다고 본다.[84] 세계화를 미국 문화의 동질화로 보는 관점은 문화와 비문화의 모델과 같이 철저한 대립적 사고를 바탕으로 하고 있다. 반면 글로컬라이제이션의 모토는 다양한 타자의 문화를 인정한다는 데 있다. 그러면 이제 유럽연합의 문화정책들을 구분하여 분석해보고, 나아가 유럽연합이 지니는 고유한 글로컬라이제이션의 특성을 도출해보도록 한다.

[그림 7] 문화와 비문화 모델

[그림 8] 문화와 반문화 모델

주석

1 김시홍 외, 『유럽연합의 이해』, 서울: 높이깊이, 2005 가운데 「유럽연합의 배경(pp.15- 23)」, 이무성 외, 『유럽연합의 정체성 II』, 서울: 높이깊이, 2009 가운데 「유럽과 유럽이념의 형성(pp.31-40)」의 내용을 참조하여 논의하였음을 밝힌다.

2 그리스인들은 세계가 크게 세 개 지역으로 나뉘어있다고 생각했다. 오랜 기간 동안 유럽은 아시아, 아프리카와 구분되는 지역을 나타내는 말이었다. 유럽이란 어원도 고대 아시아인들이 '태양이 지는 곳'이란 의미로 불렀던 Erek에서 유래되었다고 할 수 있다. 에코는 유럽문명이 단일문명으로 구분되기 시작한 것은 로마제국의 종말과 로마-이민자 왕국 형성 이후라고 지적한 바 있다(김시홍 외, 위의 책, pp.15-16)

3 위의 책, p.18.

4 위의 책, p.19, 이무성 외, 앞의 책, p.34.

5 이무성 외, 위의 책, p.35.

6 김시홍 외, 앞의 책, p.21.

7 유럽통합연구회, 『인물로 보는 유럽통합사: 빅토르 위고에서 바츨라프 하벨까지』, 서울: 책과함께, 2010, p.42.

8 Gabriele Clemens(ed.), *Nation und Europa: Studien zum Internationalen Staatensystem im 19. und 20. Jahrhundert*, Stuttgart: Franz Steiner Verlag, 2001, p.51.

9 이무성 외, 앞의 책, pp.36-37 참조.

10 유럽통합연구회, 앞의 책, pp.82-101 참조.

11 위의 책, p.12.

12 폴 발레리는 그가 주장한 유럽 정신으로 유명하다. "거의 모든 것이 유럽에서 이루어졌고, 유럽에서 비롯된다"는 그의 대표적 문구는 유럽정체성 확립을 위한 정치적, 문화적 담론이 형성되는 과정에서 계속 회자되고 있는데, 이는 통합적 의미도 있지만 동시에 배타적 의미도 내포하고 있다. 발레리는 유럽 문명의 미래를 위해 유럽 지식인의 화합이 필요하며 유럽인이라는 통합된 정체성을 통해 정치적 차원의 유럽연합이 실현 가능하다고 생각했다. 사실 그의 이러한 생각은 오늘날 유럽연합의 방향성에 영향을 미치고 있다.

13 Roberta Guerrina, *Europe: History·Idea·Ideologies*, New York: Arnold, 2002, p.46.

14 김시홍 외, 앞의 책, p.23.

15 이 중 민족주의자(nationalist)는 주로 영국과 스칸디나비아, 아일랜드, 그리고 스위스 등에 분포하면서, 통합에 부정적이라기보다 적극적인 참여 의사를 드러내지 않는 자들을 가리킨다. 또 외부행위자(external actor)는 재정적, 정치적 원조를 통해 유럽통합을 지원하는 미국의 정치 엘리트를 지칭한다 (Simone Bulmer, *History and Institutions of the EU in the*

Economics of the European Union, edited by M.J. Artis and Lee, Oxford: Oxford University Press, 1994, pp.8-9 참조).

16 모네는 진정 필요한 것은 과거의 형태를 버리고 공동의 경제적 기초를 건설함과 동시에 국민국가들이 받아들일 수 있는 새로운 권위체의 창설을 통해서 유럽의 정치, 경제, 안보의 맥락을 전환하는 길로 들어서는 초국가 유럽으로 진입하는 것이라고 역설하였다.

17 Antje Wiener & Thomas Diez, *European Integration Theory,* Oxford: Oxford University Press, 2004, pp.31-34 참조.

18 *Ibid.*, pp.35-42 참조.

19 Pascal Fontaine, *op. cit.*, pp.8-11 참조.

20 이종원 & 황기식, 『EU27 유럽통합의 이해』, 서울: 해남, 2008, p.117.

21 Ali M. El-Agraa, *The European Union: Economics & Politics*, Essex: Prentice Hall, 2004, pp.29-33 참조.

22 Ali M. El-Agraa, *op. cit.*, pp.34-38 참조.

23 Pascal Fontaine, *op. cit.*, p.11.

24 CEC, *Key Facts and Figures about Europe and the Europeans,* Luxembourg: Oopec, 2007c, p.4.

25 Alasdair Blair, *The European Union since 1945*, London: Longman, 2010, p.143.

26 CEC(2007c), *op. cit.,* p.4.

27 *Ibid.*, p.9.

28 William Wallace, Helen Wallace & Mark Pollack, *Policy-Making in the European Union,* Oxford: Oxford University Press, 2005, p.50.

29 A. Follesdal & S. Hix, *Why There is a Democratic Deficit in the EU,* European Governance Papers (EUROGOV), 2005, p.6.

30 이미 유럽연합 내에서의 지리적 경계는 1985년 체결되어 1995년 발효된 솅겐조약을 통해 상당 부분 해소되었으며, 이를 유럽시민권과 연계시켜 보다 강력한 통합의 기반을 마련하고자 하였다.

31 Pascal Fontaine, *op. cit.*, pp.40-42 참조.

32 온대원, 「유럽시민권과 문화적 갈등」, 『통합유럽과 유럽시민권 I』, 서울: 높이깊이, 2004, pp.449-451 참조.

33 *Ibid.*, p.43.

34 유럽연합 홈페이지 (www.ec.europa.eu) (2012.1.9 검색).

35 박지현, 「폴 발레리의 '유럽정신'과 유럽통합의 배타성」, 『서양사론』 제99호, 2008, p.183.

36 Stuart Hall, "Cultural Identity and Diaspora", in J. Rutherford(ed.), *Identity, Community, Culture, Difference,* London: Lawrence & Wishart, 1990, p.225.

37 홍종열, 「유로의식으로 보는 유럽의 문화정체성」, 『외국학연구』 제15집, 2011에서 처음 제기한 바 있다.

38 Pascal Fontaine, *op. cit.*, p.6.

39 영국이나 덴마크, 스웨덴과 같이 높은 경제 발전 수준으로 유로존 참여 조건을 충족시키고 있는 국가들이 아직 그 동참을 주저하는 것도 이런 이유로 볼 수 있다(Cris shore, *Building Europe: The Cultural Politics of European Integration,* London: Routledge, 2000, p.4, 강원택 & 조홍식, 『하나의 유럽: 유럽연합의 역사와 정책』, 서울: 푸른길, 2009, p.221).

40 할슈타인이 1961년 6월에 작성한 연설문 "Economic Integration as a Factor of Political Unification" 참조.

41 Antje Wiener & Thomas Diez, *op. cit.,* p.46.

42 Pascal Fontaine, *op. cit*., p.42.

43 Enrique Banús, "Cultural Policy in the EU and the European Identity", *European Integration in the 21st century: Unity in Diversity?*, London: SAGE Publications, 2002, p.158.

44 Monica Sassatelli, *op. cit.,* p.4.

45 David Ward(ed.), *The European Union and the Culture Industries: Regulation and the Public Interest,* Hampshire: Ashgate, 2008, pp.2-3.

46 KEA European Affairs, *The Economy of Culture in Europe*, Brussels: KEA European Affairs, 2006.

47 진형준,『상상력 혁명』, 서울: 살림, 2010, p.136.

48 Clotaire Rapaille, *The Culture Code*, New York: Broadway Books, 2006, p.27.

49 유럽연합 홈페이지 (http://europa.eu/abc/symbols/9-may/gallery_en.htm) (2010.10.1 검색).

50 Liesbet Hooghe(ed.), *Cohesion Policy and European Integration: Building Multi-Level Governance*, Oxford: Oxford University Press, 1996, p.18.

51 Carlos Closa Montero, "Differentiated Integration and Flexibility in the EU under the Lisbon Treaty: Challenges for the Trio Presidency", *Think Global Act European II*, Milan: Notre Europe, 2010, pp.236-242 참조, 이종서 & 송병준,『유럽연합을 이해하는 20가지 키워드』, 서울: 높이깊이, 2008, pp.146-152 참조.

52 Pascal Fontaine, *op. cit.,* p.7.

53 *Ibid.*

54 Jørgen Rosted, Markus Bjerre & Thomas Ebdrup, *New Cluster Concepts Activities in Creative Industries*, Copenhagen: FORA, 2010, p.3.

55 홍종열, 「EU의 문화정책 아젠다 속에 나타난 글로컬라이제이션」,『인문콘텐츠』 제20호, 2011에서 제시한 바 있음을 밝힌다.

56 CEC, *European Agenda for Culture in a Globalizing World,* Brussels: COM(2007) 242 final, 2007a.

57 이는 2006년 유럽집행위원회가 온라인을 통해 설문조사한 내용을 반영했다는 점에서 그 의의가 있다 하겠다. 유럽집행위원회는 2006년 온라인을 통해 문화와 관련된 기관에서부터 문화산업 관련 종사자들까지를 대상으로 설문조사를 실시했고 그 의견들을 수렴하여 2007 문화 아젠다에 적극적으로 반영했다. 2006년 진행된 온라인 설문조사 관련 내용은 다음 유럽연합 홈페이지 참조 (http://ec.europa.eu/culture/archive/communication/ consult_en.html) (2010.10.12 검색).

58 CEC(2007a), *op. cit.,* p.2.

59 CEC, *First European Community Framework Programme in Support of Culture(2000-2004) Establishing a Single Financing and Programming Instrument for Cultural Cooperation(Culture 2000 programme)*, Brussels, COM(1998) 266 final, 1998, pp.9-11.

60 Inclusion Europe, *The European Union against Social Exclusion*, Brussels: Inclusion Europe, 2004, pp.3-10 참조.

61 유럽연합 홈페이지 (http://ec.europa.eu/social/main.jsp?catId=751&langId=en) (2010.12. 27 검색).

62 CEC(1998), *op. cit.*, p.3.

63 유럽연합 홈페이지 "Intercultural Dialogue in the Spotlight", (http://ec.europa.eu/culture/our-policy -development/doc2637_en.htm) (2010.11.26 검색).

64 CEC(1998), *op. cit.*, p.3.

65 CEC, *A Memorandum on Lifelong Learning*, Brussels: Oopec, 2000, p.8.

66 *Ibid.,* p.7.

67 유럽연합 홈페이지 (http://ec.europa.eu/culture/our-policy-development/doc401_en.htm) (2010.12.13 검색).

68 CEC(1998), *op. cit.*, p.3.

69 CEC, *The EU Culture Programme (2007-2013) Crossing Borders : Connecting Culture,* Oopec, 2008b.

70 CEC, *Intercultural Dialogue - Support through EU Programmes*, Oopec, 2008a.

71 CEC(1998), *op. cit.* p.3.

72 *Ibid.,* pp.9-11.

73 CEC(2007b). *op. cit.*

74 유럽연합 홈페이지 (http://ec.europa.eu/culture/our-policy-development/doc2649_en.htm) (2010.10.22 검색).

75 유럽연합 홈페이지 (http://ec.europa.eu/culture/news/news2231_en.htm) (2010.10.22 검색).

76 채재은 & 변기용, 「유럽연합의 고등교육체제 통합전략연구」, 『EU학 연구』 제12권, 2007, pp.143-146 참조.

77 장덕호, 「유럽연합의 고등교육 개혁 동향 분석 연구」, 『비교교육연구』 제19권, 2009, pp.127-129 참조.

78 교육과 연구와 혁신에 대한 대학의 긴밀한 역할이라는 유럽 고등교육의 현대화는 세계화 추세와 지식 기반 경제에 있어서 결정적인 역할을 할 것으로 본다. 리스본 전략을 계승한 '유럽 2020' 전략은 유럽이 교육과 연구와 혁신 분야에 있어서 글로벌한 경쟁력을 잃어버리지 않게 하기 위해서 교육을 중요한 정책 영역으로 강조하면서 유럽연합과 회원국 사이에 긴밀한 협조와 이를 바탕으로 한 고용과 경제적 성장의 원동력으로 이끌어가려고 하고 있다.

79 CEC(2007a), *op. cit.*, p.3.

80 유리 로트만, 『기호계』, 김수환 역, 서울: 문학과 지성, 2008, pp.27-29 참조.

81 Joana Breidenbach & Ina Zukrigl, *op. cit.*, pp.107-109 참조.

82 위의 책, p.29.

83 유리 로트만, 김수환 역, 앞의 책, p.80.

84 거시적인 측면에서 문화를 비문화로 나누는 관점보다는 문화를 반문화로 구분하는 관점을 취하고 있다고 보는 것이다. 물론 반문화 역시 문화와는 대립하는 항으로써, '올바른 대 틀린'이라는 의미로 해석될 수 있음을 밝힌다. 여기서는 대립하는 자질에 주목하기 보다는 반문화 또한 또 다른 문화로서 인정받는다는 점, 즉 다수의 문화가 공존할 수 있는 가능성에 한정하여 용어를 사용하고자 한다.

3

유럽연합의 문화정책과 문화교류

유럽연합(EU)의
문화창조산업 프로젝트

3

유럽연합의 문화정책과 문화교류

유럽연합이 펼치고 있는 문화정책은 유럽의 다문화적 상황에 대한 공개적인 문제제기이며 해결방안에 대한 모색임에 틀림없다. 유럽연합은 현재 다문화주의를 유럽 차원에서 다시 한 번 공론화시키면서 개별 회원국들뿐만 아니라 유럽연합의 문화정책 수립 과정에서 그 방향성에 대해 끊임없이 고민하는 노력을 기울이고 있다.[1] 즉 유럽 각국에 걸쳐 공통적인 과제를 안겨주고 있는 다문화사회가 드러낼 수 있는 여러 문제점들을 어떻게 긍정적으로 승화시켜 발전적 유럽을 만들어 갈 수 있느냐 하는 것이 관건이다.

오늘날 세계화의 대표적인 형태로 취급되는 글로벌라이제이션은 각 나라의 문화를 자본주의 시스템에 따라 획일화시키고 있다. 다시 말해 전 세계가 미국 중심의 논리로 편향되어 가는 것이다. 이에 비해 유럽연합이 내세우는 문화정책의 아젠다에서 가장 주목받을만한 부분은 바로 쌍방향적 '소통'을 강조하고 있다는 점이라 생각한다. 직접적으로 드러나는 것이 '문화 간 대화'의 아젠다이고, 사회적 포용이라는 아젠다 역시 복지정책을 통해 소외된 계층을 사회로 복귀·참여시킴으로써 다시금 그들이 유럽시민으로서 제대로 의사표현을 할 수 있도록 유도하는 것이다. 나아가 유럽연합이 문화정책을 대외적, 또는 세계적으로 확대시키는 방식에서도 '자신의 것'과 '타인의 것'을 모두 존중하는 다원주의적 입장을 견지하는 글로컬을 표방하고 있다.

이러한 맥락으로 볼 때 유럽연합이 문화정책을 추진함에 있어서 그 핵심은 바로 '문화교류'에 있다고 보겠다. 유럽연합은 1992년 마스트리히트조약을 통해 경제적·정치적 통합의 기틀을 다졌지만 계속적인 통합의 확대와 심화 과정에서 유럽적 정체성의 부재로 인한 갈등과 사회통합의 문제점들을 마주하게 되었다. 문화교류정책이 필요한 이유를 상기해보면 기존의 유럽 엘리트주의적 정책이 가져온 문제점들에 기인한다. 엘리트주의적 유럽연합 운영과정에서 제기되고 있는 '민주주의의 결핍'은 곧바로 '문화의 결핍'을 의미한다.[2] 이는 유럽 시민의 부재를 말해주기 때문이다. 여기에 대한 해결을 모색하는 가운데 유럽연합은 '문화'와 '교육'의 중요성을 인지하고 정책을 강화해나가고 있다.[3] 문화와 교육 영역을 개별 회원국 단위를 넘어 유럽연합 차원에서 제도화함으로써 공동체적 차원의 문화와 교육 정책을 추진하고 있는 것이다.

유럽연합은 지금까지 크게 네 단계에 걸쳐 문화정책을 시행해오고 있다. 제1기 프로그램은 1994년부터 1999년까지 크게 세 가지 사업으로 나뉘어 시행되었다. 바로 만화경(Kaleidoscope)사업과 아리안(Ariane)사업, 그리고 라파엘(Raphael)사업이다. 만화경사업은 문화와 예술 창작 지원에 관한 것이고, 아리안사업은 도서 분야 지원, 라파엘사업은 문화유산 보호정책이 그 핵심적 내용이다. 이렇게 세 가지 사업으로 각각 나뉘어 시행되었던 문화정책들은 2000년 들어 '문화 2000'이라는 최초의 문화 단일 프로그램으로 통합된다. '문화 2000'은 제2기 사업으로서 2000년부터 2006년까지 시행되었다. '문화 2000' 프로그램에 대한 지적사항들은 제3기 프로그램인 '문화 2007'에 반영된다. 현재는 2007년부터 2013년까지 진행된 '문화 2007' 프로그램이 이후 2014년부터 다시 창조유럽 프로젝트로 통합되어 시행 중에 있다.

이번 장에서는 '문화교류'라는 측면에 초점을 맞추어 유럽연합의 문화정책을 살펴보도록 하겠다. 유럽연합 출범을 전후로 하여 초기의 문화협력활동들과 문화정책 프로그램들에 대해 개관해보겠고, '문화 2007' 프로그램은 보다 자세히 다루어보겠다. 여기에 대한 종합적인 평가는 아직 이르지만 2010년 보고서를 중심으로 현황과 앞으로의 과제에 대해서 논의해본다. 또한 ‘문화 2007’ 프로그램의 일환으로 시행되었던 ‘문화 간 대화의 해 2008’ 프로젝트는 앞장에서 논의했던 문화정책 아젠다를 보다 직접적이고 분명하게 드러내는 사례로서 따로 한 절을 할애하여 다루어본다. 유럽연합 집행위원회는 이 프로젝트를 성공적으로 수행하고, 이를 발전적으로 지속시키기 위해서 여러 가지 관련 문화정책 프로젝트를 기획하여 진행하고 있는데 여기에 대한 현황도 함께 알아보자.

1. 유럽연합 이전의 문화협력활동

주지하는 바와 같이 유럽연합에서 문화와 관련된 조항이 최초로 제도화된 것은 1992년 마스트리히트조약을 통해서다. 그러나 그 이전에도 유럽적 차원에서 문화협력활동이 부재했던 것은 아니며, 이러한 선행 작업들이 꾸준히 이어져 마스트리히트조약이라는 결실로 맺어졌다고 보아야 할 것이다. 우선 유럽연합 결성 이전의 문화협력활동에서 가장 핵심적인 축을 이루는 것은 유럽평의회(Council of Europe)[4]의 활동이다. 유럽평의회는 1949년 종전 이후 최초의 범 유럽적 차원에서 결성된 공식적 국제기구라고 할 수 있다. 정치적 통합이라는 당초의 목적을 달성하지는 못하였지만 오늘날까지도 유럽국가들 간의 인권, 법치, 사회적 협력 및 문화정책 부분에서 국가 간 협력기구로서 중요한 역할을 해오고 있다.

유럽평의회가 추진한 문화협력활동에 있어 가장 의미있는 성과는 유럽 최초의 공동 문화 협정인 유럽문화협정(European Cultural Convention, 1954)[5]으로 볼 수 있다. 이 협정의 주요 목적은 유럽의 문화를 보호하고 문화적 다양성에 대한 서로 간의 이해와 존중을 도모하는 것이다. 이는 교육과 문화를 통해서 과거의 분열을 치유하고 새로운 충돌을 막기 위함과 민주주의 강화를 위해서이다. 이러한 취지를 이루어내기 위해 보다 큰 차원에서의 통합이 이루어져야 한다는 희망 속에서 유럽문화협정이 체결되었다. 구체적인 목적으로는 첫째, 유럽의 문화유산을 보호하는 것이다. 여기서 말하는 유산이란 언어, 역사, 그들의 문명까지도 모두 포함시킨 포괄적 개념이다.

둘째, 문화와 관련된 인적·물적 이동 및 교류를 촉진하는 것이다. 이는 다른 나라의 문화와 유산에 대한 이해를 증진시키려는 의도에서이다. 셋째, 유럽 대륙 전반에 걸친 광범위한 문화적 협력을 장려하는 것이다.

이와 더불어 협정을 실행하는 과정에서 몇 가지 항목들이 부가되었다.[6] 우선 민주주의 토대가 형성되지 않으면 위의 세 가지 목적이 이루어질 수 없다는 것이다. 이는 개인의 일상에서부터 정책 운영까지 모든 차원에서 공통적으로 적용된다. 둘째, 문화정책과 실천에 있어서 다각적인 관점에서 조망된 유럽적 차원(European dimension)을 드러낼 수 있어야 한다는 것이다. 셋째, 점진적으로 가치를 공유해나가기 위해서는 문화적 다양성에 대한 존중이 장려되어야만 한다는 것이다.

유럽평의회의 창설 목적은 유럽 공통의 유산이라는 사고와 원칙을 수호하고, 그 경제·사회적 발전을 용이하게 하기 위해서 회원국 간에 보다 긴밀한 연합을 실현시키는 것이었다. 유럽평의회는 창설 이래 두 방향의 노선을 중심으로 문화적 역량을 발전시켜왔다. 하나는 문화적 정체성에 있어서 다원주의의 옹호와 발현이며, 다른 하나는 이 같은 다양성을 통해 역동적이고 통일적인 미래를 향해 공통의 문화유산을 발현시키는 것이다. 유럽문화협정이 발효된 1954년부터 유럽평의회는 교육, 문화, 문화유산, 스포츠, 청소년이라는 다섯 부문에 걸쳐 문화협력 사업을 펼쳐왔다. 유럽평의회가 각국 문화정책과 관련하여 지켜온 원칙은 첫째, 문화적 정체성과 다양성 존중, 둘째, 표현·결사·여론의 자유, 셋째, 창의력(창작, 훈련 등) 지원, 넷째, 참여와 문화민주화 발전 등으로 요약될 수 있다.[7]

유럽평의회의 활동과 함께 유럽공동체(EC) 집행위원회 차원에서도 문화정책의 기반을 다지기 위한 작업들이 진행되어 왔다. 시민의 참여를 유도하기 위한 노력이 본격적으로 가시화된 것은 1976년 벨기에 수상에 의해 작성된 틴더만 보고서(Tindemans Report)[8]로 볼 수 있다. 여기서는 하나의 유럽을 형성한다는 것은 단지 국가들 사이의 협력적 형태를 만들어가는 것뿐만 아니라 사람들 사이의 유대를 강화시켜나가는 것임을 명시적으로 드러내고 있다. 민주주의 이념에 따르면 유럽 공통의 가치와 유산을 보존하는 것은 한 개별 국가가 해낼 수 없는 일이다. 이는 모두의 참여에 의해 이루어져야 하며, 그 주체자는 유럽시민이어야 한다는 것이다. 보고서에서는 이와 관련하여 유럽연합이 유럽시민들의 일상에서 참여와 협조를 유도해야 하며, 이 취지는 어떤 개별 국가에 국한되는 것이 아니라 유럽 전역에서 실현되어야 함을 호소하고 있다. 그리고 특히 대중들이 일상에서 쉽게 보고 알 수 있는 외부적 표지들을 통해 끊임없이 환기시킴으로써 유럽의 결속된 의지가 명시화되어야 한다고 강조했다. 그러나 유럽의 시민에 대한 관심 표명을 통해 이 문제에 대해 환기시키는 계기를 제공하기는 했지만, 구체적으로 제도화되거나 정책 입안 단계에까지 이르지는 못하였다.

유럽연합 문화정책이 본격적으로 수립을 준비하게 되는 시기는 대략 1980년대 들어서이다. 문화정책 발전에 있어 중요한 계기가 된 것이 1984년 퐁텐블로(Fontainebleau) 유럽정상회담에서의 합의에 따른 아도니노 위원회(Adonnino Committee) 설립이다. 이 위원회는 1985년 아도니노 보고서[9]를 발간하여 문화정책을 통해 유럽시민들이 일상생활 속에서 유럽의 정체성을 피부로 느끼고 공유할 수 있도록 만들기 위한 일련의 방안들을 제안하였다.

아도니노 보고서는 두 차례에 걸쳐 유럽이사회에 제출되었다. 먼저 3월 브뤼셀에서 작성된 보고서에서는 '시민의 유럽'에 관한 중요한 사안들을 다루고 있다. 첫째, 공동체 시민의 이동의 자유, 둘째, 운송서비스를 포함한 상품의 자유로운 이동, 셋째, 국경지역에 대한 행정 절차, 넷째, 고용과 거주에 대한 확장된 기회 제공 등이다. 집행위원회는 이 문제들과 관련해 전반적인 원칙을 제시하면서 공동체 시민들이 일상에서 직접 보고 체감할 수 있는 혜택을 주는데 주력하였다. 또 다른 강조점은 이를 가능한 단기간에 실행하고 절차를 간소화하여 공동체 시민들의 편리함을 증대시키는 데 두었다.

6월 밀라노에서 작성된 두 번째 보고서를 통해서는 집행위원회가 유럽시민들의 이익을 위한 정책을 공동체 활동의 전반에 걸쳐 확대시키고자 하였다는 사실을 알 수 있다. 따라서 근본적인 사회적·경제적 문제를 해결하려고 시도하였는데, 가령 고용이나 성장, 환경 문제와 같은 것들이다. 특별히 교육과 문화의 교류를 통해 공동체의 정체성을 형성하는데 강조점을 두었다. 이를 위해 문화와 커뮤니케이션, 청소년, 교육, 교류, 스포츠, 제3세계 지원 봉사활동, 건강과 사회 안전 등의 영역으로 나누어 원칙을 제시하였다. 일상에서 시민들이 더 가까운 유럽 공동체를 체감하고 친밀감을 높이도록 하기 위한 것이다. 예를 들어 유럽기(旗)와 유럽가(歌), 유럽의 날 등 유럽의 정체성을 구현할 여러 상징물들이 여기서 제안되었다. 이처럼 아도니노 보고서에서 제기된 안건들은 1980년대 중반부터 집행위원회가 주도하는 다양한 정책의 기반으로 반영되었다.

유럽공동체의 활동 가운데 1992년 유럽연합 차원의 문화정책이 실행되기까지 중간 단계의 역할을 한 것이 1987년에 제안된 지침이라고 할 수 있다. 집행위원회는 '유럽공동체의 문화 활동에 대한 새로운 부양책(A fresh boost for culture in the European Community)'[10]이라는 제안서를 통해 공동체의 문화 활동에 관한 목표와 과제들을 제시하였다. 여기서 제시된 두 가지 목표는 역내 단일 시장 형성과 단일 유럽 시민에 의한 유럽의 건설이다. 이를 달성하기 위해서 우선 문화 인력과 프로젝트 지원이나 문화영역의 역내 시장 건설을 통한 유럽문화지역을 설립하고자 하였다. 그리고 유럽 시청각 산업의 발전을 도모하고 다양한 문화 행사들을 통해 유럽의 문화자원을 개발하는 데 힘쓸 것을 과제로 제시하였다. 더불어 비회원국 및 제3세계 국가와의 교류도 촉진하고자 하였다. 이즈음에 이르면 문화를 하나의 산업으로 인식하고 있는 유럽공동체의 태도가 드러나기 시작한다. 이러한 관점은 유럽연합의 출범과 함께 본격적으로 수립되는 문화정책에 수렴되는 동시에 또 다른 측면에서 변화를 겪어가게 된다.

2. 유럽연합 초기의 문화정책

마스트리히트조약은 1991년 12월 네덜란드의 마스트리히트에서 개최된 유럽이사회에서 기초가 마련되어 1993년 11월 1일자로 발효되었다. 이를 통해 1995년 1월 1일자로 유럽연합을 성립시키게 된다. 여기에는 단일시장의 형성과 단일통화 사용 등을 통한 경제

통합의 완성, 공동 외교 및 안보 정책과 내무 및 사법 협력을 통한 정치적 통합의 추진 내용이 포함되어 있다. 과거 진행되어 왔던 부문별 통합에서 한 걸음 나아가 유럽의 정치 및 경제 통합 추진에 새로운 장을 열면서 통합의 커다란 전환점을 만들었다는 면에서 중요한 의의를 지니는 조약이라 할 수 있다.[11]

마스트리히트조약은 제128조를 통해 유럽연합의 문화정책을 최초로 제도화하였다는 점에서도 중요성이 매우 크다고 할 수 있는데, 그 내용을 요약해보면 다음과 같다.[12]

1) 공동체는 국가와 지역의 다양성을 존중함과 동시에 공동의 문화유산을 강조하여 회원국의 문화를 꽃피우는 데 기여한다.
2) 공동체는 회원국 간의 협력을 장려하고, 필요하다면 다음과 같은 분야에서 회원국의 활동을 지원하고 보완한다.
   (1) 유럽 민족들의 문화와 역사에 대한 인식과 보급의 개선
   (2) 중요한 유럽 문화유산의 보존과 보호
   (3) 비상업적 문화교류
   (4) 시청각 분야를 포함한 예술과 문학 창작
3) 공동체와 회원국은 제3국은 물론 유럽평의회와 같은 국제적 기구들과도 문화 부문에서 협력한다.
4) 공동체는 문화의 다양성을 존중하고 촉진하기 위하여, 본 조약의 다른 조항들에 근거한 활동에서 문화적 측면을 고려한다.

이처럼 유럽연합은 마스트리히트조약 제128조에 준거해서 문화부문에서도 정책적으로 관여할 수 있게 된다. 물론 보충성의 원칙에 의해 국가 또는 지역의 권한을 보완하는 것이지만, 제도적 차원에서 문화에 개입하기 시작했다는 점에서 이전과는 큰 차별성을 지닌다고 할 수 있다.

위와 같은 제128조의 내용을 토대로 하여 1994년 7월 집행위원회는 유럽의회와 유럽이사회에 <문화를 위한 집행위원회 활동에 관한 보고서>[13]를 제출함으로써 보다 구체적인 문화정책의 방향을 설정하였다. 여기서 세 가지 목표로 제시된 것은 첫째, 유럽 공동의 문화유산이 될 회원국들의 다양한

문화를 번영시키는 것, 둘째, 현대의 문화적 창작을 장려하는 것, 셋째, 제3세계는 물론 유럽평의회를 포함한 국제기구와의 긴밀한 협조를 도모시키는 것이다. 문화정책의 분야로는 유럽의 문화·역사 보급과 그에 대한 지식 증대, 유럽 차원에서의 주요 문화유산 보존과 보호, 문화교류와 예술·문학 창작 지원, 국제 문화협력 장려를 들고 있다. 그리고 시행 방식에 있어서는 모든 공동체의 활동은 보충성의 원칙을 준수해야한다는 점과 문화적 차원을 고려해야 한다는 점을 밝히고 있으며, 공동체 활동의 주요수단은 재정 지원과 기술 보조로 규정짓고 있다.

이 보고서는 마스트리히트조약 제128조에서 제시한 정책 노선에 따라 집행위원회의 구체적인 활동 방안을 담고 있는데, 여기서 만화경 사업과 아리안 사업이 제시된다. 위의 두 가지 사업과 함께 라파엘 사업이 추가 되어 유럽연합의 문화정책 제1기에 해당하는 주요 프로그램이 구성됨으로써 공동의 문화정책을 본격적으로 실현시키게 된다.

(1) 만화경·아리안·라파엘 사업

우선 제1기 문화 프로그램은 보다 효율적인 지원과 네트워크 형태로의 예술적 협력을 증진시킬 뿐 아니라, 유럽 문화유산에 대중들이 보다 쉽게 접근하고 전문가들 사이의 예술적·문화적 협력을 강화할 수 있도록 조직되었다. 이러한 문화 프로그램의 시작은 1996년과 2000년 사이에 만화경, 아리안, 라파엘의 세 가지 축을 중심으로 이루어졌었다. 만화경 사업의 내용으로는 작가와 번역가, 문화전문인의 활동 지원, 유럽연합 바로크 교향악단과 청소년 교향악단의 유럽과 국제 순회연주 지원 등이 있다. 아리안 사업은 번역, 출판 및 도서진흥 프로젝트, 그리고 관련 분야 종사자들에 대한 교육 프로젝트를 지원하고자 실시되었던 프로그램이다. 라파엘 사업은 유럽의 문화유산을 보호하고 접근성을 높임으로써 문화유산에 대한 유럽시민의 자각을 고취시키기 위해 시행되었다.

제1기 프로그램(1996-2000)

만화경 사업: 문화, 예술 창작 지원
아리안 사업: 도서 분야 지원
라파엘 사업: 문화유산 보호정책

각각의 프로그램에 대해 조금 더 자세히 살펴보자.[14] 우선 만화경사업은 상호협력을 통해 유럽연합 내에서의 문화예술 창작활동을 장려하기 위해 실시되었다. 구체적 목적은 네 가지로 볼 수 있다. 첫째, 유럽인들의 문화에 대한 지식과 공감대를 증진시키고자 하는 프로젝트 지원, 둘째, 문화부문에 종사하는 예술가 및 문화사업 운영자들에 대한 전문 기술 지원, 셋째, 모든 유럽인들의 문화에 대한 접근성을 강화하기 위한 유럽적 차원의 프로젝트 지원, 넷째, 회원국의 다양한 기관들과의 파트너십 강화이다. 사업의 구체적인 내용을 살펴보면, 작가와 번역가 그리고 문화전문인의 활동을 지원, 공연과 전시회를 지원, 연수 지원, 세미나와 강연회 지원, 예술제 지원, 유럽연합 바로크 교향악단과 청소년 교향악단의 유럽과 국제 순회연주 지원 등의 문화예술 행사이다. 만화경 사업에는 2천 6백 50만 유로의 예산이 책정되었고, 1999년 1천 20만 유로가 추가로 책정되었다. 4년에 걸쳐 총 518개 프로젝트가 시행되었다.

아리안사업은 다양한 문화적 표현과 상호 교류에 있어서 도서의 중요성을 반영하고 있다고 할 수 있다. 사업 목적은 첫째, 도서와 출판 분야에서의 회원국 간의 협력 강화, 둘째, 회원국들의 다양성을 존중하면서 그 문화의 발전에 기여하는 활동지원과 보완, 셋째, 유럽인의 문학 및 역사에 대한 지식 증대와 보급이다. 지원 대상은 크게 세 가지인데, 우선 번역지원을 들 수 있다. 여기에는 출판에 의한 보급을 위한 20세기 명작 번역, 공연에 의한 보급을 위한 희곡 번역, 문화 영역에서 정보의 보급을 위한 사전류 번역이 포함된다. 둘째는 도서와 출판에 대한 시민의 접근을 촉진하기 위한 공동협력 기획 지원으로, 최소 3개 회원국의 협력자 또는 전문가 조직이나 단체가 공동으로 참여하는 모임이나 행사에 지원된다. 셋째는 유럽문학의 확산과 보급을 촉진하기 위한 전문가 연수를 대상으로 하는데, 출판 및 독서 관련분야 종사자들에 대한 교육프로젝트를 재정적으로 지원하는 것을 말한다. 이 사업을 통해 767권의 문학작품과 서적들이 번역되었다. 특히 대표적인 프로그램인 '아리스테이온상'은 유럽에서 활동하는 뛰어난 작가와 번역가를 선정하여 매년 '유럽문화도시'에서 2만 유로의 상금을 지원하는 것을 내용으로 하고 있다. 다양한 유럽언어로의 번역을 통해 유럽 시민들에게 유럽의 우수함과 풍요로움을 인식시키는 역할을 한다고 볼 수 있다.

라파엘사업은 유럽의 문화유산을 보호하는 회원국의 활동을 지원하고 보완하는 동시에 회원국 사이의 협력을 장려하기 위하여 시행되었다. 사실 문화유산의 보호를 위한 유럽공동체의 활동은 이미 1980년대 초부터 의회의 주도로 전개되기 시작하여, 1986년 이사회의 결의에 의해 강화되었다.[15] 그러던 것이 마스트리히트조약에 의해 라파엘사업으로 확대되고 체계화되었다고 할 수 있다. 라파엘사업의 목적을 구체적으로 살펴보면 다음과 같다. 첫째, 문화유산 보존을 위한 환경을 조성하는 데 있어 효과적인 방식의 개발과 공유를 장려한다. 둘째, 각국의 경험을 교환·공유하며, 유럽적 차원에서 문화유산을 소개하는 데 기여할 수 있는 네트워크 개발과 협력을 강화한다. 셋째, 유럽적 차원의 여론 조성 사업을 지원, 유럽시민들에게 문화유산을 친숙하게 만들고, 첨단 정보통신 기술과 서비스 사용을 장려한다. 넷째, 문화 전문가 연수와 교류를 장려한다. 다섯째, 제3국과의 공동 사업 개발, 유네스코나 유럽평의회 같은 국제기구들이 전개하고 있는 활동과 연대 모색한다. 라파엘사업을 통해 유럽 전역에서 1500명 이상의 문화 전문가가 참여하는 문화유산의 보존과 진흥에 관련된 360여개의 프로젝트가 지원되었다.

제1기 프로그램을 통해 처음 시행되는 유럽연합의 문화정책은 문화의 교류를 위해 우선 문화와 예술에 대한 창작활동을 지원함과 동시에 그 참여프로젝트를 유럽의 여러 회원국들이 공동으로 참여하는 방식을 채택한다. 또한 유럽연합 회원국들 간의 다양한 언어적 장벽이 가지는 장애를 극복하고 교류와 소통을 증진시키기 위해 번역 사업을 지원하게 된다. 아울러 유럽 내 여러 곳에 흩어져 있는 문화유산을 유럽연합 차원에서 복원과 유지 지원을 함으로써 유럽의 역사적 산물들을 공동체 차원에서 보호하고 지원한다는 의의와 이를 통한 유럽공동체 의식 함양이라는 다분히 정치적 의도도 함께 가지고 있었다고 볼 수 있다.

제1기 문화정책은 문화 분야가 유럽연합의 전면에 등장했음은 확인시켜 주었으나 여전히 정치, 경제, 사회적 상관관계에 의해 수립된 까닭에 과도기적 단계의 사업이었음을 부인할 수 없다. 집행위원회는 이 프로그램들이 명백하게 초국가적 파트너십을 확장하고 강화하였으며 대중의 문화접근을 용이하게 함으로써 유럽 문화 활동의 발현에 기여했다고 인정했다. 이 문화정책사업의 결과 유럽연합 집행위원회의 다른 부서들이 문화부문의 역할을 인정하기 시작했다는 성과도 남겼다. 그러나 보급과 가시성 측면에서의 결함이 현저하게 드러나 시민들에게 제대로 전파되지 못했다는 비난도 받았다.[16] 이러한 초기 문화정책 사업에서 얻은 교훈과 평가를 반영하여 공동체 문화 활동은 전면적으로 재조정된다. 다소 중복된 목적을 가지고 있어 효율성이 떨어진다는 평가를 받았던 세 가지 주요 프로그램들은 보다 획기적이고 창의적인 기획으로 다년간 구조화되고 통합된 활동과 다양한 특별 문화행사 등을 통해 실현되었다.[17]

(2) '문화 2000' 프로그램

제1기 프로그램에서 세 가지 사업으로 각각 나뉘어 시행되었던 문화정책들은 2000년 들어 '문화 2000' 프로그램이라는 최초의 단일 프로그램으로 통합된다. 문화 2000 프로그램은 유럽연합이 추진하는 제2기 사업으로서 2000년부터 2006년까지 시행되었다. 기획 배경에 대해 우선 살펴보자. 마스트리히트조약 이후 유럽연합은 다양한 계획과 실행을 해오고 있었다.[18] 경제적 영역에서 이루어진 통합의 성과와는 별도로 유럽연합은 유럽사회의 진입을 위해 유럽시민의 참여가 더욱 확대되어야 함을 인식하고 관련 프로그램을 확장하였다. 또한 문화적 차원에서의 통합을 위해 분명히 해두어야 할 것은 문화가 지니는 영향력, 특히 유럽의 문화적·언어적 다양성을 고수하는 일이라는 점을 강조해왔다. 이것은 바로 문화 간 대화의 기본 전제이다. 유럽연합은 문화와 문화산업, 그리고 고용의 상호관계를 더욱 발전시켜 유럽 사회 내에서의 문화 활동의 중요성이 고용창출에까지 이어질 수 있도록 애쓰고자 한다는 점 역시 명시화하였다.

더불어 또 한 가지 중요한 배경은 유럽연합이 동유럽으로의 대폭적인 확장과 관련하여 기존 15개 회원국과 새로운 가입 예정국들 사이의 문화적·교육적 교류의 활성화를 통해 보다 긴밀한 관계를 도모하고자 했던 것이다. '문화 2000' 프로그램에 최초로 중동부 유럽의 문화 집행자들이 참여했다는 사실은 주목할 만하다. 불가리아, 에스토니아, 헝가리, 라트비아, 리투아니아, 폴란드, 체코 공화국, 루마니아, 슬로바키아의 600여 문화 집행자들이 이 프로그램에 참여했다. 500여 건의 응모 계획 중에서 200여 프로젝트가 지원을 받았으며 지원 액수는 3천만 유로에 달했다. 명실상부하게 유럽차원으로 문화협력활동이 증대된 것이다.[19] 유럽연합은 모든 회원국이 가지고 있는 풍요로운 경험들을 서로에게 제공해줄 수 있는 기회를 만들어가자는 의도를 드러냈다. 여기서도 문화 간 대화의 아젠다가 반영되고 있다.

'문화 2000' 프로그램 시행을 앞두고 집행위원회는 문화의 역할을 재평가한다.[20] 즉 문화현상은 오늘날 미술, 음악, 무용, 연극, 문학 등 고급문화에 국한되지 않고 일상문화와 대중문화 그리고 대중문화산업으로 확장되었다. 이 같은 확장은 문화가 더 이상 부차적인 활동으로 간주되지 않고 사회의 원동력으로 창조성, 대화, 단결을 위한 중요한 요소로 간주되었다는 것을 뜻한다. 이러한 까닭에 문화영역은 유럽 건설의 가속화, 세계화, 정보화 사회, 고용과 사회적 단결로 요약되는 시대적 도전에 긴밀히 연결되어 그 적절한 답이 될 수 있다고 판단한 것이다.

'문화 2000' 프로그램은 두 가지 중심축을 가지고 운영되도록 하였다. 하나는 아리안, 만화경과 같은 기존의 문화정책을 계승하되 단일 예산과 기구를 사용하여 문화적 협력에 있어 더 합리적이고 간소화된 서비스를 지향한다는 것이다. 또 하나는 문화 영역이 유럽연합의 활동과 정책에 보다 분명하게 자리매김 되도록 한다는 것이다. 이를 기반으로 하여 '문화 2000' 프로그램은 구체적으로 8가지의 다양한 목표를 제시하며 야심차게 출범하였다.[21]

1) 문화 간 대화와 타문화 및 유럽인의 역사에 대한 인식 증진
2) 예술가, 창작자, 문화관계자와 전문가의 교류 및 작품의 이동을 증진시키고 청소년 및 사회적 약자, 문화적 다양성을 강조
3) 문화적 다양성의 발현과 새로운 문화표현 형식의 발전
4) 유럽 차원의 중요한 공통의 문화유산 공유와 발현
5) 사회·경제 발전에 있어서 문화의 역할을 고려
6) 유럽과 유럽 외의 문화 간 대화와 상호 교류 증진
7) 문화를 경제요소, 사회 통합 및 시민권의 요소로서 명백히 인정
8) 유럽연합 시민 다수의 문화 접근과 참여방식의 개선

위와 같은 목표에 따라서 유럽연합은 세 가지 형태로 실행계획을 세우고 프로젝트를 지원하였다.[22] 첫째는 3개국 이상이 공동으로 참여하는 혁신적이고 실험적인 협력프로젝트에 대한 1년까지의 지원으로 5만 유로에서 15만 유로를 지원하였다. 둘째는 5개국 이상이 공동으로 참여하는 문화 교류협력 프로젝트로 2년에서 3년간의 지원으로 매년 30만 유로까지 지원하였다. 셋째는 유럽 혹은 국제적 차원에서의 문화행사들로 유럽문화수도 프로그램과 함께 건축과 문화유산 분야의 유럽시상식을 포함하였다.

'문화 2000' 프로그램의 성과와 한계에 대해서 평가보고서를 통해 논의해보면 다음과 같다.[23] 가장 중요한 성과 중 하나는 '문화 2000' 프로그램이 국가 간 장벽에도 불구하고 문화협력 프로그램을 활성화하고 네트워크를 형성하여 새로운 국가 간 문화협력을 본격적으로 마련했다는 점이다. 더불어 회원국들과 특히 그 아래 지방자치단체들과도 상호문화적 협력을 강화하는데 기여하였다. 또한 '문화 2000' 프로그램은 전반적인 인식변화에도 영향을 미쳤음을 알 수 있다. 즉 문화적 교류와 운영활동을 하는데 있어 상호문화 간 협력활동이 중요함을 인식시켰고, 협력 기관들의 생각들을 계속 바

꾸어나갈 수 있도록 고무하였다는 점이다. 이는 더 나아가 유럽단일시장의 계속된 발전을 위해서도 이런 일련의 활동들이 불가피함을 알리는 역할을 했다.

반면에 여전히 여러 가지 한계점을 남기기도 하였다. 프로그램을 실행한 조직들의 경험 부족과 자체적인 재정적 한계가 가장 크게 지적되었다. 사실 유럽연합이 책정한 예산이 충분한 수준은 되지 못했으며, 유럽연합 자체에서도 관료들의 적절한 충원과 지속적인 훈련이 요청되었다. IT 시스템의 개선도 이루어져 더 효과적이고 능률적인 관리가 되도록 해야 하며, 각 회원국들에 배치되어 있는 문화교류사무소(Cultural Contact Point)[24]도 보다 더 조직적으로 개선되어야 한다는 평가가 있었다.

'문화 2000' 프로그램에 대한 지적사항들은 제3기 프로그램인 '문화 2007'프로그램에 반영된다. 2007년부터 2013년까지 진행되었던 이 프로그램은 '문화 2000' 프로그램의 틀을 따르고는 있으나 앞의 지적들을 수정·보완했다. 가령, 목표 설정의 광범위함으로 인한 효율성 문제 해결을 위해 목표를 세 가지로 대폭 줄여 일관되고 효율적인 프로그램 운영이 그것이다. 또한 개별국가의 문화를 소개하는 차원이 아닌 서로 교류하고 대화함으로써 궁극적으로는 회원국의 정체성을 넘어 유럽인이라는 의식을 고취시키기 위해 2008년을 문화 간 대화의 해로 선정하면서까지 각별한 노력을 했다. 프로그램들의 일회성에 대한 지적에 대해선 좀 더 긴 기간의 지원과 행사를 꾀했으며, 관료주의에서 오는 더딘 진행과 절차 문제를 해결하기 위해선 일례로 우편을 통한 종이문서가 아닌 온라인을 통한 프로그램 지원과 접수를 가능하게 하는 등 여러 개선책들을 마련했다.

3. '문화 2007' 프로그램

유럽연합은 문화적 차이들을 완전히 존중하면서 포괄적인 유럽적 소속감을 구축한다는 것은 결국 차이가 그어진 많은 경계들을 가로지르는 소통을 전제로 한다는 점을 분명히 하고 있다. 문화 2007 프로그램 역시 유럽연합이 추구하는 문화 간 대화의 아젠다를 기조로 교류 활동에 초점을 맞추고 있다고 볼 수 있다. 2007년부터 2013년까지 진행되었던 '문화 2007' 프로그램은 4억 유로가 예산으로 책정되어 진행되었다. 이 프로그램은 '문화 2000' 프로그램의 기본 틀을 잇고 있다. 새로운 점은 유럽에 걸쳐있는 문화 조직에 대한 보다 광범위한 이동과 교류를 촉진시키는 것을 그 핵심으로 삼고 주력한다는 것이다.

유럽연합 교육·문화총국이 발표하고 있는 '문화 2007' 프로그램의 차별성에 대해 알아보자.[25] 우선 형식적인 면에서 유럽연합의 교육·문화 총국이 지원하는 '문화 2007'의 모든 프로젝트들이 2009년 10월 1일을 기점으로 온라인 지원이 가능해졌다는 사실을 명기하고 있다. 이전에는 지원서를 다운받아 우편으로 보내는 방식이었는데, 이제는 인터넷 상으로 서류를 작성해 지원하는 방식으로 바뀌었다는 것이다. 그리고 '문화 2000'은 행위예술, 시각예술, 문화유산 그리고 문학으로 카테고리를 나누어 문화 프로젝트들을 지원받아 왔지만, '문화 2007'부터는 이런 식의 구분을 두지 않는다. 그것은 어떤 예술 행위가 위의 네 가지 중 어느 하나에만 국한되지 않는 경우가 많아 자칫 문화와 예술의 창작 활동에 대한 인위적인 구분이 가져오는 위험성을 차단하려는 의도에서다. '문화 2007'부터는 문화와 예술 활동 지원에 있어 어느 한 장르에 국한시키지 않고 자유롭게 경계를 넘나들며 창작활동을 할 수 있도록 배려했다.

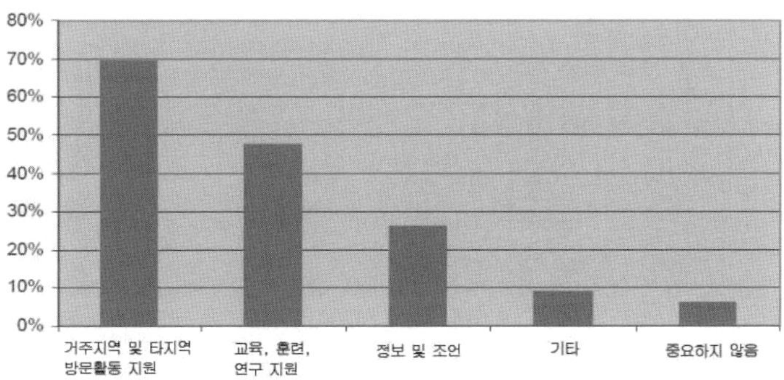

[그림 9] 문화 관련 종사자들의 이동성 촉진을 위한 활동(2007-2010기준)[26]

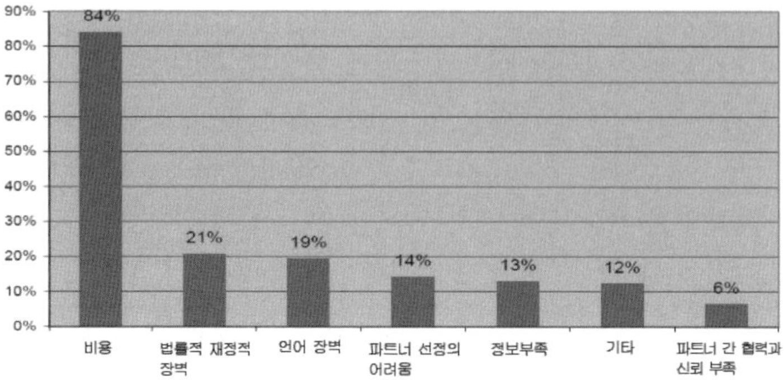

[그림 10] 문화 관련 종사자들의 이동성 촉진 장애 요소(2007-2010기준)[27]

다음으로, '문화 2007' 프로그램은 그 목적을 '문화와 예술 관련 분야에서 일하는 사람들의 초국가적 이동', '문화와 예술 창작물들과 작업들의 국가 간 유통', '유럽 내 다양한 문화 간 대화'라는 세 가지로 줄여서 발표하였다. 과거 '문화 2000'은 프로그램의 목적을 유럽민족사에 대한 인식, 문화적 다양성의 발현, 사회·경제 발전에 문화의 역할 강조, 시민권의 요소로서의 문화 등 여덟 가지로 광범위하게 제시한 바 있다. 새롭게 개편된 '문화 2007' 프로그램은 위의 세 가지만을 제시하면서, 지원하는 프로젝트들은 위의 세 가지 중 두 가지 이상을 충족시켜야 한다고 밝히고 있다. 즉 '문화 2007' 프로그램은 '문화 2000'에 비해 '문화의 교류와 대화'라는 보다 세부

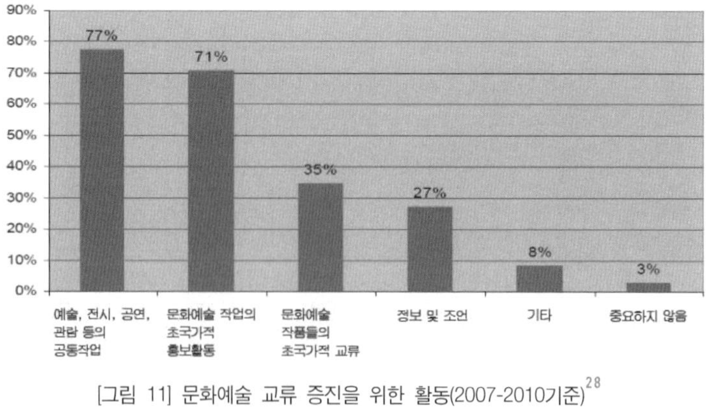

[그림 11] 문화예술 교류 증진을 위한 활동(2007-2010기준)[28]

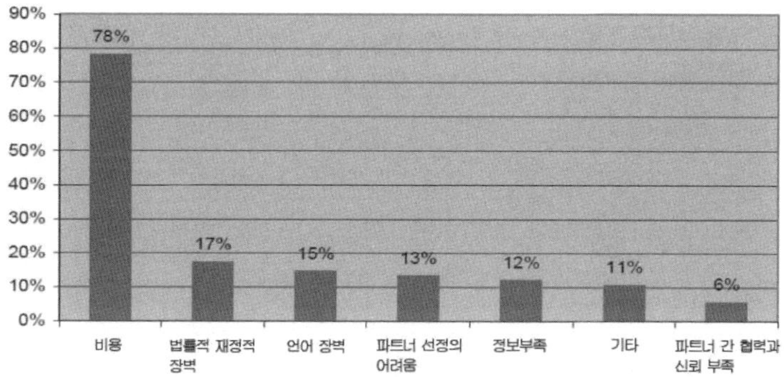

[그림 12] 문화예술 교류활동을 막는 장애 요소(2007-2010기준)[29]

적인 사안에 초점을 맞추어 진행되었다고 할 수 있다.

국가 간 혹은 지역 간 문화적 차이의 다양성과 함께 유럽 공통의 문화유산을 공유하기 위해서는 유럽 내 문화·예술인, 창작자, 연구기관과 전시관, 공연관 등이 서로 이동하며 교류하는 길이 중요한 과제이다. 따라서 이들 모두를 최대한 연계시켜서 상호 교류 증진을 높이는 동시에 문화적·예술적 프로젝트들을 함께 공동 작업으로 창작하도록 고무시키는 데에 초점이 맞추어지게 된다. '문화 2007' 프로그램에서는 상호 간 이해를 가능하게 하고 창조성을 자극하며 비옥한 유럽문화가 유럽시민 모두에게 이득이 될 수 있도록 기여하는 것에 가장 큰 의미를 두고 있다. 특히 초국가적이고 상호문화주의적인 정책방식이 더욱 강화되어 유럽시민들에게 큰 영향을 미칠 구체적인 다국 간 문화협력 프로젝트와 유럽차원의 문화협력과 관련된 연구 및 홍보 프로젝트를 우선 지원한다.[30] 이는 곧 유럽 시민의 문화적 협력의 증진을 통해서 유럽 시민권의 계속되는 발현에 공헌하는 것이다.

프로그램의 주요 내용에 대해 구체적으로 알아보자.[31] 이미 언급하였지만 '문화 2007'은 세 가지 목적을 제시했다. 첫째, 문화와 예술 관련 분야에서 일하는 사람들의 초국가적 이동을 장려한다. 둘째, 문화와 예술 창작물들과 작업들을 국가 간 유통시킨다. 셋째, 유럽 내 다양한 문화 간 대화를 장려한다. 이러한 세 가지 주안점을 위한 세부 계획은 다년 프로젝트(3-5년), 협력

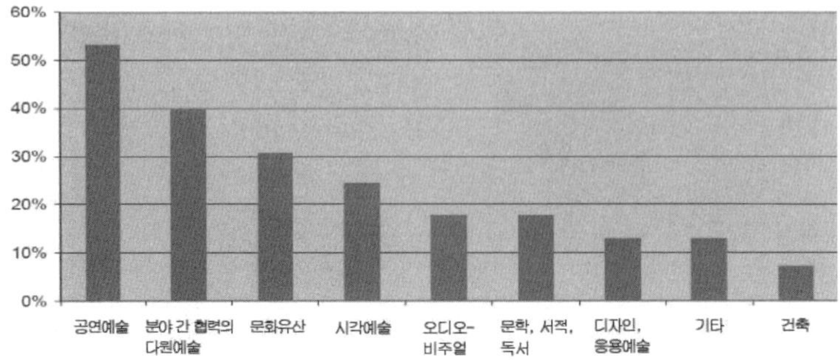

[그림 13] EU 문화 프로그램의 세부 분야(2007-2010기준)[32]

정책(최대 2년), 유럽문화도시와 축제 지원과 관련된 특별 정책을 포함한 문화 활동 지원, 유럽 문화단체의 지원, 문화정책 연구 및 보급 활동 지원 등이 있다.[33] 여기에는 유럽연합의 27개국뿐만 아니라, 유럽자유무역연합(EFTA), 유럽경제지역(EEA) 국가들, 유럽연합 가입 후보 신청 국가들, 서발칸 국가들, 그 외 조건에 부합된다고 생각되는 국가들이 참여하고 있다.

우선 문화 활동(cultural actions)에 관한 지원을 살펴보자. 이는 문화 관련 종사자들이 다양한 문화 조직, 즉 극장, 박물관, 문화 연구 기관, 문화 관련 협회들, 대학, 문화관련 공공기관과 문화와 예술 프로젝트를 함께 수행하는 것을 장려하려는 취지에서 진행되고 있다. 다년 프로젝트는 최소 6개국에 속하는 6개의 문화 관련 파트너들이 공동 작업을 해야만 지원받을 수 있는 분야이다. 여기서는 문화협력활동을 발전시키는 데 목적을 두고 있다. 유럽연합은 각 프로젝트 당 활동에 필요한 예산의 절반 정도(연간 최대 500.000유로로 제한)에 해당하는 재정을 지원하고 있다.

다음으로 협력 정책이 있는데, 3개국에 속하는 3개 이상의 조직에 의해 최대 2년 동안 실행되는 활동이 여기에 해당한다. 마찬가지로 각 프로젝트 당 소요되는 전체 예산의 절반 정도(연간 최대 200.000유로로 제한)에 해당하는 재정을 지원한다. 여기에는 번역 프로젝트도 포함되고 있다.

동일하게 문화 활동에 해당하지만 위의 두 분야와 조금 성격을 달리 하는 것이 특별 정책이다. 이는 유럽시민에게 유럽정체성을 증진시키는 데 특별히 주안점을 두고 있다. 유럽 공동의 문화가 가지는 풍요로움에 대해서 시민들에게 인지시킴으로써 문화 간 대화에 대해 직접적으로 공헌하는 사업이라 하겠다. 예를 들어 여기에 해당하는 것이 유럽문화페스티벌 지원인데, 다양성이라는 유럽적 면모를 드러냄으로써 상기의 목적에 부합하고 있다. 유럽문화수도 프로그램에 대한 지원도 여기에 포함되는데, 이 프로그램은 이미 20년 이상 성장해온 유럽을 대표하는 이벤트이다. 이와 함께 각종 시상식에 대한 지원 역시 젊은 유럽인들의 예술적 재능을 축하하고 고무시키기 위해 실행되고 있다. 이들은 향후 유럽정체성을 형성해나갈 잠재적 세대라는 측면에서 더욱 중요한 의미를 지닌다고 본다.

다음으로는 문화단체(cultural bodies)에 관한 지원을 살펴보자. 유럽연합은 문화와 관련된 협회와 기관들 역시 문화 증진에 중요한 역할을 한다고 보고 있다. 그러나 문화단체들의 유럽 차원에서의 활동은 아직 저조하므로 이들의 활동을 유럽 차원으로 끌어올리기 위해서는 적극적인 지원이 필요하다는 것이다. 여기에 해당하는 것은 주로 개별 국가에 흩어져 있는 기관들을 유럽차원의 재정적 지원을 통해서 네트워크화 하거나 연합시키는 사업들이다. 다른 지역의 문화적 경험을 공유함으로써 자연스럽게 유럽 차원으로 시각이 확대될 수 있다. 이를 통해 궁극적으로는 유럽적인 성격을 드러낼 수 있도록 유도하는 것이다. 이 분야는 최소 일곱 개 이상의 유럽 국가들을 연결시키는 수준이나 또는 완전히 유럽연합 차원에서 실행되는 프로젝트를 지원 대상으로 삼고 있다.

마지막으로 분석과 보급활동(analysis and dissemination activities)에 대한 지원을 살펴보자. 우선 유럽의 문화협력에 대한 이해를 증진시키는 데 도움이 되는 연구에 지원한다. 예를 들어 문화 관련 종사자들의 이동, 또는 예술 작업이나 문화적 생산물의 유럽차원의 유통, 문화 간 대화에 관한 연구 등이 여기에 속한다. 다음으로 각 참여 국가에 있는 문화교류사무소 지원이 있다. 지역적으로 진행되고 있는 문화 프로그램을 지원하는 동시에 미래의 잠재적인 참여자들에게 프로그램에 대한 인식을 넓히고 기회를 제공하고자 하는 의도로 실행되고 있다. 또 한 가지는 유럽연합이 제공하는 예산에 의해

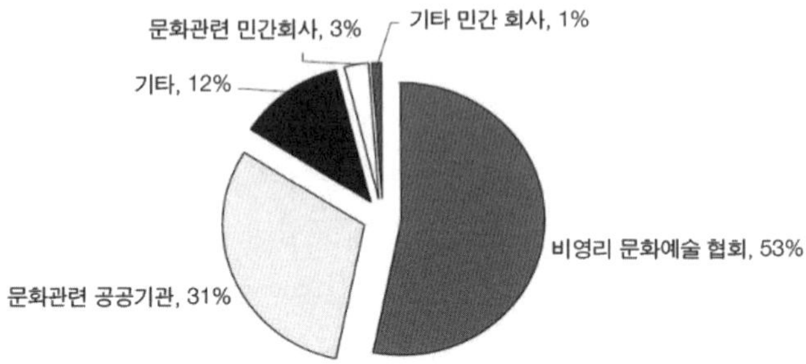

[그림 14] EU 문화 프로그램에 참여한 조직의 유형(2007-2010기준)[34]

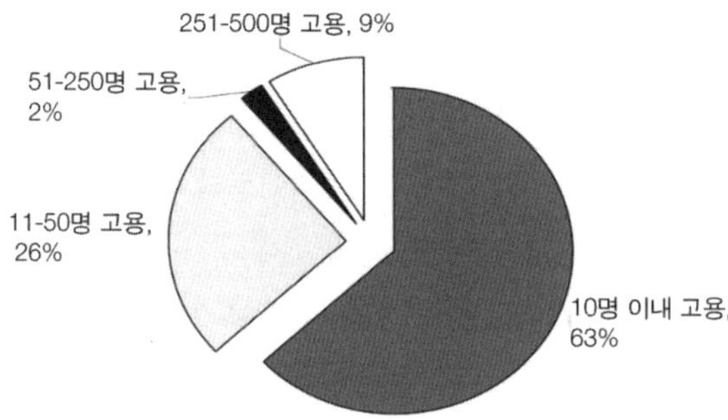

[그림 15] EU 문화 프로그램에 참여한 조직들의 규모(2007-2010기준)[35]

움직이는 문화 활동 내지는 프로젝트들에 대한 정보의 수집과 보급에 관한 지원이다. 보급이란 대중들에게 프로그램에 대해 효과적으로 홍보함으로써 보다 많은 참여를 유도하여 최대의 효과를 얻어내기 위해서 필요하다. 인터넷 툴인 이브(EVE)는 유럽연합의 교육·문화총국이 수행했던 모든 프로그램에 대한 관련 데이터베이스를 고안해서 업그레이드 시킨 사례이다. 다른 관련 프로그램과 프로젝트에 대한 경험과 좋은 사례들을 교환하기 위한 창구 역할을 하고 있다.

'문화 2007' 프로그램은 유럽연합 내부에서 뿐만 아니라 유럽연합의 대외관계에 있어서도 영향을 미치며 여러 정책들과 긴밀하게 연관되면서 상호공조를 시도했다.[36] 우선 유럽연합의 확대 문제에 있어 문화 간 대화의 정책이 어떻게 기여하고 있는가를 알 수 있다. '문화 2007' 프로그램은 유럽연합 회원 가입 희망국들 역시 이러한 문화적 교류와 협력 활동에 동참하도록 권장하고 있다. 터키나 세르비아 등의 가입 희망국들은 이미 유럽 문화프로그램에 동참하고 있다. 특히 터키의 이스탄불은 2010년 유럽문화수도로 선정되어 한 해 동안 다양한 프로그램들을 공동으로 진행 중인 좋은 사례라 할 수 있다.

또한 유럽연합이 추진 중인 주변 국가에 관한 정책에 있어서도 문화정책이 반영되고 있다. 유럽 주변국가에 관한 정책은 2004년 시작되었다. 주지하다시피 2004년에 동유럽 지역을 포함한 10개국이 대거 유럽연합에 가입하였다. 이처럼 점차 확대되는 유럽연합과 그 외부의 국가들 사이에서 발생할 수 있는 새로운 경계선에 대한 우려에서 이 정책은 비롯되었다고 볼 수 있다. 곧 이웃 국가들과의 갈등 대신에 안보와 번영을 다지고자 하는 취지를 가지고 있다. 예를 들어 아르메니아, 아제르바이잔, 벨라루스, 이집트, 이스라엘, 요르단, 모로코 등이 유럽연합의 이웃나라들로서 이 정책에 적용되는 국가들이다.

더불어 유럽연합은 새롭게 떠오르고 있는 신흥 산업국인 중국, 인도, 브라질, 멕시코, 러시아와도 긴밀한 관계를 유지하려고 한다. 상호 문화교류 활동들을 실행하고 있으며, 이들 나라의 문화 프로젝트에 대한 재정적 지원도 하고 있다. 또한 유럽연합은 아셈(ASEM)[37]의 회원으로서 아시아 대륙과의 관계에도 지속적으로 관심을 기울이고 있으며, 아세프(ASEF)도 지원하고 있다. 위의 두 조직은 문화 영역에서도 활동하고 있는데 특히 문화적 다양성과 문화 간 대화 촉진에 애쓰고 있다.

'문화 2007' 프로그램의 목적은 앞에서도 밝혔듯이 '문화와 예술 관련 분야에서 일하는 사람들의 초국가적 이동', '문화와 예술 창작물들과 작업들의 국가 간 유통', '유럽 내 다양한 문화 간 대화'이다. 이 프로그램은 위의 세 가지에 주력함으로써 '문화의 교류와 대화'에 초점을 맞추었다.[38]

'문화 2007' 프로그램은 매년 정해지는 유럽의 해 모토와도 무관하지 않았다. 2008년이 문화 간 대화의 해(Year of Intercultural Dialogue), 2009년이 유럽 창조성과 혁신의 해(Year of Creativity and Innovation), 그리고

〈표 3〉 유럽연합의 주요 문화교류정책 프로그램

1996~2000	2000~2006	2007~2013
만화경 사업(1996~1999)	'문화 2000' 프로그램	'문화 2007' 프로그램
아리안 사업(1997~1999)		
라파엘 사업(1997~2000)		
유럽문화수도 프로그램 (1985~현재)		

2010년이 빈곤과 사회적 배제에 대한 투쟁의 해 (Year for Combating Poverty and Social Exclusion)였다. 이는 유럽연합 차원의 문화정책이 추구하는 바를 유럽의 해라는 모토와도 긴밀히 관계 맺으며 펼치고 있다는 것을 보여준다.

'문화 2007' 프로그램이 주안점을 둔 유럽 내 문화의 이동성(mobility)은 예술적 창조성을 서로 교환시키고 있다. 이는 유럽시민들에게 새로운 기회를 제공해 주었는데, 많은 행사들, 페스티발, 라이브공연 투어, 다양한 전시전과 도서박람회, 각종 문화이벤트 등이 국가의 경계를 넘어 유럽 내 커다란 동선을 그리며 이동·교류되고 있다. 유럽 시상식(European prizes) 역시 이동성에 간접적인 공헌을 하였다. 여러 나라에서 온 다양한 문화적 배경의 수상자들은 다른 나라 사람들에게 폭넓은 영감을 주었으며, 문화프로그램이 유럽 전역에서 활발하게 이루어지고 있다는 상징적 이미지를 제시하며 간접적 참여의 각인을 충분히 심어주고 있었다.

4. '문화 간 대화의 해 2008' 프로젝트[39]

문화 간 대화의 해 2008 프로젝트는 다양성 안에서의 공존(Together in Diversity)이라는 모토를 가지고 기획되었다. 세계는 점차 서로 다른 문화적 배경을 지닌 사람들이 만나고 섞여가면서 더욱 의존하는 관계가 늘어가는 추세를 보이고 있다. 글로벌라이제이션과 유럽연합의 확장, 그리고 단일시장을 통한 노동자들의 자유로운 이동, 이런 것들은 많은 나라들이 현재 직면하고 있는 다문화적인 성격이다. 게다가 많은 언어들과 종교들, 그리고 인종들 역시 다문화사회로의 진입을 가속화시키는 요소들이다. 런던이나 파리, 베를린 같은 도시들은 실제로 여러 세계로부터 들어와 있는 사람들이 모여 살면서 다양한 문화가 한꺼번에 녹아있다.

유럽연합은 이러한 시기에 문화적 다양성을 존중하고, 그러한 세계에 대해 열린 마음을 가지고 임하고자 하는 태도를 견지하고 있다. 이것이 다름 아닌 문화 간 대화의 아젠다이다. 문화적 혼종의 현상은 생명력 있고 역동적인 사회를 창조해낼 수도 있지만, 동시에 끝없는 긴장감을 가져올 수도 있다. 그러므로 모든 시민들의 참여와 통합을 도모하려는 정책은 필연적이라 할 수밖에 없다. 모든 다문화사회가 올바르게 기능할 수 있도록 하기 위해서는 효과적이고 건설적인 '대화'가 우선적으로 필요하다. 문화 간 대화는 세상을 바라보는 다양한 시각들을 서로 탐험해보고 그 아이디어를 공유하는 것을 증진시키는 데 의의가 있다. 이것은 다양한 사회가 함께 공존할 수 있는 '접착제(glue)' 역할을 할 것이다. 유럽연합은 2008년을 문화 간 대화의 해로 선정하고 다음의 네 가지 이상을 구현시키고자 했다.

첫째는 글로벌라이제이션이 종종 동질화의 압박으로 받아들여지는 이 시대에 '문화적 다양성'을 존중하고자 하는 것이다. 둘째는 사회연대와 사회적 정의, 결속에 관한 책임과 같은 공동의 가치에 기반한 '유럽시민권의 활성화(active European citizenship)'를 추구한다. 셋째는 번영을 위한 힘으로서 혁신에 대한 '원천으로서의 문화와 창조성'을 장려하는 것이다. 넷째는 발전과 안정, 민주주의의 확대를 위한 이웃나라들과의 공조를 통해 '유럽 발언권의 세계적 강화'를 구축하는 것이다.

[그림 16] 2008년 '유럽 문화 간 대화의 해' 포스터[40]

유럽의 지도자들은 문화적 다양성이 유럽이 가진 가장 위대한 유산 중의 하나로 간주한다. 이러한 풍요로운 다양성은 계속 보호되어야 하고 지속되어야 한다는 사실에 동의하며 이를 위한 중요한 활동 가운데 하나로 2008년을 문화 간 대화의 해로 지정했다. 유럽연합은 이 프로그램이 문화 차원에서의 정책이지만 동시에 유럽연합의 다른 정책 영역과도 연계되어 협조되어야 한다고 보았다. 따라서 교육정책에서의 평생학습프로그램, 혹은 대외관계정책, 연구정책, 지역개발정책 등과도 긴밀한 협조를 가졌다.

문화 간 대화 2008 프로젝트는 일 년에 걸쳐 여러 프로젝트와 페스티발, 컨퍼런스, 캠페인, 강연 등 일련의 행사들로 구성되었다. 점차 복잡해지고 다른 문화 세계와 접촉이 많아지는 유럽의 환경에 대중들이 성숙하게 적응하도록 하는 데 기본 취지가 있다고 할 수 있다. 구체적으로는 다음과 같은 여섯 가지의 목적을 가지고 기획되었다.[41]

- 문화 간 대화에 대한 대중의 인식 향상
- 일상 속에서 문화 간 대화에 다수가 참여하도록 유도
- 문화 간 대화의 역할 증대
- 문화 간 상호 이해 증진
- 문화다양성의 이점들을 경험 할 기회 제공
- 유럽시민의식 고취 및 유럽의 소속감 부여

유럽연합은 특별히 아래로부터의 참여를 유도하였는데, 이 프로젝트에는 작은 지역부터 국가 단위까지 각계의 개별 시민 단체들이 참여하였다. 예를 들면 프로그램의 제안자로서의 유럽집행부와 여타 유럽연합 기관들, 유럽연합 회원 국가의 프로그램 관계자들, 개별 국가 정부와 그 아래 지방 자치정부, 1200여 개의 시민 사회단체들, 범 유럽적 미디어가 여기에 속한다. 이들에 의해 7가지의 주요 프로그램이 실행되었다.[42]

먼저 '다이버시대드(Diversidad)' 프로그램을 들 수 있다. 이는 유럽의 도시문화를 통한 대화와 교류를 증진시키기 위해 마련되었다. 특히 유럽음악국(European music office)과의 연계가 눈에 띈다. 이 프로그램의 목적은

도시문화와 힙합에 관한 토론을 통해 다양한 문화이벤트 조직체들이 장기적으로 문화적 대화를 하도록 장려하는 것이다. 특히 웹사이트 등 새로운 디지털 환경을 활용하여 음악가와 팬들이 초국가적인 음악 교류를 가능하도록 돕는다. 여기에는 많은 힙합 가수들이 유명한 예술가들과 함께 참여하였다. 유로 2008 축구 시즌에서도 그래피티(graffiti) 워크샵 및 DJ 컨테스트 등 다양한 도시문화 이벤트가 조직되었다.

다음으로 '알터 에고(Alter Ego)' 프로그램을 들 수 있다. 청소년들의 문화 간 대화와 이해를 도우려는 데 목적이 있다고 할 수 있다. 20개 회원국 48,000개의 학교가 여기에 참여하였다. 참가자들은 그들이 다니는 학교의 차원을 넘어서 다른 나라 학생들과 공동의 예술 활동을 할 수 있도록 지원받았다. 예를 들어 워크샵, 웹사이트, DVD, 전시, 미디어 관련 교류 활동 등이다. 장기적인 안목에서 보자면 이러한 프로그램들은 청소년들을 향후 유럽의 시민으로 성장하도록 하는 의도가 담겨있다.

그리고 '블럭 주변의 문화(Cultures from around the block)' 프로그램이 있다. 이 프로그램에는 특별히 인종이 서로 다른 젊은 그룹들 간의 소통을 촉진시키는 데 목적이 있다. 예를 들어 같은 도시에 살고 있지만 서로 다른 인종인 젊은이들이 각자의 체험을 자료나 미디어 콘텐츠로 제작하고, 워크샵 등을 통해 서로 교환하고 대화할 수 있는 기회를 부여받는 것이다.

또한 '문화 간 대화 라디오 캠페인(Intercultural dialogue radio campaign)' 프로그램이 있다. 이는 유럽 전역 70개 이상의 라디오 방송국이 참여한 캠페인으로, 대중들에게 문화 간 대화에 대한 정보를 제공한다. 특히 여기서는 유럽이 오랜 이민의 역사를 통해 형성되어 왔으며 이는 새로운 문화의 유입과 영향에 대한 공존의 긍정적 시각을 알리고자 하였다.

다음으로 '나와 당신과 우리(iyouwe - SHARE THE WORLD)' 프로그램이 있다. 초등학생들이 전문 스토리텔러에게 들은 신화나 전설을 바탕으로 이야기를 창작하고, 이를 다른 나라, 다른 학교 아이들의 이야기와 상호 교환해보도록 함으로써 상상력의 세계를 더욱 확장시키기 위함이다. 또한 어린이들의 예술 창작에 대한 영감을 고취시키기 위해서 이야기를 연극이나 음악, 춤 등의 다른 장르로 표현하는 활동도 장려하였다.

'다른 사람 만나기(Meeting the other)' 프로그램도 있다. 이는 각각 다른 이주자 공동체에 속하는 젊은이들 사이의 상호 대화와 이해를 향상시키는 프로그램이다. 이를 위해 다양한 접근법이 시도되었는데, 예를 들어 세미나나 다큐멘터리를 포함한 저널리즘, 리서치, 디자인, 행위예술과 같은 여러 영역에 걸쳐서 진행되었다.

마지막으로 '이방인 페스티발(Stranger Festival)' 프로그램을 들 수 있다. 이 프로그램은 젊은이들이 타자에 대한 그들의 의견을 자신들만의 짧은 영상물로 제작하여 공유하는 작업이었다. 7월에 암스테르담에서 페스티발이 열렸고, 250명의 젊은이들이 모여 유럽과 유럽 외부의 세계에 대한 짧은 영상을 만들어 경쟁을 벌였다. 유럽의 젊은 세대들이 가지는 희망 내지는 두려움이 표현되었고, 이는 차후에 유럽의 20,000여 학교에 공동 제작된 DVD로 배포됨으로써 실질적인 학습교재로 활용되고 있다.

2009년에 발표된 평가 보고서[43]에 따르면, 이러한 프로그램들은 과연 '문화 간 대화'라는 개념은 무엇이며 왜 필요한지를 알리고 일깨우는 효과를 가져왔다고 한다. 특히 이를 문화정책과 교육정책으로 연계시킴과 동시에

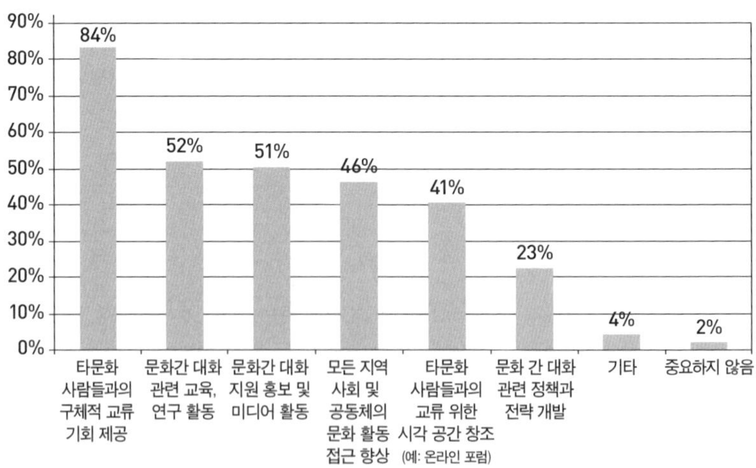

[그림 17] 문화 간 대화를 장려하는 활동(2007-2010기준)[44]

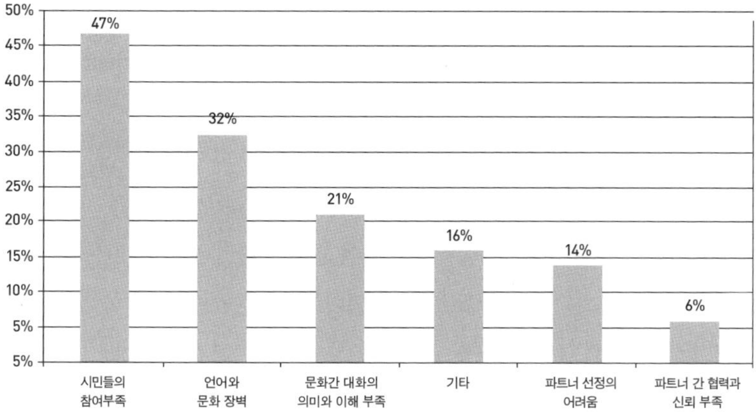

[그림 18] 문화 간 대화를 저해하는 요소(2007-2010기준)[45]

시민권의 의미와 책임에 있어 중요한 개념으로 인식될 수 있는 분위기를 마련하였다. 위의 7가지 주요 프로그램을 통해 직접적으로 동참한 조직이나 시민들의 지속적인 활동이 전망되며, 젊은 층의 참여를 많이 유도해 유럽사회를 이끌어 갈 미래의 꿈나무들에게 문화 간 대화의 자각을 심어주었다는데 의의가 있다. 또한 세부 프로그램의 지속뿐만 아니라 인식의 저변 확대라는 초석을 통해 미래 비전을 제시하는 데 있어 중요한 자리매김을 하였다고 평가할 수 있다.

유럽연합 차원에서는 '문화 간 대화'의 의의와 중요성을 27개 회원국들과 공유하며 문화, 교육, 스포츠 등의 분야를 통해 직간접적으로 알리고 앞으로 이어질 유럽연합의 정책에도 계속 중요한 비중으로 다루는데 초석을 이루었다는 점을 주목할 필요가 있다. 한 해 동안 TV, 라디오 신문 그리고 온라인 상에서 지속적으로 홍보하고 직간접적인 참여를 유도해 동참한 사실만으로도 당장의 결실이 크지는 않지만 성숙된 시민사회로의 진입이라는데 의의가 있다.

나아가 국제적 차원에서는 다른 외부 기관들과의 협력, 특히 UN 이나 유럽평의회 등과 함께 문화 간 대화의 필요성을 공유했다는데 의미가 있다. 유럽평의회와는 계속적으로 관련 프로젝트를 수행하기로 합의했다. 아직 국제적으로 문화 간 대화의 중요성과 필요성을 홍보하는 데는 미약했지만, 성숙된 시민사회를 위해 중요한 이 개념과 의의를 계속 알리고 다지는데 중요한 초석이 되었음은 분명한 사실이다.

유럽연합 집행위원회는 성공적인 프로그램 수행 후 발전적으로 지속시키기 위해서 여러 가지 관련 문화정책 프로젝트를 기획했다. 교육·문화 총국 외에도 다른 정책부서의 총국과 연계하여 진행하기로 했다. 2004년과 2007년 동유럽 국가들의 대거 유입(12개국)이라는 상황은 특히 집시 문화(Roma culture)에 대한 관심과 이해의 필요성을 대두시키면서 이를 문화 간 대화의 맥락에서 정책적 차원으로 다루기로 했다. 우선 집시 문화에 대한 정책 프로젝트에 대해서 알아본 다음 다른 프로젝트들을 이어 살펴보겠다.[46] 정식 프로젝트 명칭은 '문화 간 대화와 집시 문화(Intercultural dialogue and Roma culture)'이다. 집시 공동체는 유럽에서 가장 큰 소수 그룹으로서 1000-1200만 정도의 구성원을 가지는 것으로 추정된다. 가난과 사회적 배제 속에서 많은 집시들은 교육이나 거주, 의료 같은 기본적인 혜택을 받을 수 없었고 노동 시장에 대한 접근마저도 쉽지 않은 상태이다. 이러한 문제는 바람직한 문화적 대화 없이는 집시와 비집시 간의 풀 수 없는 갈등일 수밖에 없다. 왜냐하면 사회적 배제는 일반적 전형에 근거한 편견과 차별에서부터 나오기 때문이다. 또한 집시를 포함시키기 위한 효과적인 정책들은 집시의 문화와 역사와 전통, 언어, 가치와 인식들에 대한 견고한 이해를 요구하기 때문이다.

유럽연합은 집시와 비집시 사이의 문화 간 대화를 증진시키기 위해 다음과 같은 세 가지를 통해 노력하고 있다. 회원국 내에 집시를 포용하는 정책을 위한 공통적인 틀(framework)을 제시해주고 있다. 또한 유럽연합 차원에서 집시 공동체를 위한 다양한 컨퍼런스를 개최함으로써 좋은 실천들을 공유하려고 한다. 마지막으로 집시 문화에 대한 전문가들의 네트워크를 형성시켜 나가고 있다. 예를 들어 인류학, 사회학, 언어학, 역사학을 아우르는 다양한 분야의 전문가들과 함께 집시 문화에 대한 이해 증진을 위한 공동연구를 진행시키고 있다. 유럽연합은 이러한 노력들을 통해 집시 문화의 다양성에 대한 이해를 도모하고 선입견과 차별을 불식시켜 나감으로써 사회적 포용의 아젠다를 실천해나가고 있다.

위와는 조금 다른 성격의 후속 프로젝트가 구상되었다. '상호문화도시' 프로젝트로 유럽연합과 유럽평의회의 공동 작업이다. 핵심 주제는 유럽의 도시가 가지고 있는 다양성을 어떻게 경영하는가이다. 다시 말해 유럽의 도시들은 학교나 직장, 운동, 문화 활동 같은 일상 속에서 다른 문화로부터 들어오는 사람들 간의 대화를 어떻게 수렴시키고 있는가이다. 이 프로젝트는 유럽의 도시들이 함께 이 문제에 대한 답을 찾고자 하는 데 의미가 있다. 현재 11개 도시에서 시범적으로 운영되고 있으며, 2011년 다른 유럽의 도시들로 확장시킬 예정이다.

유럽연합은 '상호문화적인 유럽을 위한 플랫폼(Platform for Intercultural Europe)' 프로젝트도 내놓았다. 이는 민간인은 물론이고 전문가 그룹, 협회, 국가 기관, 유럽연합 기관 등의 정책입안자들을 서로 보다 강하게 연결시키기 위한 것이다. 예술, 문화, 교육, 소수인권, 반인종주의, 미디어 리터러시(Media Literacy) 등 여러 분야에 걸쳐서 회원국들의 협력도 이끌어 내려는 목적을 두고 있다.

또한 'EU 정책에서의 문화 간 대화 프로젝트(Intercultural dialogue in EU policies)'를 구상했다. 유럽연합의 정책 가운데에는 상당 부분이 문화 간 대화를 다각적으로 지원하고 있다. 예를 들어 문화 분야, 시청각 분야, 다언어주의(multilingualism) 분야, 청소년 분야, 연구 분야, 통합 분야, 대외관계 분야 등이다. 문화 간 대화는 종합적인 견지에서 유럽통합을 위해 매우 중요한 요소일 수밖에 없다는 점을 다시 한번 강조할 수 있다. 이것은 인적자원의 이동과 이주의 문제와 직결되어 있고, 열린사회로 다가서기 위한 필수불가결한 조건이기 때문이다.

오늘날 유럽 각국에 걸쳐 공통적인 과제를 안겨주고 있는 현상 가운데 하나가 문화적 다양성이라는 사실에는 이의의 여지가 없을 것이다. 따라서 유럽연합은 다문화주의가 드러낼 수 있는 여러 문제점들을 어떻게 긍정적으로 승화시켜 발전적 유럽을 만들어 갈 수 있느냐 하는 데 고심하고 있다. 이를 근본적으로 해결할 수 있는 방안으로서 문화정책에 접근하고 있다고 보아도 무리는 아닐 것이다. 유럽연합이 시행하는 문화정책의 핵심은 바로 문화교류의 증진이다.

지금까지 살펴보았듯이 유럽연합은 문화교류 프로그램을 20여 년간 세 번의 단계를 거쳐 지속적으로 업그레이드 하면서 문제점들을 계속 보강하고, 더 효과적인 문화교류 정책을 위해 박차를 가하고 있음을 알 수 있다. 그리고 이러한 교류와 협력들이 이제는 유럽차원의 문화창조산업 정책의 핵심적 밑거름으로 분명한 역할을 하고 있음을 이후 장들에서 살펴볼 수 있을 것이다. 현재 유럽연합은 28개국의 다양한 문화예술 자산들을 서로 소개하고 있으며, 공동 작업을 통해 더 깊이 있게 서로를 이해할 수 있는 장을 마련하고 있다. 문화와 예술은 유럽시민 모두의 조화로운 공존을 위해 전면에서 튼실한 견인차 역할을 새로이 하고 있으며, 이러한 토대가 바로 유럽연합 차원의 문화창조산업 정책 방향에도 기여하고 있다. 이것이 바로 다른 지역 혹은 국가들과는 분명히 차별화되고 있는 내용이라 하겠다.

주석

1 Ulrike Hanna Meinhof(ed.), *Transcultural Europe: Cultural Policy in a Changing Europe,* New York: Pallgrave Macmillan, 2006, pp.4-9 참조.

2 Cris Shore, *op. cit.,* p.3.

3 유럽연합에서는 문화와 교육 분야를 동일한 총국(DG: The Directorate General Responsible for Education and Culture)에서 관할하고 있다.

4 유럽평의회는 유럽연합에 앞서 정치적 통합을 주도했던 국제적 기구로 본부는 프랑스의 스트라스부르에 있다. 1949년 당시 유럽 대륙의 10개 국가는 '서유럽의 경제·사회적 진보와 유럽의 오래된 이상과 원칙을 구현키 위해 국가들 간 통합을 달성한다'라는 목표를 내

걸고 유럽평의회를 결성했다. 유럽평의회는 유럽연합과 별개의 기구로 존재하지만 양측 모두 '국가들 간 통합'이라는 공동의 목표를 갖고 있어 서로 밀접하게 교류하고 있다. 현재 유럽평의회는 유럽연합 회원국 27개국 이외에 터키 및 동유럽 국가를 포함하여 46개국이 참여하고 있으며, 특이하게도 미국과 일본을 비롯한 유럽 밖의 5개국이 옵서버로 참여하고 있다(한국유럽학회, 『유럽연합 학술용어사전』, 서울: 높이깊이, 2007, pp.107-108).

5 European Cultural Convention(Paris,19.XII.1954), European Treaty Series18, Council of Europe. p.2 참조.

6 유럽평의회 홈페이지 (http://www.etib.lt/?s=activities&ss=european_cult_convention&lang=en) 참조 (2010.11.6 검색).

7 이복남, 「유럽문화협력공간의 확대와 유럽평의회의 활동」, 『국제지역연구』 제5권 제2호, 2001, pp.234-239 참조.

8 CEC, *The Tindemans Report*, Bulletin of the European Communities, Supplement 1/76.

9 CEC, *A People's Europe*, Bulletin of the European Communities, Supplement 7/85.

10 CEC, *A Fresh Boost for Culture in the European Community,* Bulletin of the European Communities, COM(87)603 final, 1987.

11 한국유럽학회, 앞의 책, p.373 참조.

12 The Maastricht Treaty (http://www.eurotreaties.com/maastrichtec.pdf) 참조 (2010.10.2 검색).

13 CEC, *European Community Action in Support of Culture,* (COM(94)356 final), 1994a.

14 CEC, *Report on the Implementation of the Community Programmes Kaleidoscope, Ariane and Raphael,* Brussels: COM(2004)33 final, 2004, pp.3-8, 사순옥, 「유럽연합(EU)의 문화정책과 문화협력프로그램」, 『독일언어문학』 제30집, 2005, pp.222-224 참조.

15 집행위는 두 가지 방식으로 문화유산 보호의 필요성을 일반대중 그리고 국가와 지방 당국에 인식시키는데 주력해 왔다. 첫 번째 방식은 문화적이고 기술적인 기준에 의해 선정된 문화유산보호 사업을 직접 지원하는 것이고, 두 번째는 일반 대중에게 공동체의 활동을 홍보하는 유형의 행사를 개최하는 것이다. 전자에서 가장 중요한 사업은 1984년부터 1995년까지 시행된 '유럽 건축유산 보존 시범사업 지원'이라 볼 수 있다. 후자는 주로 유럽의 많은 도시를 순회하는 전시회 형태로 이루어졌다. 집행위 지원 대상으로 선정된 시범 사업들을 전시함으로써 문화유산 보호의 중요성을 인식시키는 동시에 시민의식을 고취하는 것이 주요 목적이었다. 집행위는 국가나 지역적인 차원의 활동과 경쟁하지 않는 '보충성의 원칙'을 준수하며, 시범과 촉매 기능에 치중했다(송기형, 「유럽연합의 문화정책」, 『유럽연구』 제8호, 1998, pp.119-120).

16 이복남, 「문화유럽건설과 EU 문화정책」, 『EU연구』 제11호, 2002, p.91 참조.

17 CEC(2004), *op. cit.,* pp.12-13 참조.

18 CEC(1998), *op. cit.*, p.4 참조.

19 이복남, 앞의 글, p.98.

20 CEC(1998), *op. cit.,* p.3.

21 ECOTEC, *Final External Evaluation of the Culture 2000 Programme (2000-2006) - Framework Contract on Evaluation, Impact Assessment and Related Services,* Birmingham: ECOTEC, 2008, pp.2-3.

22 *Ibid.*

23 *Ibid.,* pp.99-109 참조.

24 유럽연합이 유럽 차원의 문화교류를 활성화시키기 위해서 개별 회원국 안에 설치한 유럽

연합 산하 기관이다. 대부분 국가에서 참여하고 있으며, 국가 문화 기관 내지 조직들끼리 정보를 공유하여 유럽연합 차원으로 끌어오려는 데 주요 목적이 있다. 많은 문화 전문 인력들이 교류 활동에 참여할 수 있도록 장려하는 프로그램을 진행하고 있다. 또한 개별 국가의 문화 관련 기관들과 정보를 공유하면서 다양한 프로그램 소스를 찾아서 유럽연합에 연계시키는 한편 여러 커뮤니티 프로그램의 참여자들과도 관계를 지속하면서 관리한다.

25 http://www.culture.org.mt/page.asp?id=49 (2010.11.26 검색).

26 ECORYS, *Interim Evaluation of the Culture Programme 2007-13,* Birmingham: ECORYS, 2010, p.66.

27 *Ibid.*, p.67.

28 *Ibid.,* p.72.

29 *Ibid.,* p.74.

30 사순옥, 앞의 글, p.227.

31 프로그램의 전반적인 내용에 대해서 CEC, *The EU Culture Programme (2007-2013) Crossing Borders : Connecting Culture,* Oopec, 2008b. pp.1-47를 주된 자료로 참고하였음. 부가적으로 유럽연합 홈페이지 (http://ec.europa.eu/culture/our-programmes-and-actions/doc41_en.htm) 역시 참고하였음 (2010.12.17 검색).

32 ECORYS, *op. cit.,* p.49.

33 재정적 지원에 관한 자세한 사항은 다음과 같다. 첫 번째로 프로그램 예산의 77% 가량에 달하는 지원 분야는 다년 프로젝트(6개국 이상 공동 참여, 3-5년), 협력 프로젝트(3개국 이상 참여, 2년 이하), 특별 활동(유럽문화수도 프로그램 및 문화 관련 시상식 등)이 있다. 두 번째로 프로그램 예산의 10% 가량에 해당하는 지원 분야는 문화 단체와 네트워크이다. 세 번째로 프로그램 예산의 5% 가량에 해당하는 재정은 문화협력과 문화정책에 관한 연구 지원, 통계 자료 수집에 지원된다.

34 *Ibid.,* p.50.

35 *Ibid.,* p.51.

36 유럽연합 홈페이지 (http://ec.europa.eu/culture/our-policy-development/doc1567_en.htm) (2010.10.25 검색).

37 아셈은 1996년 출범하여 현재 아시아 13개국과 유럽 27개국이 가입되어 있다. 아시아와 유럽 양 지역 간의 정치, 경제, 사회, 문화 분야에 있어서 상호 협력을 강화한다는 포괄적인 목적을 가지고 시작된 지역협력체이다. 1994년 유럽연합 집행위원회는 '신아시아전략'을 통해 아시아 국가들과의 정치와 경제 협력의 필요성을 강조하게 되었다. 아셈은 정부 간 협력뿐만 아니라 민간부문을 포함한 양 지역의 협력강화를 목적으로 하고 있으며, 그 협력을 추구하는 방식에 있어 다른 지역협력체들과는 구분되는 특성을 갖고 있는데 특히 아시아·유럽정상회의의 비공식적 성격, 다차원성, 도움을 주고받는 관계가 아닌 동등한 자격을 바탕으로 한 동반자 관계라는 점이다. (이종서 & 송병준(2011), 앞의 책, pp.147-148).

38 ECORYS, *op. cit.*, pp.113-125 참조.

39 프로젝트의 전반적인 내용에 관해서는 CEC(2008a), *op. cit.,* pp.1-49 참조.

40 유럽연합 홈페이지 (http://ec.europa.eu/culture/our-programmes-and-actions/doc415_en.htm) (2010.10.6 검색).

41 유럽연합 홈페이지 (http://ec.europa.eu/culture/our-programmes-and-actions/doc415_en.htm) (2010.12.20 검색).

42 프로그램의 세부 내용에 관해서 유럽연합 홈페이지 참조 (http://ec.europa.eu/culture/

our-programmes-and-actions/doc497_en.htm) (2010.12.20 검색).

43 ECOTEC, *Evaluation of the European Year of Intercultural Dialogue 2008*, Birmingham: ECOTEC, 2009, pp.96-108 참조.

44 ECORYS, *op. cit.,* p.77.

45 *Ibid*., p.78.

46 후속 프로그램에 대해서 유럽연합 홈페이지 참조 (http://ec.europa.eu/culture/our-policy-development/doc2637_en.htm) (2010.11.2 검색).

4

유럽연합의 교육정책과 인적교류

유럽연합(EU)의
문화창조산업 프로젝트

4

유럽연합의 교육정책과 인적교류

우리가 유로의식으로 명명한 유럽의 현재 문화정체성은 사회 분열과 갈등의 위기를 문화교류를 통해 해소하고 하나의 유럽정신을 구현하고자 하는 경향을 드러낸다. 여기서 유럽연합의 조직 특성상 문화의 영역과 나란히 놓여있으면서 상호보족적인 관계를 맺고 있는 것이 교육 분야라는 사실을 상기할 필요가 있을 것이다. 이번 장에서는 교육 분야에서 실행되고 있는 인적교류 프로그램들을 살펴보면서 이것이 어떻게 유럽이 추구하는 상호대화적 문화정책 아젠다에 기여하고 있는지를 숙고해본다.

교육은 개별 국가의 고유한 권한으로서 국가의 정체성과 존립에 중요한 부분을 차지하기 때문에 유럽공동체 차원에서는 쉽게 개입할 수 없는 부분이다.[1] 사실 지금도 유럽 내 개별국가들의 교육시스템에 대한 적극적인 개입은 이루어지지 않는다. 다만 앞서 설명한 대로 보충성의 원칙에 입각하여 개별 국가가 아닌 유럽연합의 차원에서 이루어질 때 더 큰 효과가 나타난다면, 그때 공동체 차원의 정책적 논의가 이루어질 수 있는 것이다. 그리고 이러한 보충성의 원칙에 입각한 유럽연합의 교육정책도 1992년 마스트리히트조약 이후에 새롭게 생겨난 제도이며, 그 이전에는 유럽 공동체 차원의 교육정책이란 말은 사실상 없었다고 볼 수 있다.

이런 맥락으로 유럽통합 초기의 교육교류활동이라는 것이 사실 직업훈련(vocational training)에 한정되어 있다는 점은 특기할 만하다. 초기의 교육협력은 교육이라는 민감한 영역을 통합하겠다는 목적이 아니었다. 1951년 파리조약과 함께 지금의 유럽연합 초기 전신인 유럽석탄철강공동체의 출범을 기점으로 공동의 직업훈련에 대한 논의가 이루어졌다. 이때 공동의 직업훈련에 관심을 가지게 된 동기는 유럽의 관련 당사자 국가 간 연합에 의해 상품, 서비스, 자본을 위한 공동시장을 창설하려는 경제적인 필요성이었다.[2] 우리는 우선 유럽통합 초기의 교육정책을 다루는 데 있어서 이와 같은 목적 아래 기획되었던 직업훈련 프로그램을 우선 살펴본다. 그런 후에 학생교류에 관한 초기의 프로그램을 밝혀보고, 이러한 양자의 흐름이 어떻게 보다 체계적이고 통합적인 프로그램들로 발전되어 나가는지를 살펴본다.

유럽연합이 교육정책을 추진하는 데 있어서 중요한 전환점이 된 것은 평생학습프로그램(Lifelong learning Program)의 시행이라 할 수 있다. 지식기반사회로의 진입은 시민들의 일상생활에 큰 변화를 가져다주었다. 유럽연합은 여기에 대한 준비와 대응을 개인의 차원으로 돌리기보다는 사회적인 차원에서 적극적으로 마련되어야 한다고 보았다. 또한 평생학습프로그램을 통해서 고용가능성이라는 경제적인 성과만이 아니라 사회적 배재나 주변화의 방지, 나아가 적극적인 시민의식의 함양을 의도한 것이다. 우리는 평생학습프로그램이 가지는 목적과 의의를 논의하고 주요내용에 대해 분석해본다. 이를 통해 유럽연합이 그리고 있는 포용적 사회의 모델을 짐작해볼 수 있을 것이다.

유럽연합은 2010년 볼로냐 프로세스(Bologna Process)의 긴 여정을 끝내고 마침내 유럽 내 다양한 고등교육체계를 통합하는 계기를 이루어냈다. 이러한 성공에 힘입어 현재 미국 주도의 고등교육 시장도 개척하려 하고 있다. 유럽 내 다양한 나라의 다양한 교육적 자원과 우수한 대학 시설들을 거시적 시각에서 육성시켜 세계 유수의 인재들을 미국이 아닌 유럽으로 유치하기 위한 전략들을 구상하고 있는 것이다. 유럽통합 과정에서 문화와 교육을 교류시켜 유럽 문화정체성을 세우려는 유럽연합의 노력이 이미 그것을 넘어서 세계 교육시장에 진출하려 하고 있다. 우리는 볼로냐 프로세스와 리스본 전략을 중심으로 유럽연합이 교육정책을 통해 드러내고 있는 글로벌 시대의 비전을 분석해본다.

마지막으로 우리는 유럽연합의 대외 교육협력 프로그램에 대해 다루어보겠다. 유럽은 통합 과정 속에서 개별 국가들 간의 갈등을 불식시키기 위해 여러 정책적 노력들을 시도하면서 모두에게 이득이 될 수 있는 길을 모색하고 있다. 유럽연합은 같은 목적으로 회원국들뿐만 아니라 제3세계 국가들과도 국제적 수준에서 교육과 직업훈련 활동을 시도하여 상호 협력을 공고히 하는 동시에 유럽의 문화정체성을 인식시키는 데 노력을 기울이고 있다.

1. 유럽통합 초기의 교육교류활동

앞서 언급하였듯이 유럽 차원의 초기 교육교류는 직업교육·훈련 프로그램에 편중되어 있었다. 한편 이와는 다른 측면에서 학생교류 프로그램이 기획되어 왔는데 1955년 6월 이탈리아의 메시나에서 열린 유럽석탄철강공동체 장관급 회담에서 유럽대학 설립에 대한 최초의 제안이 있었다. 이후 1971년에는 유럽공동체 회원국들의 첫 교육부 장관 회담이 열렸으며 1974년에 교육위원회가 설립되었다. 그 결실로서 1976년에 유럽 대학의 자매결연 지원프로그램(Joint Study Program)[3]이 시작되기에 이르렀으며, 1987년에 들어서 마침내 유럽대학의 교환학생 프로그램인 에라스무스가 시작되었던 것이다. 그러면 우리는 유럽공동체의 직업교육·훈련 프로그램과 학생교류 프로그램에 대해 각각 살펴본 다음, 이것이 보다 체계적으로 통합된 형태인 소크라테스와 레오나르도 다 빈치 프로그램에 대해 알아보자.

(1) 유럽공동체의 직업교육 프로그램

유럽공동체의 직업교육·훈련 정책은 1957년 체결된 로마조약을 법적 근거로 삼고 있다. 여기에 기초하여 회원 각국의 경제와 공동체의 조화로운 발전에 기여할 수 있는 공동의 직업교육·훈련 정책을 실현할 기본원칙들이 마련되었다. 이 기본원칙에 실질적인 의미를 부여하고 현실화하기 위한 일반적인 원칙들은 1963년 4월 2일 각료이사회에서 합의되어 결정사항으로 채택되었다. 이 합의는 공동의 직업교육·훈련 정책에 관한 공동체 법규의 모태를 형성하고 있다. 총 10개 항목으로 이루어져 있는데, 그 주요항목을 살펴보면 다음과 같다.[4] 높은 고용률의 보장, 경제·기술의 변화에 따른 노동자들의 숙련기술 함양, 노동자들의 회원 국가 간 이동 촉진 및 정보와 경험의 교환, 직업교육·훈련에 대한 접근의 용이성 부여, 그리고 각 회원국들의 직업교육·훈련 제도와 정책 및 그 수준의 조화이다. 이사회는 회원국의 모든 사람들에게 직업세계의 각 단계에서 필요하고 적합한 재교육과 훈련을 제공해야 한다는 점을 주장하는 동시에 회원 각국의 제도를 조화시켜야 한다는 점을 강조하고 있다. 1963년 12월에 각료이사회는 1963년 4월의 결정사항에 따라 '직업훈련에 대한 3자간 자문위원회'[5]를 설립하였다.

그 후 10년간의 소강상태를 지나 유럽 차원에서 이 문제가 공식적으로 그리고 본격적으로 논의된 것은 1970년에 들어와서이다. 1971년 11월 처음으로 유럽공동체 회원국의 교육담당 장관회담이 열렸으며 이듬해에 회원국들은 이 목적의 제도를 설립하는 것에 동의하게 된다.[6] 1973년에는 '쟌느보고서(Jeanne Report)'가 발표되고, 유럽공동체의 조직개편이 이루어지면서 연구·과학·교육총국이 설립되고 교육정책을 다루는 부처가 마련되어 교육이 유럽공동체 내에서 공식적인 지위를 부여받는다. 1975년에는 '직업교육·훈련 개발을 위한 유럽센터(CEDEFOP)'가 설립되었는데, 이곳은 공동체 내의 직업교육·훈련 정책의 실현을 위해 가장 중요한 기관으로 자리 잡는다. 1976년 첫 번째 프로그램이 시행되는데 유럽 대학의 자매결연 지원프로그램으로 유럽의 대학들이 국경을 초월하여 다른 나라 대학과 자매결연을 맺어 상호 학생교류에 유리한 여건을 조성하도록 유럽공동체에서 지원해 주는 것으로, 훗날 에라스무스 프로그램의 기초가 된다.

1980년대에 들어서면 비로소 직업교육·훈련 정책들이 다양한 형태의 시범 프로젝트들로 제안되어 연이어 추진된다. 이 시범 프로젝트들의 실행은

1986년에 체결된 단일유럽의정서와 깊은 연관이 있다. 단일유럽의정서에서 가장 중요한 결의사항은 1992년까지 단일시장을 실현한다는 내용인데, 단일시장은 상품, 노동, 자본, 서비스의 자유로운 이동을 전제했다. 이를 위해 공동의 직업교육·훈련 정책이 시급히 정착되어야 했다. 당시 상황을 보면 기술 진보로 인한 일자리의 축소와 그로 인한 구조적 실업이 증가하고 있었는데, 이를 극복하는기 위해 유럽공동체 차원에서 공동의 직업교육·훈련 정책이 주목을 받았기 때문이다.

유럽차원에서 실행된 직업교육·훈련 관련 주요 시범 프로그램들을 살펴보면 다음과 같다.[7] 첫 번째는 코메트(COMETT: Community in Education and Training for Technology)[8] 프로그램으로 1986년부터 시작된 대학과 기업 간의 상호 협력 프로그램이다. 특히 기술 분야에서의 산학협동을 통해 질적 향상과 생산성 증대 그리고 회원국 간 협력 강화가 목적이었다. 두 번째 유로테크네(EUROTECNET: European Technical Network)[9] 프로그램으로 직업훈련 시스템에 있어 새로운 기술발전들이 가져오는 변화에 능동적이고 적극적인 대처를 위한 프로그램이다. 기술의 발전은 노동시장의 변화를 야기하고 이는 계속적으로 기술발전에 뒤처지지 않는 노동력 확보를 요청한다. 유럽연합 차원에서 직업훈련 시스템의 혁신을 꾀해 이런 변화에 잘 적응할 수 있도록 유도하는 취지로 1990년부터 시작된 프로그램이다. 세 번째는 페트라(PETRA: Program for European Youth Training)[10] 프로그램으로 젊은이들이 의무교육 후에 타 회원국에서 1-2년간 직업교육·훈련을 받게 함으로써 다른 회원국에서 직업생활과 성인으로서의 생활을 원활히 꾸려갈 수 있도록 준비하게 하는 의도로 만들어졌다. 네 번째는 포스(FORCE: Formation Continue in Europe) 프로그램으로 직업교육·훈련을 이수한 사람들이 지속적으로 새로운 기술에 적응하고 기술능력을 개선할 수 있도록 돕는 프로그램이다. 다섯 번째는 링구아(LINGUA)[11] 프로그램으로 다른 나라에서 직업교육·훈련을 받는데 필요한 외국어 습득을 돕는 프로그램이다. 링구아 프로그램은 나중에 순수하게 언어교육에 해당하는 부분은 소크라테스(SOCRATES) 프로그램에 통합되고 직업교육·훈련과 관련되는 부분은 레오나르도 다빈치(Leonardo Da Vinci) 프로그램에 편입되었다.

(2) 유럽공동체의 학생교류 프로그램

직업교육 프로그램들과 긴밀한 관련을 맺으며 유럽공동체 차원에서 추진된 또 하나의 프로그램이 바로 1987년부터 시행된 에라스무스(ERASMUS) 프로그램이다.[12] '에라스무스'[13]는 유럽연합이 실천해 온 교육과 직업훈련의 교류프로그램 중 가장 잘 알려진 것 중의 하나이다. 이 프로그램은 1981년부터 1986년까지 시행된 시범적 교류프로그램을 이어받아 1987년부터 본격적으로 가동된다. 이후 계속 참가자 수가 늘어나 이미 2백만 명 이상의 학생들이 유럽 전역의 나라에서 배움뿐만 아니라 다양한 경험들을 쌓아오고 있다.

에라스무스 프로그램의 실행 배경에 대해 우선 살펴보자. 유럽각료회는 결의문을 통해 1988년부터 1992년까지의 기간 동안 유럽연합 차원에서 교육교류를 시행한다. 다시 말해 이것은 여러 대학들 간의 학생 교환을 지원하는 프로그램으로 정통 교육 분야가 공동체의 직업교육·훈련 정책에 공식적으로 참여하는 것을 의미한다. 이에 대한 명분을 정리해 보면 다음과 같다.[14] 첫째, 젊은이들에게 유럽정체성에 대한 감각을 심어주는 노력을 강화한다. 둘째, 젊은이들에게 공동체의 경제 및 사회발전에 참여하도록 준비시킨다. 유럽단일의정서가 명시한대로 유럽연합을 향한 구체적 진전을 이루는 데

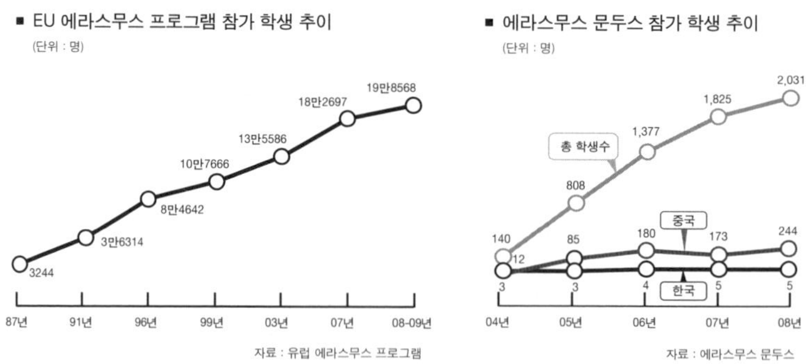

[그림 19] 에라스무스 프로그램 참가 학생 추이[15]

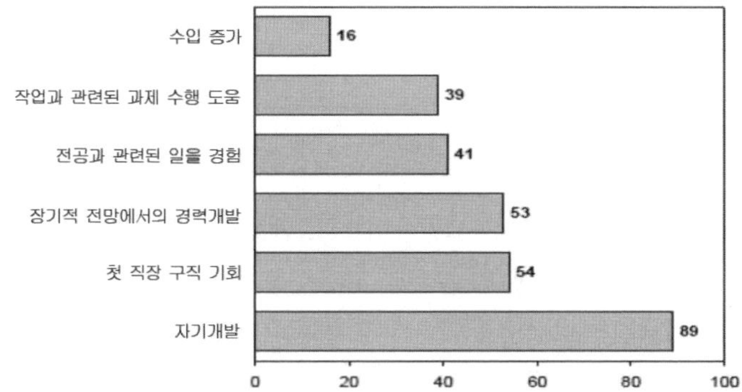

[그림 20] 참여 학생들이 평가한 에라스무스 프로그램의 긍정적 영향[16]

젊은이들을 적극 참여시키는 것이다. 셋째, 젊은이들에게 유럽공동체의 장점과 함께 그것이 수반하는 새로운 도전을 이해시킴으로써 유럽공동체가 이들에게 확대된 경제, 사회적 영역을 제공할 수 있도록 한다. 넷째, 유럽공동체 외 회원국의 역사, 문화, 경제, 사회적 측면에 관한 젊은이들의 지식을 향상시킨다.

에라스무스 프로그램은 1976년 입안되었으나 여러 난관을 거친 후 1987년 7월부터 실시되었다.[17] 1987년 당시 유럽공동체 회원국에는 3500개 대학에서 6백만 명의 대학생들이 수학하고 있었다. 당시 집행위원장인 들로르의 주장대로 이 프로그램을 통해 유럽의 젊은이들이 그들이 젊었을 때 서로를 이해하고 알아가야 한다는 데 의의를 둔 것이다. 왜냐하면 노동시장에서 서로 경쟁하고 서로를 소외시키려 드는 장년의 나이에 접촉하게 되는 경우 유럽인 공동의 의식을 가지기 어렵기 때문이다.[18] 에라스무스 프로그램은 1993년 소크라테스 프로그램으로 통합되기까지 이어졌는데, 1992년에는 20만 명의 학생이 이 프로그램에 참여했다. 학생들의 이동률은 유럽 내부의 국경선과 여러 종류의 행정적인 장애가 철폐되고 제거됨에 따라 눈에 띄게 증가했다.[19] 학생들은 다른 유럽 국가들에서 교육적·언어적·문화적 학습의 경험을 통해 장래에 보다 높은 자질을 갖추고 열린 사고와 국제적인 경험을 가진 전문가로 성장할 수 있었는데, 이는 달리 말해 확대되는 유럽연합 노동

시장의 요건을 충족시키는 것이었다.[20]

에라스무스 프로그램의 시작은 유럽연합의 교육정책으로 유럽인의 생활을 변화시키는 가시적인 성과를 가져왔다고 할 수 있다. 에라스무스 프로그램은 유럽에서 교육이 국가 간 협력의 단계를 넘어 교육 기관들의 연합으로까지 전환될 수 있는 기초를 제공하였으며, 단순히 성공적인 프로그램이라는 의미를 넘어 유럽의 엘리트들에게 유럽 통합과정에서 교육이 중요하다는 점을 새삼 일깨워주는 의의를 지닌다.[21] 집행위원회는 이 프로그램 참가자들이 유럽공동체의 언어와 문화의 다양성을 경험하고 유럽공동체의 존재 의의와 목표를 배우며 무엇보다 유럽인으로서의 정체성을 깨닫게 되었다고 평가한다. 또한 이 프로그램이 '시민의 유럽'을 위한 도정에서 매우 적합한 수단이자 차후 유럽에서의 교육 내용과 방법을 점차적으로 단일화시키는 수단이며, 공동체의 협력을 위해 새로운 장을 열었다고 평가한다.

(3) 소크라테스와 레오나르도 다빈치 프로그램

1993년 유럽연합 출범 이후 기존의 교육정책은 여러 단계에 걸쳐 변화를 겪게 된다. 이는 점점 체계적이고 통합적인 유럽연합 차원의 정책들이 만들어지고 있음을 의미한다. 첫 번째 시도가 2006까지 진행되었던 소크라테스 프로그램과 레오나르도 다빈치 프로그램이다. 소크라테스 프로그램은 두 단계에 걸쳐 진행되었는데 제1단계가 1995년부터 1999년까지, 제2단계가 2000년부터 2006년까지였다. 이는 과거 에라스무스 프로그램과 함께 링구아 프로그램, 코메니우스(COMENIUS) 프로그램, 그룬트비히(GRUNDTVIG) 프로그램, 미네르바(MINERVA) 프로그램으로 구성되었다.[22] 코메니우스 프로그램은 학교 교육의 유럽 차원을 증진시키기 위한 것으로서 유럽 내 초국가적 교류를 지원하는 프로그램이다. 이는 교사들의 자질을 높이고 학생과 교사의 외국어 학습과 이문화 이해를 진작시키려는 목적을 지닌다. 그룬트비히 프로그램은 성인들에 대한 교육을 평생교육 형태로 진흥시키기 위한 프로그램이다. 정규 교육을 포기한 사람들에게도 계속 교육을 받을 수 있는 기회를 제공하는 유럽적 차원의 프로그램이라 할 수 있다. 미네르바 프로그램은 개방 교육, 원거리 교육 그리고 정부통신 교육이란 개념들을 포괄하는 유럽적 차원의 교육프로그램이다. 이렇게 소크라테스 프로그램 안에 포괄되어 있는 각각의 실행프로그램들은 실제에 있어서는 거의 독립적으로 시행되고 있으나 통합적 운영을 유럽연합이 하고 있다는 면에서 체계성을 잡아가고 있었다.

레오나르도 다빈치 프로그램 역시 마스트리히트조약 이후의 직업교육·훈련에 관한 실질적인 변화를 반영한 것으로 지금까지의 모든 프로그램을 통합하면서 그 체계를 갖추었다. 에라스무스 프로그램과 링구아 프로그램의 일부가 소크라테스 프로그램으로 통합되었듯이, 링구아 프로그램 중 직업교육·훈련과 관련된 부분과 코메트 프로그램, 유로테크네 프로그램, 포스 프로그램, 페트라 프로그램이 합쳐져 레오나르도 다빈치 프로그램으로 통합되었다. 이렇게 통합된 이유는 유럽차원에서 직업교육·훈련 정책의 협력을 강화하고 지식과 기술, 그리고 숙련도를 향상함으로써 고용 증대를 위한 것이었는데, 그를 위해 회원 각국을 연계한 행정 시스템의 보다 통합적인 체계가 필요했다. 이 프로그램 역시 소크라테스 프로그램처럼 1995년부터 1999년까지 제1단계, 그리고 2000년부터 2006년까지가 제2단계로 시행된다. 특히 제2단계 레오나르도 다빈치 프로그램은 직업적 통합촉진과 고용 가능성 향상, 기술과 조직 변화의 촉진을 통한 적응력 향상, 그리고 고용능력의 측면에서의 경쟁력 및 기업능력 향상을 목표로 하고 있으며, 세부목표로 시민

[그림 21] 에라스무스 프로그램과 레오나르도 다 빈치 프로그램[23]

들, 특히 직업교육 초기단계에서 청소년의 기술과 숙련도 향상, 양질의 지속적인 직업교육에 대한 접근성 향상, 그리고 직업교육을 통한 기술혁신에의 기여 등을 추구하였다.[24]

2. 평생학습 프로그램

유럽연합의 평생학습프로그램[25]은 시민들이 생활의 모든 영역에서 배움에 대한 자극을 경험하도록 하고 유럽 전체 차원에서 교육과 직업훈련의 발전에 기여할 수 있도록 하기 위해 기획되었다. 유럽연합은 교육정책에 있어 유럽차원의 두 축을 형성하고 있던 소크라테스 프로그램과 레오나르도 다빈치 프로그램에 대한 집행위원회의 중간평가를 기초로 그 동안 개별적으로 발전해 온 두 프로그램을 평생학습프로그램으로 묶어 다시 하나로 통합시킨다. 이에 따라 2007년을 기점으로 기존에 당면한 필요에 대응하는 형태로 발전해 온 각각의 개별적인 프로그램들은 보다 통합적으로 운영했다.[26] 2007년부터 2013년까지 7000만 유로의 예산을 가지고 교류, 학생 방문, 네트워크 활성화를 포함한 전 방위적인 활동 등의 실행에 재정적 지원을 했다. 이 프로젝트들은 개개인의 학습자들뿐만 아니라 교사, 강사, 관련 종사자 모두에게 혜택을 주고자 한 것이다.

(1) 프로그램의 목적과 의의

2000년 3월 리스본에서 열린 유럽이사회는 유럽연합의 정책과 활동에 중요한 전환점을 제시했다. 결론부터 말하자면 유럽이 지식기반사회로 진입하는 시기를 맞아 문화적·경제적·사회적 삶을 위한 전반적인 변화에 대응하고자 하는 것이다. 이는 학습, 생활, 직업의 패턴에 대한 변화를 인식하였기 때문이다. 오늘날 유럽은 산업혁명에 비견할 만한 커다란 변화를 겪고 있다. 디지털 기술은 사람들의 일상의 모든 부분을 변화시키고 있다. 게다가 생명과학 역시도 생활 그 자체를 변화시킨다. 국제적 차원에서의 무역이나 혹은 여행 등 다양한 의사소통은 사람들의 문화적 지평을 확장시키고 있으며 서로 간의 경제적 경쟁 방식에도 변화를 가지고 왔다. 현대의 삶은 개개인에게는 더 큰 기회와 선택들을 가져다주고 있지만 동시에 더 큰 위험과 불확실함도 가져다주었다. 사람들은 다양한 라이프 스타일을 선택할 자유를 가지고 있지만 자신의 삶에 대한 책임감은 더욱 가중되고 있다. 많은 사람들은 교육 내지는 직업훈련에 더 많은 시간을 할애하고 있다. 그러나 그렇지 못한 사람들 사이에 격차는 점점 벌어지고 있으며, 이는 노동시장에서 커다란 불균형을 초래하고 있는 것도 사실이다. 또한 유럽의 인구는 계속해서 급격히 고령화되고 있다. 이것은 노동, 건강, 교육서비스 등 다양한 사회의 수요 패턴을 변화시킨다.

중요한 점은 이것이 단순히 개인이 이러한 변화에 적응해야 하는 차원의 문제가 아니라, 사회 전반에 걸쳐 여기에 대해 방향성을 가진 준비가 필요하다는 것이다. 따라서 유럽이사회는 평생학습으로의 이동이 지식기반 경제사회가 성공적으로 이행되는 데 있어 불가피하다고 보았다. 유럽의 교육과 직업훈련 시스템은 다가오는 변화에 대응하기 위한 핵심이 된다. 다시 말해 평생학습은 더 이상 일정 시기의 교육과 직업훈련이라는 관점에만 국한되지 않는다는 것이다. 유년기부터 대학까지 배운 지식과 기술은 평생 지속될 수 없다. 평생학습은 문자 그대로 '요람에서 무덤까지'를 칭한다. 다시 말해 평생학습은 학습할 수 있는 환경을 지속적으로 유지시켜주기 위한 하나의 원칙이라 할 수 있다. 어린 시절부터의 양질의 교육은 기본이고 지식기반 경제사회에서 요청되는 새로운 기술을 습득해야 하는 현대인 누구에게나 교육이 제공되어야 한다. 따라서 여기에는 공식적(formal), 비공식적(non-formal), 비형식적(informal)인 형태의 학습이 모두 포함된다.[27] 유럽에 사는 사람은 예외 없이 사회적·경제적 변화에 적응할 수 있는 평등한 기회를 가져야 한다는 점을 기조로 하고 있으며, 이는 궁극적으로 유럽의 미래를 건설하는 데 적극적으로 동참해야 한다는 의도를 투영하는 것으로 보아야 한다.

사람들은 지식사회에서 모두가 주체자가 되어야 한다. 끊임없이 변화하는 환경 속에서도 지식을 효과적으로 창조하고 사용하는 것이 인간의 능력이다. 이 능력을 완전히 발전시키기 위해서 사람들은 그들의 삶을 스스로 원하고 만들어갈 필요가 있는데, 이는 곧 적극적인 시민이 되어야 한다는 말이다. 삶 전체를 통한 끊임없는 교육과 훈련은 변화의 도전을 맞는 가장 좋은 방법이다. 유럽연합은 평생학습프로그램에서 다음과 같은 측면을 특히 강조하고 있다.[28] 첫째, 평생학습에 대한 정당화가 고용가능성을 높인다는 경제적인 측면만을 포함해서는 안 된다는 것이다. 둘째, 적극적인 시민의식을 촉진하기 위한 도구로서 평생학습의 중요성을 인식해야 한다. 셋째, 특정집단의 사회적 배제나 주변화를 막고 개인들의 학습과 관련된 열망들을 충족시키는 중요한 역할을 수행한다.

1990년대 초반까지 유럽의 회원국들은 평생학습 정책을 집행함에 있어 주로 경제적 측면에서 경쟁력 확보에만 강조점을 두었다. 그러나 1990년대 중반부터 유럽공동체가 유럽연합으로 바뀐 후 기존의 평생학습 정책이 새로운 사회통합 정책의 일환으로 주목받게 되었다.[29] 이러한 맥락이 유럽연합이 제시한 평생학습프로그램의 네 가지 목적에 잘 담겨있다.[30] 즉 첫째는 모든 사람에게 평생 동안 동등하게 학습에 접근할 수 있는 기회를 제공하기 위한 '포용적 사회'를 건설하기 위해서이다. 이와 더불어 둘째는 교육과 직업훈련이 제공되는 적합한 방법을 조정하기 위해서이며, 셋째는 교육과 자격 수준의 질적인 향상을 이루기 위해서이다. 마지막으로는 시민들이 유럽을 포함한 공동체의 사회적·정치적 생활에 보다 적극적으로 참여할 수 있도록 장려하기 위해서이다.

Education and Culture DG

Lifelong Learning Programme

[그림 22] 유럽연합의 평생학습프로그램[31]

(2) 프로그램의 주요 내용

유럽연합은 평생학습프로그램을 추진함에 있어서 기본원칙이 되는 6가지의 의제를 설정하였다.[32] 첫 번째 의제는 모든 시민들을 위한 새로운 기초기술이다. 이것은 21세기 유럽에 있어서 적극적인 시민권과 고용 능력을 위한 근간이 된다. 경제적·사회적 변화는 모든 사람이 최소한 갖추어야 할 기본 기술을 수정시키고 업그레이드 시키고 있다. 따라서 직장과 가정은 물론 모든 공동체 생활에 적극적인 참여를 할 수 있도록 최소한의 기초 지식을 가져야 한다는 것이다. 두 번째 의제는 인적 자원에 대한 투자 확대로서 리스본에서 열린 유럽이사회의 결론은 인적 자원에 대해 매년 더 많은 투자를 해야 한다는 것이었다. 세 번째 의제는 교육과 학습에 있어서의 혁신이다. 시민들의 다양한 욕구를 맞추기 위해 수용자 중심의 방식을 채택하여 교육기관들과 밀접한 협력 관계를 유지하고자 한다. 네 번째 의제는 학습의 가치를 제고하는 것이다. 즉 학습 참여부터 결과까지의 과정이 분명히 이해되어지고 만족할 수 있는 수준으로 향상될 수 있도록 유도하는 것이다. 여기에는 학습에 대한 평가 방식을 개선하는 것도 포함되며, 특히 비공식 기관에서의 교육과 비형식적 학습도 인정하고 있음을 강조한다. 다섯 번째 의제는 지도와 상담의 개혁이다. 공동체 내에서 그들의 일상적 삶을 통해 각자가 필요로 하는 학습기회와 관련된 양질의 정보와 조언을 쉽게 얻을 수 있도록 배려하는 것을 뜻한다. 여섯 번째 의제는 학습과 가정 사이의 접근성 강화이다. 교육과 직업훈련을 학습자들에게 더 가까이 가져가기 위한 지역사회 차원의 노력을 의미하는 것이다.

이러한 원칙을 바탕으로 실행되고 있는 평생학습프로그램의 구체적인 내용을 살펴보도록 하겠다.[33] 우선 평생학습프로그램은 대상에 따라 네 가지 주요 프로그램으로 나누어진다. 그리고 이 외에 횡적연계 프로그램(Transversal Programme)과 장 모네 프로그램(Jean Monet Programme)으로 구성되어 있다.

- 초중등교육(school education)을 위한 코메니우스
- 고등교육(higher education)을 위한 에라스무스
- 직업훈련(vocational training)을 위한 레오나르도 다 빈치
- 성인교육(adult education)을 위한 그룬트비히

위에서 제시한 네 가지 주요 프로그램에 대해 보다 상세하게 알아보자. 첫째, 고등교육을 위한 에라스무스 프로그램이다. 이는 유럽연합의 교육 교류 프로그램으로서 매년 20만 명의 학생들이 다른 나라에서 공부하고 취업할 수 있도록 유럽 전역에서 시행되고 있다. 이 프로그램은 학생들뿐만 아니라 교수, 교직원까지도 유럽의 다른 나라에서 경험할 수 있는 기회를 제공한다. 특기할 점은 많은 고용주들은 학생들이 이러한 경험 기간을 거쳤다는 것에 대해 높은 점수를 부여한다는 사실이다. 이는 곧 학생들의 취업에도 상당히 긍정적인 영향을 미치는 것이다. 교직원들의 교류도 마찬가지로 효과를 발휘하고 있다. 또한 참여하는 인력뿐만 아니라 참여자들을 받아들이는 기관들 역시도 좋은 기회를 얻을 수 있다는 장점이 있다. 따라서 다수의 유럽 대학들이 에라스무스 프로그램에 참여하고 있다. 1987년도부터 시작된 에라스무스 프로그램은 이미 220만 명 이상의 학생들이 참여하였고, 250만 명의 교수와 교직원들이 1997년 이래로 참여하였다. 에라스무스 프로그램은 유럽고등교육지역(European Higher Education Area)의 발전에 커다란 도움을 주고 있으며, 유럽 전반에 걸친 혁신을 추진하는 데 발판으로서 역할하고 있다. 교류 활동은 유럽의 고등교육 기관과 시스템의 현대화를 이끌어 가고 있으며, 특별히 볼로냐 프로세스의 제도적 정착에 영감을 제공하였다. 이 프로그램을 위한 연간 예산은 4억 5천만 유로이다. 33개국 4000개 이상의 고등교육기관이 참여하고 있으며, 더 많은 숫자들이 참여를 위해 준비하고 있다. 2012년까지 총 300만 명의 참여 학생들을 목표로 하고 확대 추진될 예정이다.

둘째, 레오나르도 다 빈치 프로그램은 직업교육과 훈련 영역에 관한 실습 프로그램을 지원한다. 사람들을 다른 나라에서 훈련받을 수 있게 하면서 협

력 프로젝트를 통해 서로 간에 혁신적인 기술들을 교환·발전시키고 네트워크화 시키는 활동들에 역점을 둔다. 직업훈련에 참여하고 있는 사람과 이미 이수한 사람들, 전문가들 누구에게나 혜택을 줄 수 있도록 하고 있다. 유럽 전역의 파트너들과 함께 최고의 기술을 교환하고 직원들의 숙련도를 높이는 것, 젊은이들에게 더 매력적인 교육 교류 환경을 제공하고 새로운 기술과 지식과 자격증들을 습득할 수 있도록 도움을 주는 것 등을 목표로 삼고 있으며, 궁극적으로는 유럽의 노동시장의 전반적인 경쟁력을 높이는 것을 목적으로 한다. 그리고 혁신 프로젝트 또한 이 프로그램의 중요한 부분으로, 혁신적 정책 및 코스들과, 교수법과 교재의 발전과 상호 교환 등을 통해서 훈련 시스템의 질을 향상시키고자 한다.

셋째, 코메니우스 프로그램은 유치원에서부터 초·중·고생의 교육에 역점을 둔 프로그램이다. 이 프로그램에는 학교 교육과 관련된 모두가 참여할 수 있다. 예를 들면 학생들과 교사들, 지역 관공서, 학부모 대표, 관련 비영리 단체, 교사 양성 기관 등이다. 이것은 청소년들과 교사, 교직원들이 유럽의 문화들과 언어들, 다양한 가치들에 대해서 더 많이 이해할 수 있도록 도움을 주고자 하는 것이 첫 번째 의도이다. 또한 청소년들이 기본적인 삶의 기술과 개인의 발전에 필요한 능력을 얻을 수 있도록 해준다. 더불어 장래 고용 가능성을 높여주고 적극적인 시민으로서 성장할 수 있도록 도움을 주고자 하는 의도로 실행되고 있다. 이 프로그램은 학교 정책의 최근 논의들과 발전 방안들에 긴밀히 관련된 이슈들을 담고 있다. 가령 배움에 대한 동기, 학습 방법에 대한 기술, 핵심 능력, 디지털 교육 내용과 포용적 교육(inclusive education) 등을 말한다. 다섯 가지 목적이 제시되고 있는데 다음과 같다. 첫째, 학생들과 교사, 교직원의 유럽연합 내 교류 증진, 둘째, 유럽연합 회원국 학교 사이의 파트너십을 구축시켜서 2010년까지 적어도 300만 명의 학생들을 교육협력 활동에 참여시키는 것, 셋째, 외국어의 학습을 장려하고 혁신적인 정보통신기술 기반의 콘텐츠와 서비스 그리고 교수법을 발전시키는 것, 넷째, 유럽 차원에서의 교사 양성과 그들의 질적인 향상, 다섯째, 교육학적 접근법과 학교 경영을 질적으로 향상시키는 것이다.

마지막으로 그룬트비히 프로그램은 성인을 위한 교육 지원 프로그램이다. 더 많은 사람들이 유럽의 다른 나라에서 배움의 기회를 얻을 수 있도록 하기 위해서 실행되고 있다. 2000년도부터 시작된 이 프로그램은 성인들이 그들의 지식과 기술을 향상시키는 데 더 많은 혜택을 제공받고 그들 개인의 발전과 고용가능성을 높이는 데 기여한다. 또한 유럽의 고령화 인구와 관련하여 당면하고 있는 여러 문제들을 해결하는 데 도움을 줄 수 있는 방법을 모색하고 있다. 이는 교사나 강사, 교직원, 성인 학습자 모두가 함께 참여하는 프로그램으로 관련 협회나 상담 기관, 정보 서비스나 정책 입안자들, 비영리단체, 자원봉사 단체, 연구소 모두를 포함하고 있다. 프로그램의 재정적 지원은 성인 교육을 담당하는 직원들이 교류를 통해 전문 인력들과 경험을 공유하고 관련 조직과 네트워크를 형성하는 프로젝트를 대상으로 한다. 프로그램의 목적으로는 2013년까지 2만 5천 명으로 참가자들을 늘리고, 교류할 수 있는 환경을 증대시켜서 그 중에서 7천 명의 인원은 다른 나라에서 프로그램의 혜택을 입을 수 있도록 고무하는 것이다. 그리고 성인 교육 기관들 간의 협력을 도모하고 혁신적인 성인 교육과 경영 시스템을 발전시키고자 한다. 특히 사회에서 소외된 사람들이 성인 교육에 접근할 수 있는데 강조를 두고 있는데, 예컨대 노인들이나 기본적 교육을 받지 못했던 사람들이 프로그램에 참여할 수 있도록 보장해 주고 있다. 정보통신기술에 기반한 교육콘텐츠와 서비스도 지원하고 있다.

위의 네 가지 주요 프로그램과 더불어 횡적연계 프로그램과 장 모네 프로그램도 평생학습프로그램에 포함된다. 횡적연계 프로그램에는 언어학습, 정보·통신기술, 정책협력, 프로젝트 성과물에 대한 보급과 활용 등이 포함된다. 장 모네 프로그램은 세계 도처의 고등교육기관에서 유럽통합에 대한 연구와 교육을 촉진시키는 목적을 가지고 있다. 장 모네 프로그램은 1989년에 시작되어 세 가지 활동 영역에서 재정적 지원을 하고 있다. 첫째는 장 모네 활동이다. 이는 대학 수준에서의 유럽연합에 대한 연구와 교육에 대한 지원을 말한다. 둘째는 6개의 특별 학문 연구 기관들[34]에 대한 지원이다. 셋째는 범 유럽적 협회들을 지원하는 것으로 유럽연합 회원국에 걸쳐있는 교육과 직업훈련에 관련된 협회들을 말한다. 장 모네 프로그램은 유럽통합의 정치적 이슈들과 함께 유럽연합의 시민과 문화 간 대화를 주제로 고등교육 기관들과 논의하고자 한다. 이와 관련해 유럽연합 교육·문화 총국은 세 가지 형태의 회의를 진행하고 있다. 장 모네 컨퍼런스, 장 모네 주제별 분과, 문화 간 대화를 위한 장 모네 정책이 여기에 해당한다.

우리는 2007년 이후부터 유럽연합의 교육정책이 하나의 통합프로그램으로 운영되고 있음을 논의해 보았다. 그러나 통합프로그램의 도입으로 유럽연합이 역내 교육 전반에 걸쳐 깊숙이 간섭할 수 있게 된 것은 아니다. 교육 분야는 여전히 보충성의 원칙이 강하게 적용되어 각 프로그램을 실질적으로 집행하는 것은 회원국 국내의 담당부서이다. 즉 소크라테스 프로그램이 실행될 때에도 각 회원국의 소크라테스 담당부서가 실제적으로 프로그램을 운영하고, 유럽연합 집행위원회는 큰 지침만 제공할 뿐이다. 평생학습프로그램이라는 통합프로그램에서도 마찬가지로 각국 교육부의 역할을 유럽연합이 대신하지는 못한다. 그럼에도 불구하고 지난날 산발적으로 운영되던 유럽연합의 교육관련 프로그램들이 통합되어 유럽연합 교육정책의 전 영역에 걸쳐 일관성 있게 체계적으로 제공되고 있으며 유럽연합 내 각국의 교육정책에도 직간접적인 영향력을 행사하고 있다는 사실은 주목해볼 만한 변화이다.[35]

〈표 4〉 유럽연합의 주요 직업훈련과 교육교류정책 프로그램

<table>
<tr><th>1987~1994</th><th>1995~2006</th><th>2007~2013</th></tr>
<tr><td>코메트(1987~)</td><td rowspan="5">레오나르도 다빈치</td><td rowspan="6">평생학습프로그램</td></tr>
<tr><td>페트라(1988~)</td></tr>
<tr><td>포스(1991~)</td></tr>
<tr><td>유로테크네(1990~)</td></tr>
<tr><td>링구아(1990~)</td></tr>
<tr><td>에라스무스(1987~)</td><td>소크라테스</td></tr>
</table>

3. 교육정책의 혁신 전략

지금까지 살펴본 것은 유럽연합이 유럽차원에서 교육정책에 관여하게 된 배경과 역사, 그리고 구체적인 내용들이었다. 그런데 교육정책이 계속 확장과 통합을 거듭하면서도 정책의 주안점이 여전히 교수·학생들의 이동성 촉진에 있으며, 유럽 차원에서 공통된 고등교육 체제를 구축하려는 시도로까지는 발전하지 못했던 한계가 지적될 수 있다. 이는 보충성의 원칙과 회원국의 주권 존중을 강조하는 마스트리히트조약의 기본 정신에 따라 교육 분야의 경우 적극적 개입을 가급적 제한하려는 유럽연합의 경향 때문이라고 볼 수 있다. 이러한 상황에 결정적인 변화를 초래한 것은 고등교육도 '이익창출을 위한 하나의 산업'이라는 시각의 등장과 이에 따라 이 영역에서 미국에 대한 주도권을 확보하기 위한 유럽차원의 문제제기 때문이라 볼 수 있다.[36] 시장이라는 관점에서 볼 때 유럽의 대학들은 잠재적 경쟁대상자인 미국과 대비한 유럽고등교육의 상대적 경쟁력을 강화해야 할 필요성을 절실히 느끼게 되었다.

이에 따라 단순히 역내 국가 간 교수, 학생의 이동에 치우치던 유럽 고등교육협력의 패러다임을 한 차원 확장하여 유럽대학들의 교육과정과 학사구조 자체를 세계적인 학위구조 변화 추세에 맞추어 통일적으로 개편함으로써 고등교육 전반의 경쟁력을 제고하자는 식으로 논의가 발전하게 된다. 이러한 움직임을 가시화한 중대한 전환점이 바로 볼로냐 프로세스와 리스본 전략이었다. 볼로냐 프로세스는 유럽 내 대학들의 개혁운동으로 1999년 볼로냐에서 열린 유럽고등교육 담당 장관 회담이 개혁의 공식적인 시작이다. 한편, 볼로냐 프로세스와 맞물려 동 시기에 선언된 유럽연합 차원의 교육정책의 전략적 구상이 바로 리스본 전략이다.

리스본 전략의 채택 의미는 고등교육을 경제성장과 고용창출의 기반으로 선언한 것이고 이와 맞물려 종래 개별 참여국 중심으로 추진되던 볼로냐 프로세스도 유럽연합 차원의 초국가적 아젠다로 격상되었다는 점은 주목할 만하다.[37] 크게 보았을 때 유럽은 고등교육개혁을 두 가지 흐름에서 접근하고 있다. 경제적 성장과 고용의 창출을 위해 대학 연구력의 혁신을 강조한

리스본 전략과 유럽 내 고등교육 제도 간 융통성 확대와 구조개혁 촉진을 위한 볼로냐 프로세스가 바로 그것이라 하겠다. 유럽집행위원회의 관점에서는 위의 두 가지가 온전히 이행될 때 유럽의 고등교육시장이 미국과 견줄 수 있는 경쟁력을 가질 수 있다고 판단하여 교육정책의 핵심전략으로 삼은 것이다.

유럽연합은 리스본 전략 완성으로 건설될 유럽연구지역(European Research Area)과 볼로냐 프로세스의 완성으로 건설될 유럽고등교육지역(European Higher Education Area)을 연계할 것임을 공언하면서 추진해왔다. 2010년까지 10년 간 리스본 전략과 볼로냐 프로세스는 소기의 목적들을 어느 정도 달성하였다. 그리고 현재 다시 한 단계 발전된 전략과 구상을 실현시키기 위해 후속 프로그램을 시도하고 있다. 우선 볼로냐 프로세스는 기존의 많은 성과들을 계승하여 다시 2009년부터 2012년까지 보완할 사항들에 대한 정책들이 발표되어 실행중이다. 리스본 전략 역시 '유럽 2020' 전략으로 계승 발전되어 2020년까지 10년 동안의 진행 과정에 있다. 그러면 볼로냐 프로세스와 리스본 전략에 대해 각각 구체적으로 살펴보자.

(1) 볼로냐 프로세스

볼로냐 프로세스는 1999년 '볼로냐 선언'에서 비롯되었다. 유럽 차원에서 실행된 자발적인 대학교육개혁운동의 일환이었다. 실질적인 시작은 1998년 5월 파리에서 이루어졌다. 소르본대학 개교기념식에 참석한 독일, 영국, 프랑스, 이탈리아 고등교육담당 장관들이 세계무대에서 유럽 대학들의 경쟁력 강화를 위해 유럽 대학들이 긴밀하게 협력해야 한다는 데 의견을 모으고 '소르본 선언'을 발표했다. 주요 내용은 유럽 대학 사이에 협력이 용이하도록 유럽차원의 학제를 도입하기로 합의한다는 것이다. 그 이전까지는 유럽 대학의 수업 연한이나 학위명이 나라마다 달랐기 때문에 각국 학위과정의 수준을 비교하기 힘들었다. 따라서 유럽의 협동적인 고등교육 시스템을 만들어 유럽시민들이 보다 편리하게 이동할 수 있고 동시에 고용 증대를 위한 다양한 경험들을 제공받을 수 있게 해야 한다는 것이다. 즉 문화 간 대화의 아젠다가 매우 적극적인 형태로 시도되었다고 볼 수 있다. 이후 소르본 정신에 공감하는 유럽 각국이 동참의사를 표시했고, 이듬해인 1999년 이탈리아 볼로냐에서 동참의사를 표시한 유럽 29개국 고등교육담당 장관들이 모여 2010까지 통일된 유럽식 대학제도를 도입하고 유럽 대학 개혁을 완성한다는 볼로냐 선언을 발표한 것이다.[38]

볼로냐 선언문을 통해 볼로냐 프로세스의 취지와 내용을 살펴보자.[39] 1990년대 들어서면서 유럽시민을 중심으로 한 유럽연합 실현이 구체화되기 시작했다는 사실은 주지하는 바이다. 이는 다시 말해 유럽통합의 외연적 확대과정이 통합의 심화와 병행되어야 한다는 각성에서 비롯된 것이라 할 수 있다. 볼로냐 선언을 통해 유럽은 정치적으로 상당 부분 협조체제를 이루어 놓은 상황에서 교육에 있어서도 상호 교류를 계속 진행하면서 보다 경쟁력 있는 유럽을 건설하기 위한 노력을 드러내었다. 유럽연합은 지적·문화적·사회적·과학기술적인 다차원적 각도에서 유럽의 강점들을 계속 살려내야 할 필요성을 역설하였다. '지식의 유럽(A Europe of Knowledge)'이라는 화두는 광범위하게 인식되어가고 있으며 사회와 인간의 성장을 위한 주요한 요소인 동시에 새로운 세기에 유럽과 유럽시민들의 경쟁력 향상을 위한 원동력으로 분명히 그 중요성이 강조되고 있다고 보았다. 이러한 맥락에서 교육의 중요성과 유럽적 차원의 교육협력이 안정적이고 평화로우며 민주적인 유럽사회를 위해 없어서는 안 될 요소가 되었다.

[그림 23] 볼로냐 프로세스와 유럽고등교육지역[40]

볼로냐 선언에서는 대학을 비롯한 유럽의 고등교육기관들이 유럽 미래의 중요성을 다시 깨닫고 사회가 요청하는 역할을 위한 다짐과 구상을 했다. 구체적으로는 유럽 전체의 고등교육 시스템이 국제적 경쟁력 확보를 위해 세계에서 통용될 수 있는 학위제도를 공동으로 확보해 어느 회원국 시민들도 이에 대한 불편함이 없도록 만들어 가는 것이다. 곧 유럽뿐만 아니라 대외적으로도 서로 쉽게 알아볼 수 있고 비교될 수 있는 학위제도를 만들어 취득한 학위가 유럽의 어느 곳에 가든 취업을 위해 인정될 수 있어야 한다는 것이다. 물론 이는 기존의 개별 회원국들 마다 다른 학점 시스템의 조율과 합의를 우선 이끌어 내야 한다. 이런 이동성에 대한 장애들이 제거될 때 보다 효과적인 교류프로그램들이 활성화될 수 있다. 학생들에게는 관련 서비스가 다른 회원국에서의 학업에 대한 기회를 증대시키고 교사나 연구자 혹은 대학 직원들에게도 다양한 제도적 장애로 인한 교류의 어려움에 새로운 해결책들을 제시해 줄 수 있어야 한다고 본 것이다. 물론 학위제도의 협의와 함께 유럽전역에서 인정될 수 있는 양질의 고등교육이 동등하게 이루어질 수 있는 시스템도 갖추어 져야 할 것이다. 볼로냐 선언은 이와 같은 내용과 함께 개별 회원국의 고등교육기관들, 특히 대학이 앞장서서 이 구상의 실천과 성공을 위해 긍정적으로 신속하게 협조하기를 촉구했다.

볼로냐 프로세스를 통해 실현시키고자 하는 10가지 추진전략은 다음과 같다.[41]

- 학위의 상호 해독가능성과 비교 가능성 촉진
- 유럽 공동학위구조(학사/석사) 시행
- 유럽 학점교류제도 수립
- 학생, 교수, 연구자의 이동성 지원
- 질 보장을 위한 유럽 국가 간 협력 촉진
- 고등교육에 있어서 유럽 영역(European dimension) 활성화
- 평생학습
- 고등교육기관들과 학생들의 참여 활성화
- 유럽고등교육지역의 매력 제고

- 유럽 공동 학위구조에 박사과정 추가, 유럽고등교육지역과 유럽연구지역 간의 시너지 창출

이를 위해서는 일시적이 아닌 장기적인 계획 하에 계속적인 지지와 지원, 점검과 의견의 교환을 이어나가는 작업이 요구되었다. 따라서 2년 마다 달성한 내용들을 교육부 장관을 중심한 회의를 통해 논의하고, 다음 2년의 계획 수립을 목표로 하는 식으로 진행이 계획되었다. 이것이 볼로냐 선언 이후 10년간의 볼로냐 프로세스의 실질적인 내용이다.

한 가지 주목해 볼 사실은 볼로냐 프로세스가 유럽연합의 틀 밖에서 시작된 교육개혁운동이었다는 사실이다. 개혁 초기에 유럽연합 집행위원회는 여기에 참가할 자격이 없었다. 소르본선언 당시에는 초국가기구가 참견하려는 것을 국가의 교육주권에 대한 위협으로 여기며 경계했기 때문이다. 그러나 볼로냐 프로세스에 개입하려는 유럽연합 집행위원회의 노력은 계속되었고, 결국 목표를 달성하게 된 것이다. 유럽연합 집행위원회는 볼로냐 개혁을 위한 다양한 정책안들을 제시하고 이 개혁과 연계된 기관이나 관련 학술대회, 세미나, 연구프로젝트 등에 적극적이고 지속적인 재정적 지원을 했다. 그 결과 2001년 고등교육 장관 회의에서 유럽연합 집행위원회는 '조언자' 자격을 얻으며 볼로냐 개혁에 공식적으로 합류하게 되었고, 마침내 2005년 베르겐 회의에서는 회원국들과 동등하게 투표권을 행사하는 정식 회원의 자격을 획득했다.[42]

현재 볼로냐 프로세스에는 47개국이 동참하고 있다. 유럽연합 집행위원회와 자문기관들인 유럽평의회, 유네스코-고등교육유럽센터, 유럽대학협회, 유럽학생연합, 유럽고등교육기관협회, 유럽고등교육자격인증협회, 국제교육연맹, 비즈니스유럽 등이 포함된다. 이들은 1999년 볼로냐 선언 이후 애초의 계획대로 2010년 유럽고등교육지역 구축 계획을 가지고 매 2년 마다 장관급 회의를 통해 진행상황과 새로운 단계로의 추진 전략을 위해 노력을 해왔다.[43] 그러나 10년간의 볼로냐 개혁이라는 과정을 거쳤지만 여전히 보완해야 할 과제는 많이 남아있다. 이에 2009년부터 2012년까지 '볼로냐 후속

사업 추진계획(Bologna Follow-up Group Work Plan)'이라는 새로운 계획이 발표되었다.[44] 2009년 루뱅에서 모인 유럽 각국의 장관들은 앞으로의 10년 동안 유럽 고등교육의 성장을 위해 다음과 같은 부분에 중점을 두겠다고 밝혔다.

- 사회적 차원(평등한 접근과 경쟁)
- 평생학습
- 고용자격 충족
- 고등교육에 있어 학생 중심의 교육
- 교육과 연구 및 혁신
- 국제적 개방성
- 이동성
- 정보 수집
- 투명성을 위한 다차원적인 도구
- 재정 마련

위와 같은 부분에 초점을 맞추어 볼로냐 개혁을 성공적으로 실행시키기 위해서 특별히 국가들, 또는 대학들 차원에서 보다 강화된 노력들이 요청되고 있다. 물론 이러한 노력들은 유럽 내 협동적 활동에 의해 지원될 수 있을 것이다. 유럽적 차원에서의 활동을 위임받은 볼로냐 후속사업팀이 실행하고 있는 주요 활동은 다음과 같다. 우선 평등한 접근과 경쟁이라는 사회적 차원과 이동성 두 가지 사항에 대해서 모니터링하면서 자료를 수집·분석하여 지표를 제시하는 것이다. 또 유럽고등교육지역 안에서 균형있는 이동성이 이루어질 수 있는 방법을 모색하고, 투명성을 위한 도구들의 발전을 모니터링해서 2012년 장관급 회의에 부쳐질 보고서를 작성하는 것이다. 더불어 유럽고등교육지역 외부에서 볼로냐 프로세스의 보다 나은 정보와 증진을 위한 네트워크를 구축하는 것과 국가적 차원에서의 활동 계획에 대한 분석을 권고하는 것 등이다.

(2) 리스본 전략

리스본 전략은 2010년까지 유럽을 세계에서 가장 경쟁력있고 역동적인 지식기반 경제체제로 만들기 위한 유럽개혁 프로젝트이다. 2000년 리스본에서 열린 유럽 정상회의에서 유럽 각국은 지식기반경제의 출현과 가속화되는 국제경쟁에 대응하여 경제성장을 위한 발전 계획과 실천들을 모색하였다. 그 결과 경제적 성장과 고용증대, 그리고 사회적 연대의 강화라는 핵심 사안에 대한 실천전략으로서 2010년까지 10년간의 장기적 계획이 마련된 것이다. 또한 유럽이사회는 경제체제의 혁신뿐만 아니라 2010년까지 세계 최고 수준의 교육체제를 갖추는 것이 필요하다는 인식하에 리스본 전략을 채택하였다는 점을 상기해야 한다.

교육과 훈련은 고용증대와 성장이라는 리스본 전략을 위해 매우 중요한 역할을 담당할 수 있다. 이러한 맥락에서 유럽연합은 향후 정책적 방향의 핵심 중 하나로서 교육과 연구의 중요성을 강조하고 '교육과 훈련 2010(Education and Training 2010)' 프로그램을 기획했다.[45] 물론 교육은 회원국 각각의 자치권 아래 있지만 유럽 차원에서는 다양한 교육 시스템과 해결책들이 거시적 차원에서의 조화로운 발전을 위해 상호 협조하며 공동의 교육시스템 개발을 병행한 유럽연구지역을 통해 보다 더 효율적인 열린 시스템 구축에 뜻을 같이 했다.

유럽연구지역[46]은 유럽의 모든 연구개발 활동과 프로그램 그리고 정책들을 초국적 관점에서 연결시키려는 의도로 구상되었다. 국경을 초월해 유럽의 연구자들과 연구기관들 그리고 비즈니스들이 연계하여 지식과 기술들이 탐구·개발되어 응용될 수 있도록 하자는 것이다. 국가 간 장애물들을 제거한 유럽연구지역의 발전은 유럽의 성장을 위해 불가피한 것으로서 궁극적으로는 유럽시민들이 지불해야하는 엄청난 비용을 절감시키는 효과를 기대할 수 있다. 연구자들은 그들의 이력뿐 아니라 여러 기회들을 국가적 장벽에 의해 박탈당했고 비즈니스 관련 종사자들도 연구소들의 국가 간 협력이 줄 수 있는 기회들을 제공받지 못했다. 게다가 재정적 지원이 지역 혹은 국가 단위에서 이루어지고 있었기에 그 열악했던 상황들을 부인할 수 없었으며 결과적으로 유럽 안에서의 보다 다양하고 큰 규모의 연구와 혁신들을 가져올 수 없었다. 이는 세계시장에서 유럽이 주도해 나갈 수도 있는 많은 분야를 놓친 결과를 낳았다. 이러한 이유로 인해 유럽연구지역의 발전은 유럽의 미래를 위해서 매우 시급하게 요청되고 있는 것이다. 연구와 기술의 글로벌라이제이션은 신기술 개발을 위한 막대한 투자를 요청하고 있으며, 이미 인도나 중국 같은 나라들은 새로운 경제대국으로의 진입과 함께 엄청난 투자를 기술개발에 하고 있는 실정이다. 유럽연합 역시 이러한 상황을 분명히 알고 빠르게 대체해 나가야 하며 유럽연구지역을 발전시켜 새로운 도전들에 신속히 대응해야 한다고 보고 있다.

유럽연합은 '교육과 훈련 2010'의 세 가지 핵심 구상을 발표하고 실행에 옮겨왔다. 첫째는 유럽연합 안에서의 교육과 직업훈련에 관한 동등하고 효과적인 발전을 꾀한다는 것이다. 둘째는 교육과 직업훈련 시스템이 모두에게 접근 가능하도록 하는 것이며, 셋째는 유럽 이외 지역에서도 교육과 직업훈련 시스템에 동참할 수 있는 열린 정책을 펴나간다는 것이다. 2003년 유럽연합의 각료이사회가 2010년까지 실천하기 위한 보다 구체적 수치를 제시하며 그 실현에 힘썼다.

다섯 가지로 나누어진 구체적 계획은 다음과 같다. 첫째, 학교 교과과정 이수에 탈락한 학생들이 전체 학생의 10%를 넘지 않도록 한다. 둘째, 수학·과학·기술 과목을 이수하는 학생들을 전체 학생의 15% 이상으로 만들며 이때 남녀 성별비율을 고르게 한다. 셋째, 전체 인구의 85% 이상이 22세까지 의무교육을 이수할 수 있도록 한다. 넷째, 문맹률을 최소화하기 위해 노력한다. 다섯째, 적어도 성인(25-64세)의 12.5%까지 성인교육 과정에 참여하도록 한다. 유럽연합은 이런 다섯 가지 구체적인 수치를 가지고 2010년까지 목표치를 달성하도록 회원국들을 독려했다.

이런 목표와 함께 현재 처해있는 유럽의 교육부문에 있어 취약한 부분들을 아래와 같이 제시하며 교육정책의 필요성과 중요성을 강조하고 있다.

- 교육에 대한 부족한 재정적 지원
- 경쟁력 있는 교사들의 부족
- 대학교육을 받은 시민들의 수가 미국이나 아시아 지역의 선진국들에 비해 상대적으로 적음
- 유럽 대학의 우수인재들이 해외로 빠져 나가는 수가 많음
- 수학·과학·기술 과목을 이수하는 학생 수가 적음
- 유럽시민의 20%가 기본적인 기술을 습득하지 못함
- 성인교육과정에 참여하는 시민들이 너무 적음

이와 같은 내용들이 주는 메시지는 유럽이 즉각적으로 교육에 대한 더 많은 투자와 더 효과적인 방법을 개발하고 대학교육과 직업교육 그리고 성인교육 세 가지를 서둘러 개발·발전시켜 나가야 한다는 것이다. 또한 개별 회원국들이 평생학습에 대한 명확한 정책을 펴야함을 시사하고 있다고 유럽연합은 밝히고 있다. 유럽연합은 미국이나 아시아의 선진국들에 비해 유럽의 교육적 환경과 수준이 상대적으로 뒤지고 있다고 판단하고 회원국들에게 심각한 권고를 하면서 왜 리스본 전략과 '교육과 훈련 2010' 전략이 필요한지를 설명하고 있다. 이는 국가 차원의 해결방안을 넘어 유럽연합의 회원국 모두가 공동으로 해결점을 찾기 위해 모색해야 함에 분명한 명분이 되었다.

유럽은 아직 지식 산업의 생산성이 낮을 뿐만 아니라 관련 정책들의 협력적 기능도 부족하다고 밝히면서, 유럽연합은 그에 대한 대책을 다음과 같이 제시했다. 첫째, 인적자원에 대한 더 많은 투자와 더 효과적인 투자 방법을 사용한다. 둘째, 회원국들의 교육과 교육시스템을 발전시킨다. 셋째, 2010년까지 시민들의 교육수준을 높이고 학교교육 과정의 탈락자들을 절반 수준으로 줄인다. 넷째, 모두에게 교육의 기회를 동등하게 제공하고 고용시장에서의 경쟁력 유지를 위해 성인들에게도 지속된 학습의 기회를 제공한다. 다섯째, 유럽연합 회원국들은 신속히 평생학습 전략에 대한 분명한 인지와 그에 따른 개발을 서로 협력하여 실행한다.

리스본 전략에 따른 교육과 훈련 부문에 대한 긴 피드백을 통해 2007년 초 유럽연합 이사회는 다시 16개의 핵심 지침을 구체적으로 선정하여 교육

차원의 틀을 새로이 제시한다.[47] 이 지침은 유럽연합과 회원국이 핵심 정책에 대한 내용을 다시 공유하고 유럽연합 차원과 회원국 차원의 진행 과정들을 서로 분석하며 좋은 성과들을 서로 활용할 수 있고자 함이다. 이 지침들은 유치원부터 성인교육까지 학습에 관한 전 영역을 아우를 수 있도록 짜여 있는데, 시기상으로 보면 2007년부터 시행되는 유럽연합의 교육정책 분야의 통합 프로그램인 평생학습프로그램과도 연관이 있다고 본다.

- 유치부 과정 참여
- 특수 교육 수요
- 학교 조기 중퇴자
- 읽기, 수학, 과학에 있어서의 능력
- 언어 기술
- 정보통신 기술
- 시민의 자질
- 학습 기술 습득
- 상급교육과정 이수 비율
- 교사와 트레이너의 전문성 향상
- 고등교육 졸업
- 고등교육의 국가 간 학생 이동
- 평생학습의 성인 참여
- 성인 기술
- 시민들의 교육 달성
- 교육과 훈련에의 투자

유럽연합은 최근 금융위기로 인해 유럽 내 실업률과 사회적 불평등을 다시금 악화시켰으며 유로존의 금융제도가 지닌 취약점들을 여실히 보여주었다. 유럽연합은 이런 현실적 결함들을 재확인하고 이미 제시되고 있던 유럽의 성장을 위한 밑그림들을 상세히 검토해야할 필요성을 확인했다. 2000년부터 2010년까지의 리스본 전략이 마무리되고, 새로이 10년간 진행되고 있는 '유럽 2020' 전략[48]은 그래서 그 귀추가 주목되고 있다. 유럽연합은 경제를 다시 회복시키기 위해 구조적 조정과 함께 일자리 창출, 금융안정, 경쟁력 증대와 같은 목표를 달성해 안정적이고 지속적이며 균형잡힌 성장을 유럽연합 내 모든 회원국들이 이룰 수 있도록 다각적으로 노력하고 있다. 이와 더불어 녹색경제와 지식기반 경제 그리고 강한 사회적 연대라는 중요한 사안에 대해서도 속도를 높이고자 한다.

고용과 성장을 위한 '유럽 2020' 전략은 이를 위해 현명하고 지속적이며 포용적인 경제를 추구한다. 이는 고용증대, 혁신과 교육에 대한 지원을 통해 더 많은 교류, 온난화와 같은 이슈는 물론 사회적 결속과 같은 광범위한 문제들까지 거시적으로 조망할 수 있는 전략을 말한다. 유럽연합은 유럽 사회모델이 더욱 강화되어야 한다고 주장한다. 특히 사회적 결속에 대한 필요는 더욱 강조되어 경제적 성장뿐만 아니라 사회적 진보를 위한 모든 도전들에 지혜롭게 대응해 나아가 유럽식 모델의 정신이 깃든 화합의 정책이 발현되어야 한다고 본다. 오늘날 글로벌라이제이션은 급속도로 힘의 균형을 변화시키고 있다. 유럽연합은 이런 변화에 대해 대외 정책을 통해 좀 더 세계의 조화로운 균형을 위한 목소리도 내고 있다.

교육은 인적자원에 대한 투자이자 현대화된 노동시장에서의 일자리 창출을 위한 근본적인 대책으로서 유럽의 사회·경제 모델의 발전 모습 중 하나이다. 혁신적 생각들의 교환은 끊임없이 이루어져야 하고 이에 대한 장애물들은 계속해서 제거되어야 한다. 이에는 행정적 간소화 역시 포함되며 유럽연합과 회원국들 모두에 해당된다. '교육과 훈련 2020'[49]은 '교육과 훈련 2010'을 계승한 유럽연합의 새로운 전략적 체계이다. 2020년까지 10년간 지속되는 이 프로그램은 지식기반 유럽을 건설하고 모두를 위한 평생학습이 제대로 실현될 수 있도록 한다는 비전을 그리고 있다.

프로그램의 내용을 보면 우선 개별 회원국들의 교육과 훈련 시스템 발전을 지원하는 것이다. 교육시스템은 모든 시민들의 잠재력을 실현시키는데 중요한 수단일 뿐만 아니라 지속적인 경제적 번영과 고용능력 증대를 보장해주는 매개 역할을 하기 때문이다. 이 프로그램은 평생학습의 차원에서 위와 같은 과제와 전망들을 조명하면서 사회 모든 계층과 상황들을 아우를 수 있도록 애쓰고자 한다. 이는 공식적인 제도적 교육시스템을 통해서뿐만 아니라 비공식적이고 비형식적인 학습까지도 모두 포함시킨다는 의미이다. '교육과 훈련 2020'의 네 가지 핵심 목표는 다음과 같다. 첫째, 평생학습과 관련 학습의 유럽 내 이동성을 현실화시킨다. 둘째, 교육과 훈련의 질과 효율성을 증대시킨다. 셋째, 평등과 사회적 유대를 증대시키고 적극적인 시민정신을 고취시킨다. 넷째, 모험적인 기업가 정신을 위한 창의성과 혁신을 발전시킨다.

4. 대외 교육협력 프로그램[50]

유럽연합은 교육과 직업훈련 활동에 있어 그 범위를 국제지역 수준으로 확장시켜 지원하고 있다. 이러한 활동들은 유럽연합이 실행하고 있는 국제정책에서 중요한 부분을 차지하고 있으며 점점 더 관심을 모으고 있다. 여기에 관해 유럽연합은 네 가지 목표를 제시하고 있다. 첫째, 유럽연합 회원국 이외 파트너 국가들의 현대화를 위한 노력에 지원하고자 한다. 둘째, 다른 국가 사람들과 문화를 더 가까이 이해하고 공통된 가치를 끌어내고자 한다. 셋째, 유럽연합을 최고의 교육 및 직업훈련 센터로 발전시키고자 한다. 넷째, 좋은 사례들을 상호 교환하는 것을 통해 비교하고 배움으로써 유럽연합 내의 인적자원과 서비스의 질을 향상시키고자 한다.

'문화 간 대화'라는 유럽연합의 아젠다는 '정책 대화'라는 방법론을 통해 보다 구체적으로 실현되고 있다고 하겠다. 국제협력 프로그램, 볼로냐 프로세스와 같은 유럽의 정책적 계획들이나 유럽연합이 제시하고 있는 '고등교육에 있어서 현대화의 아젠다'[51]는 이제 유럽의 차원을 넘어서려 하고 있다. 교사와 학생들의 이동이나 자격증의 상호 간 인정과 같은 문제는 유럽과 대외 파트너 국가들 사이에 긴밀하게 실행되고 있다. 유럽연합은 벤치마킹, 평생학습, 핵심 경쟁력과 같은 부분에 있어서도 대외 국가들과 서로 공유할 수 있음을 명시화하였다. 이러한 대외 파트너 국가들과의 '정책 대화'를 통해 유럽연합은 유럽이 지닌 교육과 직업훈련 면에서의 매력을 충분히 호응시킬 수 있는 것이다. 유럽연합은 이러한 정책적 방법론이 유럽연합 뿐만 아니라 파트너 국가 양자에게 좋은 경영과 노하우를 공유할 수 있도록 만든다고 보고 있다.

유럽연합은 지역 정책을 통해서도 교육과 직업훈련을 증대하기 위한 노력을 하고 있다. 이는 유럽연합의 시민들과 그들의 이웃들이 서로 연결되어 있음을 자각시키고 상호 이해를 늘리기 위한 방법으로 마련되었다. 이에 대한 최근의 예가 두 가지 있다. 하나는 동방 파트너십이고, 다른 하나는 지중해 연합이다. '교육', '직업훈련', '젊은이들', '문화' 라는 네 가지가 다른 나라와 지역의 사람들 사이에 긴밀한 연결을 만드는 데 중요한 키워드가 된다고 보고 있다. 유럽연합은 가입 후보국들과 미래의 가입국으로 예상되는 국가들과도 상호 교육과 직업훈련 프로그램을 통해 계속해서 유대관계를 쌓아가고 있다. 또한 아프리카와 아시아와도 교육과 학습 프로그램에서 상호 연결을 강화시키고 있다. 몇몇 개별국가들과는 협정을 체결하였는데, 이를 통해 보다 원활하게 교육교류 프로그램을 진행시키고 있다. 1995년부터는 미국과 캐나다, 2007년부터는 오스트레일리아와 중국, 2008년부터는 이스라엘과 인도, 2009년부터는 브라질과 멕시코 등의 나라가 유럽연합과 협정을 체결한 나라들이다.

유럽연합이 진행하고 있는 대외 교육협력 프로그램은 특별히 고등교육에 중점을 두고 있다. 그 이유는 사회적·문화적·경제적 발전에 있어서 고등교육은 핵심 역할을 할 뿐 아니라, 특히 현대 사회에서는 그 중요성이 강조되고 있기 때문이다. 유럽연합의 고등교육과 직업훈련에 관한 국제협력 프로그램은 크게 다음의 6가지로 나누어 살펴볼 수 있다.

- 템푸스(Tempus: modernizing higher education in EU neighbours)
- 에라스무스 문두스(Erasmus Mundus: scholarships and academic cooperation)
- 산업화된 국가와의 협력(Co-operation with industrialized countries)
- 장 모네(Jean Monet: understanding European integration)

- 알파(Alfa)
- 에듀링크(Edulink)

템푸스는 유럽연합이 이웃국가들의 고등교육 현대화를 지원함으로써 상호 협력 체제를 공고히 하기 위해 추진되고 있는 프로그램이다. 1990년부터 시행되었으며, 현재 서발칸 국가들, 동유럽, 중앙아시아, 북아프리카, 중동의 27개 국가들을 포함하고 있다. 유럽연합은 크게 두 가지 활동에 대해 재정적 지원을 한다. 첫 번째, 연합 프로젝트는 유럽연합과 파트너 국가의 고등교육 기관들 사이의 파트너십을 대상으로 한다. 파트너십은 컨소시엄을 구성하는데, 여기에는 고등교육 기관, 사업체, 관공서, NGO, 여타 고등교육에 관련된 활동 조직들이 참여할 수 있다. 이는 유럽연합과 파트너 국가들 양쪽 모두에 해당한다. 그들은 새로운 커리큘럼, 교수법과 도구들을 발전시키고 확산시킴으로써 고등교육 기관들의 효율적인 경영과 질적인 수준 향상을 장려하고 있다. 두 번째, 구조적인 정책은 파트너 국가들의 고등교육 기관과 시스템을 개혁시키고 발전시키는 것을 지원한다. 이러한 활동은 유럽연합의 발전에 발맞추어 이웃국가들이 균형있는 수준을 확보하도록 만들기 위한 것이다. 현재는 2008년부터 시작된 템푸스 IV가 진행 중에 있다. 매년 5000만 유로의 전체 예산을 확보하고, 개별 프로젝트들에 50만에서 150만 유로를 지원하고 있다.

에라스무스 문두스는 유럽연합과 그 외 모든 국가들이 대학 협력을 통해 고등교육의 질을 향상시키고자 하는 목적에서 시행되는 프로그램이다. 2004년부터 시작된 이 프로그램은 유럽연합 내에서 성공을 거둔 에라스무스 프로그램의 대외적 확장이라 볼 수 있다. 재정적 지원은 교육기관 혹은 개인에게 적용될 수 있는데, 유럽 협동 석사과정과 박사과정에 장학금 형태로 지급된다. 또한 유럽연합 이외 국가 고등교육 기관들과의 파트너십과 협동 프로젝트에도 지원된다.

유럽연합은 산업화된 국가들 특히 미국과 아시아-태평양 지역의 국가들과 협동연구 프로그램을 시작했는데, 이를 통해 학생들의 교류를 재정적으로 지원하고 있다. 이러한 협력은 양자 간의 고등교육과 직업훈련의 질을 높이고 상호 간 이해를 더욱 증진하는데 기여하는 것이다. 유럽연합의 정책은 고등교육 시스템을 개혁하여 사회의 필요에 보다 유연하고 긴밀한 협조를 이루려는 의도에서 비롯되었다. 이를 통해서만이 유럽연합은 교육과 직업훈련에 적절한 국제적 수준을 향상시킬 수 있다고 본 것이다. 즉 국제적 차원에서의 대화와 상호 비교, 경쟁만이 교육시스템의 질을 향상하는 데 기여할 수 있다는 것이다. 세계의 발전된 우수 국가들과의 협조와 서로 간의 평가는 이러한 목적에 부응한다. 유럽연합은 1995년 처음으로 미국과 캐나다와 협정을 맺었고 이어서 오스트레일리아, 일본, 뉴질랜드, 그리고 한국을 포함한 선진국들과 교류를 확대하고 있는 추세이다. 여기에는 크게 3가지의 활동이 포함되는데, 협동/복수학위과정 프로젝트, 협력 교류 프로젝트, 정책대화 프로젝트가 해당된다.

장 모네 프로그램은 세계 도처의 고등교육기관에서 유럽통합에 대한 연구와 교육을 촉진시키는 목적을 가지고 있다. 앞서 살펴보았듯이 유럽의 평생학습프로그램의 하나인 장 모네 프로그램은 1989년에 시작되었다. 대학 수준의 유럽연합에 대한 연구와 교육에 대한 지원은 물론 범 유럽적 협회들 역시 지원하고 있다. 유럽통합에 관련된 다양한 논의들과 연구 그리고 교육적 지원을 하고 있다.

알파는 유럽연합과 라틴아메리카 고등교육기관 사이의 협력을 지원하는 프로그램이다. 1994년부터 진행되어온 이 프로그램에는 현재 유럽연합 27개국과 라틴아메리카의 18개국(아르헨티나, 볼리비아, 브라질, 칠레, 콜롬비아, 코스타리카, 쿠바, 에쿠아도르, 엘살바도르, 과테말라, 온두라스, 멕시코, 니카라과, 파나마, 파라과이, 페루, 우루과이, 베네수엘라)이 동시에 참여하고 있다. 이 프로그램은 두 가지 특별한 목적을 가지고 시행되고 있다. 하나는 라틴아메리카 교육기관의 질과 접근성을 증대시키는 것이다. 다른 하나는 라틴아메리카의 지역 통합 과정에 이바지하고 지역 내 고등교육기관 간의 협력을 증진하는 데 있어서 유럽연합과의 연계 속에서 시너지 효과를 창출하는 것이다.

에듀링크는 아프리카·캐러비안·태평양(ACP: Africa, Caribbean, Pacific) 지역에 위치한 국가들의 고등교육기관들과의 협력프로젝트 지원 사업으로 2006년 시작되었다. 유럽연합은 이 프로그램을 통해 지역 간 화합을 도모하고, 고등교육이 빈부의 격차를 줄이는 하나의 수단으로 이바지할 수 있도록 노력을 기울이고 있다. 또한 이들 국가들의 사회 경제적 발전을 위한 발판과 노동시장에 우수인력을 공급할 수 있는 동력을 제공하고자 하는 것을 목적으로 삼고 있다. 이를 위해 특히 세 가지 분야에 중점을 두고 있는데, 고등교육 기관들의 제도 분야, 학문과 연구 분야, 기술 분야에서 향상을 도모하고 있다.

교육이라는 영역에서 국가 간에 상호 협력을 통해 실천에 이르는 과정은 매우 어려운 일이라는 것을 유럽연합의 교육교류 정책을 분석해봄으로써 알 수 있었다. 그러나 유럽은 장기간에 걸쳐 교육정책의 국가 간 협력을 모색해 오면서 시행착오 끝에 새로운 전략들을 만들어내어 지금은 미국이 주도하고 있는 고등교육시장에까지 도전장을 낼 준비를 하고 있다. 무엇보다 중요한 점은 유럽연합이 교육정책을 문화정책이나 기존 유럽연합의 통합과정과 마찬가지로 엘리트들이 아닌 시민으로 유도하기 위한 방편으로 보고 있다는 점이다. 국가 간 교육프로그램에 참여하고 있는 숫자가 꾸준히 증가하고 있다는 사실이 어느 정도 그 성과를 말해주고 있는 듯하다. 또한 기존의 성인보다는 앞으로 유럽을 이끌 젊은이들에게 개별 국가의 시민일 뿐만 아니라 한 차원 더 나아가 유럽시민이라는 인식을 끊임없이 심어주어 미래의 유럽을 준비하고 있다는 사실을 보여주고 있다.

지금 유럽이 시사하고 있는 것은 그동안 갈등의 원천이 되었던 다양함에 대한 인식의 전환이다. 가령 유럽 내 다양한 나라들의 다양한 문화와 언어들로 이루어진 다양한 교육적 자원들이 경쟁의 대상이 아닌 통합의 풍요로운 힘으로 작용하고 있다는 사실이다. 이는 유럽 내의 새로운 비전일 뿐만 아니라 대외적으로도 세계 유수의 인재들을 미국이 아닌 유럽으로 끌어들이는 매력이 되기에 충분한 전략이 아닐 수 없다. 그리고 이러한 인적교류의 성과와 비전은 문화와 예술을 통한 교류협력 프로그램들과 함께 상호보완적인 관계에서 결국 유럽연합의 문화창조산업 전략 구상에도 커다란 공헌을 하고 있음이 분명하다. 다른 문화의 사람과 사람이 만날 수 있다는 것, 그래서 그것을 갈등이 아닌 창조적 원천으로 승화시킬 수 있다는 것은 문화의 세기에 분명 강력한 힘을 발휘할 수 있기 때문이다. 이는 바로 다양함이 내재하고 있는 가지각색 풍요의 씨앗이 뿌려질 수 있는 토양이 될 수 있을 것이다.

주석

1 Gisella Gori, *Towards an EU Right to Education*, Boston: Kluwer Law International, 2001, p.45.

2 Hubert Ertl, "The European Union and Education and Training: An Overview of Policies and Initiatives", *Implementing European Union Education and Training Policy*, London: Kluwer Academic publishers, 2003, p.13.

3 이를 기반으로 활발한 논의가 거듭된 결과 학생과 교사의 회원국 내 교류, 경험의 교환, 유럽의식을 형성시킬 수 있는 교과과정의 개발 그리고 학위 및 다른 공식적인 자격증의 회원국 간 인정이라는 네 가지 요소가 유럽공동체의 구체적인 교육정책 목표로 자리 잡았다.

4 CEDEFOP, *Vocational Education and Training Policy in Europe* (draft1999), p.7.

5 여기서 3자란 각료 이사회 대표, 유럽경제공동체(EEC) 차원의 경영자단체와 노동자단체의 대표자를 가리킨다. 자문위원회는 정책입안에 머물지 않고 공동으로 직업교육·훈련 정책을 수행할 수 있는 기반을 세우도록 고안되었다.

6 Gillingham John, *European Integration: 1950-2003*, Cambridge: Cambridge University Press, 2003, p.347.

7 노명환, 『역사와 문화의 차원에서 본 유럽통합의 제문제』, 서울: 한국외국어대학교출판부, 2001, pp.163-173 참조.

8 CEC, *Comett I.* Final Report of the Commission (1986-1990). SEC(91)1016 final, 1991.

9 CEC, *Eurotecnet Programme*-January 1990-December 1994. COM(97)386 final, 1997.

10 CEC, *Implementation of the PETRA Programme (1988-1991).* COM(93)48 final, 1993b.

11 CEC, *LINGUA: Joint Educational Projects (handbook)*, Hillman Library P57 E9L56, 1994b.

12 에라스무스 프로그램에 대해 유럽연합 홈페이지 참조 (http://ec.europa.eu/education/erasmus / doc1709_en.htm) (2010.10.14 검색).

13 에라스무스는 원래 유럽의 유명한 철학자이자 신학자이며 인문학자의 이름이다. 독단적인 교조주의(dogmatism)에 반대했던 것으로 유명했던 에라스무스(Erasmus of Rotterdam, 1465-1536)는 유럽의 여러 나라들에서 활동하면서 얻은 경험을 통해 다음과 같은 말을 했다. 지식과 경험과 통찰력은 오직 다른 지역과 나라에서의 다양한 접촉을 통해서만이 온전히 생겨날 수 있다고 말이다. 그는 교류가 주는 다양한 깨달음들을 전파한 선구자라고도 할 수 있다.

14 CEC, *Green Paper on the European Dimension of Education*, Brussels, 1993a, pp.4-7 참조.

15 출처: 서울신문 (http://www.seoul.co.kr/news/newsView.php?id=20100803023010#) (2010. 8. 30 검색).

16 O. Bracht, C. Engel, K. Janson, A. Over, H. Schomburg & U. Teichler, *The Professional Value of ERASMUS Mobility*, Kassel: International Center for Higher Education Research University of Kassel, 2006. p.76.

17 처음 에라스무스 프로그램 시행과정에서 여러 어려움들이 있었다. 유럽집행위원회는 에라스무스를 시행하기 전 이미 6년 동안 시범적으로 학생들을 교류시켜 보았다. 그런데 이에 대한 회원국들의 반응들은 제각각이었으며 우호적인 반응뿐만 아니라 적대적인 반응을 보인 회원국들도 있었다. 이 프로그램에 대한 유럽연합의 입법과정이 전면 철회되는 일까지 벌어진 바 있다. 예산에 대한 몇몇 회원국들의 적당하지 못한 제안도 문제였지만 몇 나라의 비토가 문제였고 국가의 주권 침해라며 유럽사법재판소에 소송도 제기되었다. 이에 유럽사법재판소가 이 사안을 판결해야 하는 상황에까지 이르렀었다. 이것이 시사하는 바는 바로 교육과 문화는 여전히 한 국가의 정체성과 주권을 반영하는 것으로 쉽게 간섭될 수 없는 것이고 실제로 유럽연합과 회원국들은 여전히 민감하게 신경전을 벌이고 있는 분야이기도 하다.

18 노명환, 앞의 책, p.181

19 위의 책, p.137.

20 CEC, *Erasmus Higher Education-Fostering Internationalisation at European Universities,* Luxembourg: Oopec, 2010a, p.6.

21 오정은, 「유럽연합 교육정책의 현황과 전망」, 『한국민족연구』 39호, 2009, pp.73-76 참조. 오정은은 교육통합의 가능성에 대한 근거로 다음의 네 가지를 들고 있다. 즉 외국 대학에서 이수한 학점 인증을 위한 ECTS(European Credit Transfer and Accumulation System) 개발, 타 대학의 우수한 커리큘럼이나 효율적인 행정제도 벤치마킹 사례의 증가, 다양한 국적을 가진 학생들의 토론을 통해 수업의 내용적인 측면에서도 유럽 차원에서 조율되고 수렴되는 경향, 대학교육이라는 고등교육단계를 넘어 훗날 다양한 단계(유아나 장년층)의 교육프로그램이 도입되는데 미치는 영향 등이다.

22 노명환, 앞의 책, p.142, 유럽연합 홈페이지 참조 (http://europa.eu/legislation_summaries/ education_training_youth/general_ framework/c11025_en.htm) (2010.10.14 검색).

23 유럽연합 홈페이지 (http://ec.europa.eu/education/lifelong-learning-programme/doc80_en.htm) (2010.10.4 검색).

24 유럽연합 홈페이지 참조 (http://europa.eu/legislation_summaries/education_training_youth/ general_framework/c11025_en.htm) (2010.10.14 검색).

25 프로그램에 대한 전반적인 내용은 유럽연합이 간행한 아래의 공식 보고서들을 주로 참고하였음. CEC, *A Memorandum on Lifelong Learning*, Brussels: Oopec, 2000, CEC, *Making a European Area of Lifelong Learning a Reality*, Brussels: Oopec, 2001.

26 김성진, 「유럽연합의 교육프로그램에 대한 소고」, 『사회과학연구』 제13호, 1997, pp.29-30.

27 공식적 학습은 공인된 기관에서 학위나 자격증을 수여받는 경우를 가리키며, 비공식적 학습은 이러한 공인 없이 시민 사회의 다양한 조직이나 그룹의 활동에 의해 행해지는 학습을 말한다. 위의 두 가지와 달리 비형식적 학습은 계획된 프로그램을 이수하는 것이 아니라 일상에서 누구나 자연스럽게 지식이나 기술을 전수받는 것을 말한다.

28 민문홍, 『유럽연합의 평생학습 정책 연구』, 서울: 한국노동연구원, 2009, pp.23-24.

29 위의 책, p.8.

30 CEC(2000), *op. cit.*, pp.4-5.

31 유럽연합 홈페이지 (http://ec.europa.eu/education/lifelong-learning-programme/doc78_en.htm) (2010.10.5 검색).

32 *Ibid.*, pp.10-20 참조.

33 유럽연합 홈페이지 (http://ec.europa.eu/education/index_en.htm) (2010.12.23 검색)에 게재된 내용을 참조하였음.

34 유럽대학(the College of Europe, Bruges and Natolin Campus), 유럽대학교(the European University Institute, Florence), 유럽 공공정책연구소(the European Institute for Public Administration, Maastricht), 유럽법률아카데미(the European Academy of Law, Trier), 특수교육 발전을 위한 유럽기구(the Agency for Development in Special Needs Education, Middelfart), 그리고 유럽시민 훈련을 위한 국제센터(the International Centre for European Training, CIFE, Nice)

35 오정은, 앞의 글, 2009, p.72 참조.

36 채재은 & 변기용, 앞의 글, pp.143-146.

37 장덕호, 앞의 글, pp.127-129 참조.

38 오정은, 앞의 글. pp.81-84 참조.

39 유럽연합 홈페이지에 게재되어 있는 볼로냐 선언문 참조 (http://ec.europa.eu/education/policies/educ/bologna /bologna.pdf) (2010.12.5 검색).

40 유럽연합 홈페이지 (www.ec.europa.eu) (2012.1.9 검색).

41 Bologna Follow-up Group, "From Berlin To Bergen", Conference of European Ministers Responsible for Higher Education. 2005, p.9.

42 오정은, 앞의 글 참조, 오정은, 「EU집행위원회의 볼로냐 프로세스 참여: 유럽고등교육정책의 유럽화」, 『유럽연구』 제26권 2호, 2008, pp.326-327 참조 (개혁 초기 합류를 거부당했던 EU집행위원회가 점진적으로 볼로냐 체제에 가입할 수 있었던 이유는 첫째, EU집행위원회의 재정적 지원, 둘째, 세계무대에서 EU집행위원회의 위상이 주는 상징성, 셋째, 고등교육개혁과 리스본 전략의 성공적인 결합이다).

43 1999년 볼로냐, 2001년 프라하, 2003년 베를린, 2005년 베르겐, 2007년 런던, 2009년 루뱅.

44 BFUG Work Plan 2009-2012: Approved at the BFUG Meeting in Brussels on 30 November 2009 (http://www.ehea.info/Uploads/about/Bologna_work_plan_2009-2012_07-02-2010.pdf) 참조(2010.10.11 검색).

45 프로그램 내용에 대해서는 교육·문화 총국에서 2006년 발행한 보고서 '교육과 훈련 201

0' (http://planipolis.iiep.unesco.org/upload/Iceland/Iceland_education-training_2010.pdf) pp.7-10 참조하였음(2010.11. 15 검색).

46 유럽연구지역(ERA)에 관한 설명은 유럽연합 홈페이지 참조 (http://ec.europa.eu/research/ era/understanding/what/what_is_era_en.htm) (2010.12.5 검색).

47 집행위원회가 2009년 발행한 리스본 전략과 교육에 관한 보고서 "Progress towards the Lisbon Objectives in Education and Training" (http://ec.europa.eu/education/lifelong -learning-policy/doc/report09/report_en. pdf), pp.14-15 참조 (2010.12.18 검색).

48 2010년 하반기 EU의장국인 벨기에는 '유럽 2020' 전략을 위한 실행 과제들을 다음 보고서를 통해 발표했다. "Programme of the Belgian Presidency of the EU Council" (http://www.eutrio.be/files/bveu/media/documents/Programme_EN.pdf), pp.4-8 참조 (2010. 12.28 검색).

49 유럽연합 홈페이지 참조 (http://europa.eu/legislation_summaries/educatio_training_youth/general_framework/ef0016_en.htm) (2010.12.27 검색).

50 프로그램의 내용에 대해서는 유럽연합 홈페이지 참조 (http://ec.europa.eu/education/index_en. htm) (2010.11.11 검색).

51 교육과 연구와 혁신에 대한 대학의 긴밀한 역할이라는 유럽 고등교육의 현대화는 세계화 추세와 지식 기반 경제에 있어서 결정적인 역할을 할 것으로 본다. 리스본 전략을 계승한 '유럽 2020' 전략은 유럽이 교육과 연구와 혁신 분야에 있어서 글로벌한 경쟁력을 잃어버리지 않게 하기 위해서 교육을 중요한 정책 영역으로 강조하면서 유럽연합과 회원국 사이에 긴밀한 협조와 이를 바탕으로 한 고용과 경제적 성장의 원동력으로 이끌어가려고 하고 있다.

5

유럽연합의 문화창조산업과 문화도시

유럽연합(EU)의
문화창조산업 프로젝트

5

유럽연합의 문화창조산업과 문화도시

유럽연합은 유럽의 정체성 형성과 화합을 위해 문화정책을 펴왔다. 20여 년 간 쌓아온 경험과 노하우는 유럽연합의 문화창조산업(cultural & creative industries) 정책에 중요한 기반을 제공하고 있다. 문화와 교육 정책을 통해 다져온 유럽의 다양한 문화적·인적 자원의 교류 활동은 유럽 차원의 문화창조산업 정책이 구상될 수 있는 근간이 되었다고 할 수 있다. 여러 차원의 교류는 다양한 세계와의 접촉을 통해 인식의 지평을 넓힘으로써 열린 사고와 창의성을 일깨워주는 중요한 자극이 될 수 있기 때문이다. 상상력과 창의성은 21세기의 시대정신이 되다시피 중요한 화두로 떠오르고 있으며, 이는 바로 오늘날이 주관성의 시대이고 유기론의 시대이며 다양성이 인정되는 시대임을 말해주는 것이다.[1] 유럽연합은 문화창조산업의 핵심동력이 되는 창의성이 오직 선천적으로만 비롯되는 것은 아니라는 점을 지적하며, 이는 교육과 문화의 연결을 극대화함으로써 촉진될 수 있다고 강조한다.[2] 따라서 문화창조산업을 성장시키기 위한 창의적이고 혁신적인 전략을 실행하는 것은 다양한 교육교류 프로그램과 문화교류 프로그램들이 긴밀한 연관성을 가지고 상승작용을 도모하는 가운데 이루어지고 있다.

게다가 이는 경제적인 부가가치의 효과와 결합한다는 측면에서 단순한 교류 협력의 의미를 넘어서는 문제로 볼 수 있다. 오늘날의 사회가 직면한 환경 자체가 디지털화에 의해 더욱 촉진된 세계화, 여기에 부가되는 문화다양성으로 요약된다. 그렇기 때문에 문화창조산업 정책에서도 이동과 교류가 화두가 되는 것은 필연적이라 할 수밖에 없다. 유럽은 이러한 조건을 기회로 삼아, 그동안 다져온 교류 활동의 노하우를 바탕으로 하여 문화창조산업의 세계화를 모색하고 있다고 본다. 이때 세계화의 방식은 우리가 계속해서 다루어온 글로컬라이제이션의 성격을 띠고 있다.

유럽연합 자체가 많은 회원국들의 '연합'이기 때문에 이미 어느 정도는 글로컬라이제이션의 조건을 전제로 하고 있다고 볼 수 있다. 다시 말해 개별 회원국들의 문화창조산업들이 수렴되어 유럽 차원의 하나의 문화창조산업 육성 전략으로 수립될 때 회원국들 각각의 강점들을 부각시키고자 한다. 이는 '로컬'의 의미를 지닌 회원국들과 '글로벌' 차원의 유럽연합 공간이 형성되어 유럽 내부의 1차적 글로컬라이제이션을 만들어 낸다. 또한 유럽연합이라는 공간은 세계 무대에서는 '로컬'의 단위로 볼 수 있으며, '글로벌'을 지향한다는 2차적 글로컬라이제이션을 형성시키게 된다. 이것이 바로 유럽연합의 독특한 이중적 글로컬라이제이션을 의미한다.

이 장에서는 문화창조산업 정책의 구상 배경에 대해 우선 제시하고, 2010년에 발표된 '유럽 2020' 전략을 중심으로 문화창조산업 정책을 분석해 본다.[3] 우리는 이미 지난 10년 간 실행되어온 리스본 전략이 경제적 성장과 고용증대를 주요 목적으로 삼으면서도 사회적 결속과 같은 문제들까지 거시적으로 조망하고 있다는 점을 살펴보았다. 유럽연합이 지향하는 바가 지속적이며 포용적인 경제 체제라는 점은 '유럽 2020' 전략에서도 명확하게 드러난다. 특히 문화창조산업 부문에 관한 정책을 담은 녹서에서는 지역 개발의 중요성을 강조하면서, 지역적인 것에서 세계적인 것으로 도약시키고자 하는 유럽연합의 의도를 분명히 드러내고 있다.

다음으로 이 장에서 다루어 볼 내용은 문화도시 프로그램이다. 유럽연합은 문화도시 프로그램들을 통해 유럽 도시의 발전을 실천하고 있다. 이는 유럽 내 문화교류에 이바지함은 물론 지역 경제 육성이라는 과제를 동시에 풀어나가는 것이다. 이처럼 문화교류를 산업적으로 연계한 대표적인 사례가 바로 유럽문화수도 프로그램이다. 그리고 이와 더불어 유럽연합이 2009년부터 시범적으로 운영하고 있는 상호문화도시 프로젝트에 대해 알아보려고 한다. 이 프로젝트는 이주민들을 비롯한 다양한 문화적 배경을 가진 사람들이 공존하며 생활하고 있는 '도시'에 주목한다. 문화가 다른 사람들끼리 매일 부딪치는 일상의 현장에서 과연 도시는 어떻게 이문화간 대화를 이끌어내고 상호이해를 증진시킬 수 있을까? 어떻게 도시가 각기 다른 문화에 대한 무관심과 무지에서 시작되는 상호 간 긴장을 줄이고 문화의 다양성을 긍정적으로 수용할 수 있을까? 그리고 이 과정에서 오는 변화들에 대한 시민들의 두려움을 어떻게 줄일 수 있을까? 이와 같은 질문들에 대답하기 위한 프로젝트이다. 살아있는 유기체와도 같은 도시가 상호이해를 통해 새로운 화합의 문화 공간으로 다시 탄생될 수 있게 하려는 유럽연합의 시도에 대해 함께 살펴보도록 하자.

1. 문화창조산업 정책

(1) 문화창조산업의 정의와 범위

'문화산업(Kulturindustrie)'이라는 말은 1944년 출간된 프랑크푸르트 학파의 호르크하이머와 아도르노가 함께 쓴 저서인 '계몽의 변증법(Dialektik der Aufklärung)'에서 처음 사용되었다. 이들은 문화산업을 대중의 의식을 조작하는 수단으로 보고 비판을 가했다. 이와 동시에 대중문화 역시 비판하며 대중(mass)이란 개념 자체가 인격적이거나 주체적인 개념보다는 무리적이고 객체적인 개념으로 보았다. 따라서 대중문화란 창의적이지 못하고 상업성에 휘둘리는 수동적인 문화의 개념으로 간주한 것이다.[4] 그러나 오늘날 사용되는 문화산업은 과거 이들의 비판과는 다른 측면에서 접근되고 있는데, 바로 문화를 경제의 핵심 동력으로서 적극적으로 활용하고자 하는 관점이다. 문화산업은 이미 십 여

년 동안 국가 경제의 새로운 동력으로 시장과 소비자가 소통하는 능동적인 개념으로 인식되어 왔다. 대중 이미지 조작이라는 비관적 시각 보다는 시장과 소비자의 수요를 창출하고 그것을 채워주는 새로운 비즈니스 모델로서 받아들이는 경향이 확산되고 있는 것이다.

문화산업은 이미 새로운 부가가치의 국가 경쟁력이자 산업 시스템으로 각광받고 있고 전 세계 많은 국가들이 자국의 국가 경쟁력을 위해 지원을 아끼지 않는 분야가 되고 있다. 우리나라에서 사용하고 있는 문화콘텐츠산업이란 용어는 문화산업 중에서도 특히 특정한 미디어와 결합해 고부가가치를 생산해내는 분야로 정의될 수 있다. 문화콘텐츠진흥원이 규정하고 있는 우리나라의 문화콘텐츠산업 분야로는 만화, 애니메이션, 캐릭터, 게임, 영화, 방송콘텐츠, 음악, 공연, 에듀테인먼트콘텐츠, 인터넷· 모바일콘텐츠 등이 포함된다. 문화의 산업화 문제에 있어서 과거에는 주로 하드웨어와 소프트웨어 측면에 초점이 맞추어졌다면, 현재 문화콘텐츠 산업에서는 콘텐트웨어와 아트웨어 측면의 강화를 성패의 요인으로 보고 있다는 것이 차별점이라 하겠다.[5] 즉 구체적인 맥락에서 콘텐츠를 창출하는 문화기술(CT)과 콘텐츠의 예술적 디스플레이 및 소통이 중요해졌다고 할 수 있다.

영국의 경우, 주지하다시피 문화산업을 '창조산업(creative industry)'이라고 명명하며 적극 지원하고 있다. 같은 맥락으로 유럽연합 역시 회원국들의 문화산업에 적극적 동참을 하고 있으며, 유럽의 경쟁력 있는 산업군으로 만들어 내기 위해 유럽 차원에서 협력을 도모하고 있는 것이다. 특기할 점은 유럽연합에서는 문화산업과 창조산업이라는 두 가지 개념이 서로 분류상의 차이를 가지고 구분은 되지만 동시에 하나의 카테고리로 묶여서 사용되고 있다는 것이다.

유럽연합에서는 2006년 유럽연합 집행위에서 발간한 <유럽의 문화와 경제 보고서>[6]를 통해 문화산업과 창조산업에 대한 이해와 구분을 다음과 같이 정리하고 있다. 우선 비주얼 아트, 공연 예술, 국가유산을 핵심 예술 영역으로 간주하며 문화산업과 창조산업 이전의 핵심 역량으로 배치하였다. 그리고 이 영역을 넓혀 문화산업으로 확장한다. 문화산업으로는 영화와 비디오, TV와 라디오, 비디오 게임, 음악, 출판 산업으로 규정했다. 창조산업은 문화산업을 다시 확장하여 디자인, 건축, 광고 산업을 포함시켰다. 그리고 그 외각에 관련 산업군으로 PC, MP3, 핸드폰 시장 등을 연계시키고 있다. 아래의 도표를 참조하면 보다 상세한 정보를 얻을 수 있다.

결국 유럽연합은 기존의 전통적인 문화 관련 산업군인 영화, 음악, 출판, 방송 등을 문화산업의 카테고리에 두고 패션, 인테리어, 산업 디자인 등을 확장된 창조산업군에 포함시켰다. 국가 문화유산과 전통적인 공연예술, 그림, 조각, 공예 같은 예술 활동은 문화산업과 창조산업보다 더 근본적인 핵심 문화예술 영역에 두었다. 물론 이렇게 여러 영역을 구분지어 나누는 것 자체가 여러 논의를 일으킬 수 있다고 유럽연합 집행위도 언급을 하였다. 그러나 문화를 경제에 연결하는 과정에서 분야별로 분석하고 지원 육성을 하는 과정에서 문화와 창조산업에 대한 윤곽을 그려보는 시도가 필요했음을 밝히고 있다. 아직 국가마다 문화와 창조산업에 대한 명확한 구분이 없으며

〈표 5〉 유럽연합의 문화창조산업 영역[7]

서클(circle)	분야	하위분야
핵심예술부문	시각예술	공예 / 회하 / 조각 / 사진
	행위예술	극장 / 춤 / 서커스 / 페스티벌
	문화유산	박물관 / 도서관 / 유적지
서클1: 문화사업	영화 / 비디오	
	TV / 라디오	
	비디오게임	
	음악	음반시장 / 라이브공연
	도서 / 출판	도서 / 잡지 / 신문
서클2: 창조산업	디자인	패션디자인 / 그래픽디자인 인테리어디자인 / 상품디자인
	건축	
	광고	
서클3: 관련산업	PC제조업 MP3플레이어제조업 핸드폰산업 등	

또 문화산업 정의가 나라마다 조금씩 다른 것도 여전히 새로운 산업에 대한 과도기적 현상임을 알 수 있다. 그러나 분명한 사실은 영국의 창조산업이든 유럽연합의 문화창조산업이든 그 중요성과 필요성이 지난 10년을 통해 드러나고 있다는 것이다.

(2) 문화창조산업 정책의 배경

우선 2010년 유럽적 차원의 문화창조산업이 유럽연합에 의해 구상되기까지는 기나긴 통합의 여정이 있었음을 이해할 필요가 있다. 유럽연합은 회원국들의 고유 권한으로 여겨지는 '문화'라는 분야에 쉽게 개입할 수가 없었다. 문화는 자국의 민감한 영역이기 때문이다. 1952년 유럽석탄철강공동체 결성 이후 유럽공동체는 40년 간 경제적이고 정치적인 통합에만 주력하여 온 것이 사실이다. 1992년 이전에 진행되었던 교류는 파리조약을 통한 유럽석탄철강공동체 구상과 함께 국가 간 연합에 의해 상품, 노동, 서비스, 자본을 위한 공동시장을 창설하려는 경제적인 필요성에 의한 것이었다. 그 후 여러 시행착오를 겪으며 1986년 단일유럽의정서를 통해 1992년까지 단일시장을 실현할 것을 표명하였다. 그러나 이는 문화상품과 서비스의 자유로운 이동만을 목표로 하고 있을 뿐 문화산업에 대한 유럽연합 차원의 구상은 아니었다.[8]

그러던 것이 1992년 마스트리히트조약 이후 유럽공동체(EC)는 '유럽연합(EU)'으로 바뀌면서 문화라는 분야에도 관여하기 시작한 것이다. 물론 여기에는 보충성의 원칙이 작동하고 있었다. 즉 자국민의 정책에 대해 유럽연합이 관여할 수 없지만 연합에서 실행될 때 더 큰 효과가 나타난다면 그때 개입할 수 있다는 내용이다.[9] 유럽연합은 문화교류정책을 통해 회원국들 간 다양한 문화를 서로 알리고 이해하는데 이바지하는 역할을 담당하게 되었다.

문화교류협력 프로그램은 교육과 문화 두 방향에서 회원국 내 교류의 활성화를 꾀하고 있다. 이는 유럽의 다양성이라는 문화적 배경이 이질감이라는 갈등의 요인이 아니라 오히려 풍요로운 삶의 원동력임을 일깨워주고 더 나아가 그 다양성 속에서 유럽적 가치와 정체성을 찾아 연대의식을 강화하려는 의도이다.[10] 먼저 교육적 교류 차원에서 교환학생 같은 프로그램은 젊은이들에게 자국 외에서의 경험을 쌓게 만들어 다양한 문화가 공존하고 있음을 자각하게 만들고, 유럽은 이미 국가의 경계를 넘어 더 큰 공동체로 공생하고 있다는 의식을 심어준다. 또한 대학생뿐만 아니라 초중고의 학생과 교사들, 대학의 교수 혹은 기술 훈련을 받는 이들 모두를 전 방위적으로 막대한 예산을 들여 교류시킴으로써 유럽시민이라는 소속감을 고취시킨다. 더불어 문화적 교류의 차원에서도 예술가들을 지원하고 교류시키는 것은 물론 다양한 언어의 서적을 번역·출판하여, 유럽 내 문화적 유산들을 복원하고 보존하여 공유할 수 있도록 한다. 유럽연합은 다양성 가운데에서 조화를 이루기 위해 다각적인 교류협력 프로그램들을 진행하고 있는 것이다.[11]

이렇게 20여 년 간 회원국 내에서 추진되어 왔던 유럽연합의 문화교류를 기반으로 유럽연합은 다시 산업으로서의 문화에 주목하고 있다. 이는 문화의 산업화를 통해 부가가치를 창출하고 이것이 유럽 경제에 기여할 수 있도록 하는 전략적 구상이다. 우리는 앞에서 살펴보았듯이 긴 시간 문화교류라는 노력 끝에 비로소 유럽연합 차원에서의 문화창조산업이 구상되었다는 사실을 주목할 필요가 있다. 단지 문화상품의 판매가 아닌 문화교류를 통한 서로에 대한 이해를 기반으로 하여 새롭게 문화산업기획이 이루어졌다는 점은 우리에게 시사하는 바가 크다고 하겠다.

(3) 문화창조산업 정책의 추진

유럽연합은 유럽 차원에서 이미 문화정책을 펴 나감에 있어 문화와 창조산업의 중요성을 절감하여 2006년 <문화와 경제에 대한 보고서> 작성 후 본격적인 문화와 창조산업 육성 정책을 구상해왔다. 그리고 그 구체적 그림을 2010년 발표하고 유럽만의 고유한 문화와 잠재된 창조성을 경제적 성과로 실행시키려고 애쓰고 있다.

2010년 암스테르담 선언을 통해 유럽연합은 정책적 차원에서 본격적으로 유럽의 창조산업 육성을 꾀하고 있다.[12] 유럽 역시 이제 문화와 창조산업은 문화, 창조성 그리고 혁신이 융합하여 새로운 부가가치를 창출하여 경제적 효과는 물론 고용창출을 일으키는 중요한 산업으로 판단했기 때문이다. 특히 유럽이 가지고 있는 많은 문화적 유산과 창조적 예술 작품 및 다양한 창조산업군은 서로 연계하여 새로운 시장을 형성하고 충분한 부를 창출할 수 있다고 보았다. 게다가 그들만의 문화적 다양성은 유럽적 차원에서 정책을 펴나감에 있어 귀한 문화자산으로 풍요로운 창조물들을 끊임없이 생산할 수 있다는 확신을 가졌다. 또한 유럽 내에서 뿐만 아니라 글로벌한 시각으로 경쟁력있는 비즈니스 분야로 개척하려 하고 있다.

2010년 2월 암스테르담에 80여 명의 관련 전문가들이 참석한 가운데 유럽의 창조산업연합에 대한 전망과 비전을 논의하고 공감했다. 유럽은 이제 혁신적인 창조산업을 유럽연합과 회원국들 양방향에서 지원하여 유럽 문화의 다양성을 유럽의 문화산업을 위한 경쟁력있는 장점으로 승화시켜야 한다고 보았다. 이에 보다 나은 국가 간 협력과 서비스 지원을 통해 유럽문화산

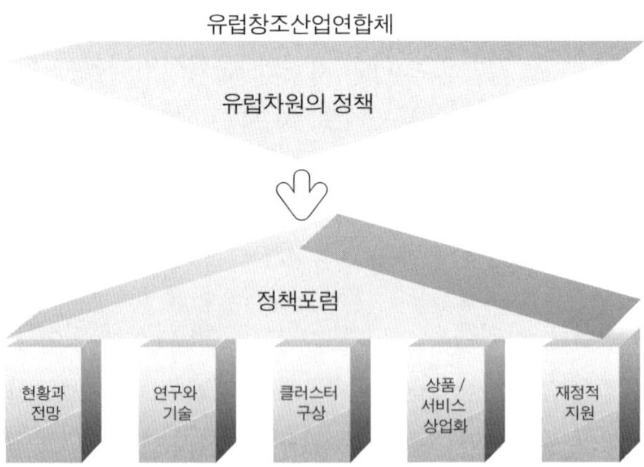

[그림 24] 유럽창조산업연합체 구상과 추진 계획[13]

업군을 지원하여 유럽연합의 지속적 성장과 고용률 향상에도 이바지할 수 있도록 하였다.[14] 암스테르담에 모인 유럽 각국의 정책자들은 이를 위해 구체적인 밑그림인 '유럽의 창조산업 육성을 위한 초석'을 발표했다. 특히 유럽의 다양한 문화를 유럽 경제의 경쟁력있는 산업으로 지원 육성하려는 노력을 약속했다. 이를 위한 '유럽창조산업연합체' 구상은 실질적인 추진 계획이다. 이 계획을 담은 아래의 표와 함께 그 내용을 세부적으로 살펴보면 다음과 같다.

위의 그림이 말해주듯이 창조산업에 대한 유럽 차원에서의 정책적 결정은 다섯 가지 분야에서의 구체적 과제를 현실화 하려고 한다. 현 상황에 대한 체계와 전망, 개별국가와 군소 지방에 대한 연구와 기술력 확보, 새로운 클러스터에 대한 구상, 상품과 서비스에 대한 상업화, 재정적 지원에 대한 유럽과 개별 국가 단위 그리고 군소 지역이 연계된 협조가 그것이다. 이를 통해 유럽연합은 계속해서 더 나은 정책을 디자인하고, 관련 기업들에게도 충분한 정보를 제공하며 끊임없이 새로운 비즈니스 육성을 위한 전문가 집단을 양성하려는 목표도 가지고 있다.

2. 유럽연합의 혁신 전략과 문화창조산업

(1) '유럽 2020' 전략

2010년까지로 계획되었던 리스본 전략[15]은 다시 2020년을 목표로 하는 '유럽 2020'이라는 이름의 혁신 전략으로 계승되었다. 이로써 유럽은 다양한 경제적·사회적 과제에 대한 해결책을 모색해가고 있는 것이다. 유럽연합 역시 다른 나라들처럼 세계화의 도전과 기후 변화, 그리고 노령화 문제에 직면하고 있으며, 특히 2008년 금융위기 이후 야기된 지속가능한 발전이 크게 문제시 되고 있는 상황이다. 이에 대응한 '유럽 2020' 전략은 스마트하고 지속가능하며 포용적인 경제 성장을 이끌어 고용과 생산성 그리고 사회적 응집을 이루려는

[그림 25] 유럽2020 전략[16]

유럽연합의 대안이라 하겠다.

이 새로운 전략은 세 가지 주요한 목적을 가지고 있는데, 다름 아닌 스마트한 성장, 지속가능한 성장, 포용적 성장이다. 스마트한 성장이란 지식과 혁신에 기반을 둔 경제적 발전을 의미한다. 또 지속가능한 성장이란 자원의 보다 효율적이고 친환경적인 사용에 바탕을 둔 경쟁력있는 경제적 성장을 의미한다. 마지막으로 포용적 성장은 높은 고용률을 유지하며 지역과 사회의 응집력을 강화시키는 성장을 말한다. 유럽연합은 이러한 세 가지 목표에 대해 2020년까지 달성해야 할 기준을 수치화하여 제시하였다.[17]

- 20-64세 연령의 인구를 75%까지 고용시킨다.
- EU내 총생산(GDP)의 3%까지를 연구개발(R&D)에 투자한다.
- 탄소 배출을 20%까지 줄이고(조건이 허락하면 30%까지), 재생 가능한 에너지의 비 율을 20% 늘리며, 에너지 효율성을 20%까지 늘린다.
- 학교 자퇴 비율을 10%까지로 줄이고, 고등교육 과정을 40%까지 증대시킨다.
- 빈곤층의 인구를 2천만 명까지로 줄인다.

이와 같은 목표치와 함께 '유럽 2020' 전략은 7가지의 실천 계획을 만들었다.[18] 첫째는 혁신연합(Innovation Union)의 구축이다. 유럽연합은 혁신적인 아이디어들이 성장과 고용을 창조할 수 있는 생산과 서비스를 만들어낼 수 있다고 보고, 혁신적 연구에 대한 지원 강화와 여건을 조성시키고자 한다. 또한 연구개발과 혁신 정책의 재조명을 통해 사회가 직면하고 있는 도전들에 대한 문제들을 해결하기 위한 노력을 목적으로 하는데, 가령 기후변화, 에너지와 자원의 효율적 사용, 노령화와 건강 증진, 친환경적 생산력 확보 등과 같은 문제들이 포함될 수 있다.

둘째는 청년들의 이동성(Youth on the move)이다. 유럽의 고등교육기관들의 국제적 인지도와 유인성을 높임과 동시에 유럽연합 내 교육과 기술훈련 수준의 질적 향상이라는 내실을 높이려는 의도이다. 이를 위해 학생들과 교사 양쪽 모두의 이동성을 늘려 교류 활성화와 각기 탁월한 분야의 공유에도 힘쓰고자 한다. 또한 이러한 환경 조성이 학생들의 고용 여건 확대를 위해서도 공헌한다고 본다.

셋째는 유럽 디지털 아젠다(A digital agenda for Europe)이다. 가계와 기업에 초고속 인터넷망을 구축함과 동시에 디지털 단일시장을 완성하여 경제적 이익과 사회적 이익의 지속적 창출을 이루어 낼 수 있도록 하는 것이다. 구체적으로 모든 지역에 2013년까지 브로드밴드, 2020년까지 초고속인터넷을 보급하고, 최소 50% 이상의 가정에서 100Mbps 인터넷을 사용할 수 있도록 하는 것을 목표로 하고 있다.

넷째는 자원을 효율적으로 사용하는 유럽(Resource efficient Europe)이다. 이는 자원과 에너지의 효율적 사용과 저탄소 경제의 친환경적 유럽을 만들어 가려는 의도에서 기획되었다. 경제적 성장이 자원과 에너지 사용은 물론 이산화탄소 배출량과 정비례하지는 않는다는 사실을 증명하고자 하는 것이다.

다섯째는 세계화 시대를 위한 산업정책(An industrial policy for the globalization era)이다. 오늘날은 경제위기의 극복과 세계화가 만들어 내고 있는 경쟁의 틀 안에서 비즈니스, 무역 연합, 아카데미, NGO, 소비자 연합 등이 각기 다른 도전에 직면하고 있다. 이에 유럽연합과 회원국 정부는 이해당사자들 간의 협조를 도모시키고 이들이 국제적 경쟁력을 갖출 수 있도록 하며, 동시에 녹색경제라는 중요한 방향을 거스르지 않는 비전을 구축하고자 한다.

여섯째는 새로운 기술과 직업을 위한 아젠다(An agenda for new skill and jobs)이다. 사회 모델의 지속가능성과 고용 증대를 위해서 새로운 기술과 직업들을 현대 노동 시장에 맞게 공급시키려는 목적을 지닌다. 또한 노동자와 학생 교육뿐만 아니라 남녀평등 문제, 고령화 인구의 고용 문제에 대한 지속적 대안을 만들어 가고자 한다.

마지막으로 빈곤 퇴치를 위한 유럽 플랫폼(European platform against poverty)이다. 유럽연합 내 사회적 배제와 보호 문제에 대해서 포용적 사회로서의 사회통합을 이루어가고자 하는 의지를 구체화시킨 것이다. 빈곤과 배제에 관련된 인식의 문제들을 계속적으로 알리고, 약자들의 삶 역시 존중 받으며 사회적 일원으로 참여할 수 있도록 만들고자 한다.

(2) 문화창조산업 혁신 정책[19]

유럽연합은 경제적 통합인 공동시장 형성을 통해 다른 상품들과 마찬가지로 문화 상품과 서비스의 국경없는 이동을 만들어 내었다. 그러나 이것은 공동의 문화산업이라기보다는 경제통합 과정에서 따라오는 공동시장 형성의 결과일 뿐이었다. 여기서 언급된 문화라는 개념은 시장논리의 상품과 서비스 차원에 그치는 것이었다. 주지하다시피 유럽연합 내에서 문화 개념이 진지하게 논의되고 공동의 정책적 노력으로 결실을 맺게 된 것은 1992년 마스트리히트조약 이후였다. 그러나 여전히도 문화에 대한 접근은 매우 조심스럽게 이루어졌으며 문화교류에만 초점을 두어온 것이 사실이다. 따라서 이러한 문화교류 협력이 시작된 지 18년이 지나서야 유럽연합 차원의 문화산업협력이 비로소 공식적으로 추진되었다고 보아야 할 것이다.[20] 이러한

[그림 26] 유럽연합 문화창조산업 정책 녹서[21]

정책이 가시화된 것이 2010년에 발표된 유럽연합의 문화창조산업 협력에 관한 녹서이므로 매우 중요한 의미를 드러낸다고 할 수 있다.

① 정책의 주요 방향

유럽연합은 유럽이 세계적으로 변화하는 환경 속에서 경쟁력을 가지려면 창조와 혁신이 활발하게 이루어질 수 있는 조건들이 기반 되어야 한다고 본다. 여기서 말하는 전 세계의 경제와 사회를 바꾸어놓은 변화는 크게 두 가지로 요약된다.[22] 하나는 세계화로서 전 세계의 경제가 점차 상호 의존적으로 되면서 '세계 경제'의 시대가 도래 하였다는 점이다. 다른 하나는 인터넷과 정보통신기술의 도래로 상징되는 기술혁명이다. 2010년에 기획되어 실행되고 있는 문화창조산업 정책은 이러한 환경에서 새롭고 혁신적인 비즈니스 모델을 개발하고자 하고 있다. 큰 틀에서 '유럽 2020' 전략을 지지하고 있는 문화창조산업 정책의 주된 정책 방향을 우선 제시해보자.

'유럽 2020' 전략 가운데 하나인 혁신연합 구축이 문화창조산업 부문에서도 중요하게 다루어지고 있다. 혁신적인 아이디어가 성장과 고용을 창조할 수 있는 생산과 서비스를 만들어 낸다. 따라서 혁신적 연구에 대한 지원 강화와 여건을 조성시키고자 하는 것이다. 유럽연합은 혁신 및 사회의 구조적 변화를 촉진하기 위해서 문화창조산업의 역할을 더욱 강화하고, 지역, 국가, 유럽연합 단위에서 문화창조산업 클러스터를 조성할 계획을 세우고 있다. 국경을 초월한 협력을 통하여 문화창조산업이 다양하고 창의적인 콘텐츠와 서비스를 개발하고 고용 증대의 효과로도 이어질 수 있도록 지원하는 것이다. 이를 위해 유럽 내 창의적인 중소기업 활동의 지원은 물론이고 다양한 연구 성과들과 기술을 파악하고 혁신적 아이디어와 사업들에 대해 지원하려고 한다.

다음으로 역시 '유럽 2020' 전략의 하나인 유럽 디지털 아젠다가 문화창조산업과 직접적으로 연결된다. 가계와 기업에 초고속 인터넷망을 구축함과 동시에 디지털 단일시장을 완성하여 경제적 이익과 사회적 이익의 지속적

창출을 이루어 낼 수 있도록 도모한다. 유럽연합은 특히 이러한 기반을 가진 온라인 콘텐츠와 서비스의 유럽 단일시장을 형성시키고자 한다. 신뢰도 높은 유럽연합 전체의 웹 서비스와 디지털 콘텐츠 시장, 국경 없는 온라인 콘텐츠 서비스의 용이한 접근과 다국적 운영 허가 촉진, 권리에 대한 적절한 보호와 보상, 그리고 유럽의 풍부한 문화적인 유산의 디지털화를 위한 활동들에 지원하고자 한다.

여기에 더불어 지적재산권 전략이 제시되었다. 문화창조산업이 육성되고 그 규모가 커질수록 지적재산권에 관한 전략은 그 중요성이 점점 더 증가하고 있다. 이는 관련 산업의 경쟁력을 제고하고 새로운 서비스 및 모델을 창조할 수 있는 창조적 성과물을 보호하고 관리하는데 반드시 필요한 전략이다. 그렇지 않으면 문화창조산업의 핵심이라 할 수 있는 창조성과 창조활동의 지속성을 기대할 수 없게 된다.

② 문화교류에 대한 전망

2010 문화창조산업 혁신 정책에서는 특히 문화적이고 창조적인 작업의 이동성과 순환을 어떻게 증가시키고 확대시키는지에 관한 유럽연합의 관심이 드러난다. 예술과 문화 종사자들은 축제, 순회공연, 국제 박람회, 문화 이벤트 등을 통해 새로운 시장을 찾고 콘텐츠의 배급 전략을 개선할 기회를 얻는다. 이러한 순환은 시민들에게 다양한 문화콘텐츠를 제공하고 새로운 시야를 여는 기회를 제공한다. 나아가 유럽 시민이 서로의 문화를 더 잘 알고 이해하며 풍부한 문화적 다양성을 향유하여 그들이 공유하고 있는 것이 무엇인지를 느끼도록 만든다. 이러한 이유로 유럽문화협정뿐 아니라 유럽연합의 '문화 2007' 프로그램에서도 이동성을 중요한 핵심 의제로 떠올린 바 있다.[23]

그러나 이러한 이동성에 대한 장애물들은 지금도 완전히 철폐되지 않았다. 예를 들어 비자 규제, 국가적 재정 정책, 행정적 장벽, 법률 요건에 대한 접근성 부족 등이다. 국경을 자유롭게 넘나들고 온라인을 통해서도 쉽게 서로를 연결시킬 수 있는 환경은 문화적인 표현의 창조자(생산자)와 시민(소비자) 간에 끊임없는 자극이 될 것이다. 이를 통해 국가와 언어로 나뉘어져 있는 장벽들을 서서히 제거해 나가는 작업이 이루어 수 있다.

국제 문화교류와 무역에 대한 유럽연합의 전망은 문화적인 표현의 다양성 보호와 증진을 위한 2005년 유네스코 협정[24]에 기본 틀을 두고 있다. 이러한 협정 하에서 유럽연합은 균형 잡힌 문화교류를 촉진하고 국제 협력을 강화하는 것에 힘쓰고 있다. 개발도상국들도 문화적인 표현의 다양성 보호와 촉진을 위한 능력 강화를 위해 유럽연합이 계속 돕고 있다. 이와 함께 협정 내용에는 공정한 접근원리와 개방성, 균형의 원리가 포함되어 있다. 유럽연합은 문화적 다양성을 보존할 목적으로 문화정책을 실행하고, 개발도상국을 위한 우선적 지원을 증진하여 왔으며, 서로 다른 문화 간 대화를 세계적으로 촉진하는 데 헌신해 왔다. 앞으로도 문화창조산업에 의해 생산된 상품과 서비스를 포함하여 문화적 다양성의 확산에 전 세계적으로 공헌해야 한다고 본다.

문화교류에 관한 이러한 접근은 유럽의 여러 프로젝트에서 공유되는 가치이다. 역동적이고 풍부한 문화유산과 문화의 개방성이라는 토대 위에 세워진 매력적이고 창조적인 유럽의 이미지가 형성될 수 있도록 하는 근원이라 할 수 있다. 유럽의 영화, 예술, 건축, 디자인 등의 전통과 방대한 자산이 세계 여러 지역과 유럽연합의 관계를 형성하는 데 긍정적인 기여를 할 것으로 보고 있다. 제3세계와의 예술적 교환을 용이하게 하는 것은 문화적인 다양성을 가시화하는 데 중요하다. 국제적인 문화창조산업을 육성하고 그들의 콘텐츠와 서비스를 수출하는 것은 전적으로 제3세계와의 연대를 강화시킨다. 유럽은 현재 제3세계 국가들이나 지자체들과 많은 협력을 하고 있다. 기술 원조를 비롯한 다양한 협력에는 문화창조산업 역시 포함되어 있으며 상호 협조를 통한 경제적 성과를 도모하고 있다. 제3세계 국가 혹은 그곳의 지자체들과의 정책 대화들은 산업 단위들의 협력 강화를 통해 유럽연합의 교류와 수출 증대를 지원하고 있다.

③ 실행을 위한 전략들

ㄱ. 디지털 인프라 구축

유럽연합이 다가올 2020년까지 문화창조산업 분야에서 실행하고자 하는 계획들 가운데 하나가 혁신과 성장을 위한 새로운 실험의 장을 마련하는 것이다. 유럽연합은 여러 측면에서 사회적 강화를 이루려면 독창성과 창조성이 결집된 연구와 개발이 필요하다고 보았다. 이를 위해서는 우선 디지털 사회의 유럽적 인프라를 구축하는 것이 시급하다. 신 디지털 경제와 맥을 같이 하여 생산자와 소비자 간의 구분이 없어진 것이 현실이다. 이때 정보통신산업 부문을 지원하여 문화창조산업 상품과 서비스에 대한 접근과 참여방식을 다양화할 수 있는 디지털 인프라는 긴요한 사항이다.

문화창조산업과 관련된 기업들에 기술을 지원하고 필요한 인력들을 적시에 공급하는 것은 중장기적으로 잠재적인 경쟁력을 신장시키는데 있어 매우 중요한 요소이다. 예술, 디자인 스쿨 혹은 대학 등과 기업 간의 산학 협력이 여기에 기여할 수 있다. 또한 문화창조산업의 혁신과 경쟁력을 촉진하기 위해 정보화기술(e-skill) 등을 요구하는 디지털 환경과 기술에 능숙한 사람들을 계속 공급할 수 있어야 한다. 새로운 디지털 환경에 맞게 새로운 정보통신기술을 이해하고 활용하는 사람들이 충족되지 않으면 기술 부족으로 수반될 위험과 격차가 유럽 문화창조산업의 모든 잠재성을 막을 수 있다. 이는 기존의 교육시스템뿐만 아니라 유럽차원에서 지원하고 있는 평생학습프로그램을 통해 지속적으로 공급하도록 해야 한다.[25] 문화창조산업은 현재 필요로 하거나 혹은 가까운 미래에 활용하게 될 새로운 기술을 잘 이해하고 그러한 신기술 지도를 만들 수 있어야 한다. 이러한 계획들은 유럽연합 차원에서도 관계자들의 협력과 공동 작업을 통해 '새로운 직업과 이를 위한 새로운 기술 확보'를 지속적으로 유지하고 발전시켜야 한다. 이를 위해 유럽 차원의 네트워크 형성과 전문가들의 접근성을 높이는 것은 중요한 선결과제이다.

ㄴ. 문화창조산업 클러스터 형성

유럽연합은 문화창조산업에서 핵심적인 역할을 하는 '창의성' 개발 방법 가운데 하나로 문화와 교육의 연결을 강조하고 있다. 창의성은 천성으로 부여받는 것만이 아니라, 창의적 잠재성을 사용하는 방법을 배움으로써 일깨워질 수 있다고 보는 것이다. 양질의 문화적이고 예술적인 교육은 상상력, 집중력, 비판적인 사고, 감상력 등을 강화할 수 있다. 따라서 교육과 문화 부문의 체계적이고 지속가능한 파트너십을 도모해 시너지 효과를 발휘할 수 있도록 해야 하는 것이다. 따라서 예술과 학문, 과학기술을 연계하여 집중적이고 체계적으로 광범위한 협력을 이끌어내고, 예술의 실험성을 지지하는 공공계획을 증진시키는 전략이 요구된다. 여러 학문 분야에 걸친 전통의 혼합과 새로운 예술 형태의 창조를 통해 독창적인 콘텐츠를 생산할 수 있다. 기존의 흩어져 있던 예술적, 창조적 행위 간의 벽을 허물어 협력적 관계를 도모하여 혁신적이고 창조적인 문화창조산업의 발전을 모색해야 한다.

혁신과 성장 그리고 이 부문에서의 더 많은 개발을 위한 환경을 보증 하기 위해서는 거시적인 접근을 하는 것이 중요하다. 물론 문화창조산업의 혁신과 기업가 정신을 지지하기 위한 지역적 국가적 수준의 계획들이 많이 존재하고 있지만 유럽적 차원을 위시한 모든 단계에서의 다양한 요소들을 끌어와 논의를 넓힐 필요가 있다. 문화창조산업은 문화적 유산의 다양하고 풍부한 원천소스와 숙련된 예술가들, 그 외 창조적 전문가들로 상호 연결된 문화창조산업과 그것의 시장형성이 필요하다.[26] 예술 디자인 학교 혹은 박물관과 같은 창조적 근로자와 관련된 기관들이 효과적으로 운영될 수 있도록 환경 개선이 필요하다. 네트워킹을 촉진하고, 창조적 실험을 자극하기 위한 양질의 지원이 필요하다. 문화창조산업 클러스터를 조성하고 지원하여 협력적 관계를 강화함으로써 부문 간 융복합 연계활동을 지원해야 한다. 이러한 과정에서 문화창조산업이 더욱 혁신되고, 이것이 다른 산업에서 발생된 문제에도 혁신적인 해결을 가져다 줄 때 유럽의 전체적인 경제가 동반 성장하는 것이라 볼 수 있다.

ㄷ. 지역 개발

문화창조산업 혁신 정책에서는 지역적인 것의 세계화에 대해서도 비중을 두어 다루고 있다. 여기서는 세계적인 성공을 위한 시발점으로서 지역 개발을 바라보고 있다. 문화창조산업을 발달시키는 네트워크는 개별 지역을 중심지로 삼고 있다. 따라서 문화창조산업이 세계적으로 성공할 수 있도록 지역 단위의 제반 환경을 우선 개선해야 한다는 것이 주요 논지이다. 창조성의 근원은 지역이고 그 도달점은 세계이다. 예술과 문화적인 일에 종사하는 사람들의 이동성을 촉진하는 것은 유럽의 문화창조산업을 지역적인 것에서 세계적인 것으로 도약시킬 수 있을 것이다.

새롭고 지속가능한 일자리의 창출은 유럽 지역과 도시의 매력을 향상시키는 것에 기여하여 하락된 지역의 경제를 부양한다. 유럽 여러 지역에서 시도된 지역개발 전략들은 성공적으로 문화창조산업을 통합시키고 있다. 문화유산의 증진과 문화기반시설 확대, 관광서비스 지원, 산학연 협력, 초국가적 전략 개발 등을 통해 지속가능한 도시의 개발을 도모하고 있다. 유럽농업기금에 의해 지원되는 지역발전 정책 역시 지역문화 활성화를 돕고 있다. 지역특성이 담겨 있는 전통지구, 자연유산, 문화유산과 지역 레저 활동을 포함한 지역문화 유산 발전 전략이 지원되고 있다. 지역 문화는 경제적 동력이자 지역 주민들 삶의 질을 높이는데 기여하는 잠재력을 지니고 있다고 간주되기 때문이다. 창조성, 혁신과 관련된 정책 및 지원은 각 지역의 특성에 맞게 이루어져야 한다. 즉 장소 기반의 개발 접근이 이루어져야 하는데, 지역의 특수성과 고유한 자원을 기본으로 하여 제반 사항들이 결정될 필요가 있다. 문화창조산업에 대한 지원은 사치스런 것이 아니라 지역의 경제 개발과 사회 통합에 기여하는 것으로 인식되어야 한다고 볼 수 있다.

ㄹ. 재정적 지원

문화창조산업에 대한 재정적 지원에 대해 알아보자. 문화창조산업과 관련된 기업들의 상당수는 1인 혹은 2인의 창조기업을 비롯해 규모가 작은 중소기업들이기 때문에 재정적인 문제가 커다란 장벽이다. 자금 조달은 기업의 성장에 있어 중요한 요소인데, 소규모 창조기업들은 자금에 관한 소스에 대해 이해와 정보가 부족하거나 사업계획을 제안하는 데 어려움을 겪을 수 있다. 이러한 만성적인 자금조달의 문제와 함께 문화창조산업 부문에서 생산되는 상품들 역시 무형의 자산인 새로운 재능과 창조적인 생각을 개발하는 것이어서 실제 시장 진입에 있어 그 리스크가 적지 않은 것도 커다란 문제이다. 이러한 어려움뿐만 아니라 기존 산업의 가치기준에 의한 대차대조표는 문화상품과 서비스의 미래 시장가치에 대한 적절한 평가가 어려워 기존 기업경영 모델에서 사용했던 재정적 유인책은 재정지원 평가방식의 한계를 지닐 수밖에 없다. 그러므로 투자자와 은행은 문화창조산업의 잠재성과 경제적 가치에 대한 개선된 인식이 필요하며, 문화창조산업의 투자를 증진시키기 위해 새로운 검증시스템을 통한 재정 엔지니어링의 메커니즘이 필요하다. 또한 새로운 보증시스템과 재정지원시스템을 구축하고, 국가와 지역 차원에서는 투자자를 모집함과 동시에 대중투자를 활성화하여 벤처자본 조성을 유도할 필요가 있다.

3. 문화창조산업과 문화도시

문화산업 혹은 창조산업은 보다 거시적인 차원에서 본다면 바로 하나의 도시를 창조도시로 발전시키는데 필요한 세부적 구성물들일 수 있다. 한 국가 혹은 한 도시가 창조성과 혁신으로 새로운 이미지를 브랜드화 하기 위해 개별적 창조산업 분야의 뛰어난 성과를 도시의 브랜드로 승화시킬 수 있다. 하지만 반대로 도시 자체에 대한 브랜드화를 시도해 볼 수도 있다. 유럽은 창조산업 이전에 이미 '창조도시' 혹은 '문화도시'라는 모토로 문화를 바탕으로 유럽 도시들의 경제적 성장을 꾀하고 있었다. 창조산업 분야 전문가 중 한 사람인 플루(T. Flew)는 창조산업과 창조도시라는 상관관계를 언급하며 유럽문화수도 프로그램을 하나의 사례로 제시하였다.[27] 유럽연합은 다양한 형태의 문화행사를 통해 지속적으로 유럽시민들의 유럽통합에 대한 관심을 고취시키고자 하였다. 우리는 앞의 장들에서 유럽연합이 시행하고 있는 다양한 문화정책과 교육정책에 대해서 충분히 논의하였다. 유럽문화수도 프로그램 역시 이러한 정책들 가운데 성공적인 하나의 사례로 볼 수 있는 동시에 이것이 어떻게 문화창조산업과 연계되는지를 잘 보여주고 있다.

유럽은 이미 유럽문화수도 프로그램을 통해 문화다양성에 대한 창조적 성과들을 이루어 내었지만, 이에 만족하지 않고 더 성숙된 일상의 도시 문화를 만들어 가기 위해 상호문화도시 프로젝트를 발표하여 시범 운영하고 있다. 도시는 여러 얼굴을 가지고 있는 통합체이다. 경제 행위가 이루어진다는 측면에서 보면 경제이며 사람들의 공동체라는 측면에서 보면 사회이다. 인위적으로 조성된 환경이라는 점에서는 인공물이며 자연환경으로 본다면 생태계이다. 이때 경제, 사회, 인공물, 생태계 이 모두를 지배하는 합의된 규칙은 정치이다. 하지만 그 내부를 움직이고 이끄는 것은 바로 문화이다.[28] 이러한 분명한 사실을 인식한 유럽연합은 또 다른 정책적 노력을 통해 여러 도시들이 협력하여 이문화들이 유기적 협력과 화합을 도모해 다문화가 갈등의 요인이 아닌 상생의 풍요로운 요소로 기능할 수 있도록 또 하나의 길을 모색하고 있다. 문화 차이로 인한 도시 내 갈등 해결을 위한 적극적인 대안을 제시하고 그 실천을 하나씩 해 나아가고 있는 것이다. 유럽의 상호문화도시 형성을 위한 유럽연합과 회원국들 그리고 지자체들의 정책 방향에 대해서도 알아보자.

(1) 유럽문화수도 프로그램

유럽문화수도 프로그램은 애초에 문화와 예술의 창의성이 기술이나 통상, 경제 문제와 동등하게 중요한 것이라는 관점에서 유럽 내의 예술가와 지식인 사이의 커뮤니케이션 채널을 개선하는 방안을 모색하는 가운데 개발된 프로그램이다. 매년 집행위원회에서 유럽을 상징하는 도시를 선정하여 다양한 문화프로그램을 지원하는 사업을 시행하고 있다. 이는 '유럽문화도시

〈표 6〉 역대 유럽문화수도 선정 도시

선정 년도	개최지	선정 년도	개최지
1985	Athens(Greece)	2001	Porto(Portugal), Rotterdam(Netherlands)
1986	Florence(Italy)	2002	Bruges(Belgium), Salamanca(Spain)
1987	Amsterdam(Netherlands)	2003	Graz(Austria)
1988	Berlin(Germany)	2004	Genoa(Italy), Lille(France)
1989	Paris(France)	2005	Cork(Ireland)
1990	Glasgow(UK)	2006	Patras(Greece)
1991	Dublin(Ireland)	2007	Sibiu(Romania), Luxembourg(Luxembourg)
1992	Madrid(Spain)	2008	Liverpool(UK), Stavanger(Norway)
1993	Antwerp(Belgium)	2009	Vilnius(Lithuania), Linz(Austria)
1994	Lisbon(Portugal)	2010	Essen & Ruhr Region(Germany), Istanbul(Turkey), Pécs(Hungary)
1995	Luxembourg(Luxembourg)	2011	Turku(Finland), Tallinn(Estonia)
1996	Copenhagen(Denmark)	2012	Guimarães(Portugal), Maribor(Slovenia)
1997	Thessaloniki(Greece)	2013	Marseille(France), Kosice(Slovakia)
1998	Stockholm(Sweden)	2014	Umeå(Sweden), Riga(Latvia)
1999	Weimar(Germany)	2015-	Mons(Belgium), Plzeň(Czech Republic)
2000	Avignon(France), Bergen(Norway), Bologna(Italy), Brussels(Belgium), Helsinki(Finland), Cracow(Poland), Reykjavik(Island), Prague(Czech), Santiago de Compostela(Spain)	2016	San Sebastián(Spain), Wrocław(Poland)
		2017	Aarhus(Denmark), Paphos(Cyprus)
		2018	Leeuwarden(Netherlands), Valletta(Malta)

(European City of Culture)'라는 이름으로 1985년부터 시작되었다. 1983년 그리스의 문화부 장관 멜리나 메르쿠리에 의해 유럽공동체 회원 10개국의 문화부 장관들이 모인 자리에서 처음으로 제안되었다. 메르쿠리 장관은 회원국 내에서 유럽문화에 대해 보다 심층적인 이해를 도모하자는 제안의 일부로 이와 같은 아이디어를 포함시킨 것이다. 이후 문화담당 각료이사회에서 논의되고 채택되면서 이 프로그램은 유럽 내에 문화를 널리 알리면서

[그림 27] 유럽문화수도 프로그램 포스터[29]

회원국 국민들 간에 서로 가까워질 수 있는 수단으로 활용하자는 취지에서 본격적으로 추진되었다.[30] 최초로 지정된 도시는 그리스의 아테네였으며 이후 회원국들은 자국의 풍부한 문화유산과 볼거리를 내세워 문화도시를 유치하고자 적극적으로 노력하고 있다.

유럽문화수도는 매년 하나 혹은 두 개 도시를 선정해 왔는데[31], 개최되는 해까지 유럽연합의 모니터링과 함께 6년간 철저한 준비에 들어간다. 유럽문화수도 프로그램에 선정되기 위한 각 도시의 경쟁과 준비는 매년 치열하다. 여기에 선정되는 도시는 단지 과거의 어떠한 역사와 의미를 지닌 도시만이 아니라 문화수도로서 1년 동안 이행해야 하는 탁월한 계획을 가지고 있어야 하며 그 계획은 선정 기준에 부합되어야 한다. 이러한 기준에 부합되어 선정된 도시에 대해서 유럽연합은 '문화수도(cultural capital)'라는 타이틀을 부여함과 동시에 일정한 금액을 지원한다. 선정 도시들은 준비 과정에서 도시 자체의 문화적 특성과 독창성에 대해 분명한 시각과 인식을 바탕으로 새로운 문화정책과 앞으로의 추동력이 될 잠재적 성장 요건들을 갖추어 나간다.

선정 기준은 크게 다음의 세 가지 차원으로 나누어 살펴볼 수 있다.[32] 우선은 유럽적 차원에서의 기여도이다. 유럽문화수도 프로그램을 통해 유럽연합 회원국들의 문화관련 종사자들과 예술가들, 그리고 도시들 간의 문화적 협력을 촉진시키는데 기여할 수 있어야 한다. 또한 유럽의 문화적 다양성과 그 풍요로움을 강조할 수 있어야 하며, 유럽문화의 공통적인 면을 부각시킬 수 있어야 한다. 다시 말하자면 후보 도시들은 유럽의 정체성을 비롯한 유럽

문화의 역할들을 제시하고, 유럽만의 독특함이 담긴 전통과 현대의 예술적이고 문화적인 특성을 보여줄 수 있어야 하는 것이다. 이에 대한 구체적인 방법으로 프로그램 자체는 물론 프로그램들의 구성과 조직이 얼마나 유럽연합의 다른 회원국들과 상호 협력적인지가 중요한 점으로 고려되어진다. 다음은 후보 도시와 그 도시의 시민들에 대한 평가부분이다. 후보 도시 및 그 지역 시민들의 참여도는 중요한 평가 대상이라 할 수 있으며, 또한 다른 국가 시민들에게 관심과 흥미를 충분히 유발시킬 수 있는가도 중요한 문제이다. 이러한 부분들은 특히 장기적인 안목에서도 도시의 문화적이고 사회적인 발전에 기여할 수 있는 지속성이 있어야 한다. 그리고 이 외에 운영능력, 예산능력, 프로그램 내용, 홍보전략 등의 구체적인 제안 내용들이 평가 대상으로 고려된다. 구체적인 선정기준 항목을 제시해보면 다음과 같다.[33]

- 문화와 예술에 관련된 행사 조직력과 홍보 능력
- 개최도시의 유럽 문화와 역사에 관한 홍보 능력
- 예술적 혁신을 가능하게 할 활동과 조직력을 갖출 능력
- 새로운 문화 활동을 조직할 능력
- 젊은 층이 참여 할 수 있는 프로그램 기획과 운영 능력
- 고용창출과 관광산업 활성화 등의 경제적 활동 기여 능력

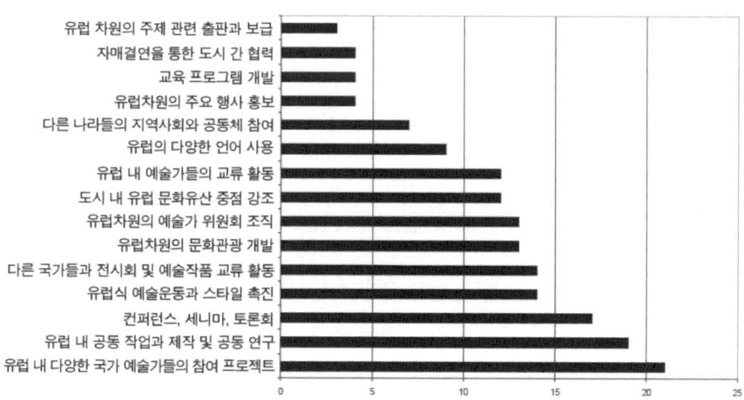

[그림 28] 유럽 차원에서의 유럽문화수도 프로그램 실행 방안[34]

- 문화유산 보존과 도시개발 계획의 조화로운 프로젝트 운영 능력

이 프로그램의 초기 목적은 "문화유산과 예술적 역동성에 대한 강조를 통해 유럽 내 도시들의 문화적 풍요로움과 다양성을 재조명"한다는 것이었다.[35] 보다 세부적으로는 유럽문화의 다양성과 그 풍요로움에 대한 강조를 위해서, 유럽인들을 묶을 수 있는 문화적 결속을 다지기 위해서, 유럽 여러 나라들 사이에 접촉을 늘리고 상호 이해를 증진시키기 위해서, 유럽시민이라는 의식을 고취시키기 위해서이다.[36] 유럽연합은 제각기 다른 문화적 배경을 보유하고 있는 28개 국가들을 아우르는 통합체인 만큼 각 회원국의 다양한 특성을 존중하여 진행시키고 있다. 그러나 궁극적으로 개별 국가를 넘어 범 유럽적 차원에서 문화를 교류하고 함께 향유하려는 의도를 지닌 이 프로그램은 유럽의 공동체 의식을 만드는데 적지 않은 공헌을 하고 있다는 평가를 받은 바 있다.[37]

그러나 동시에 우리가 이 프로그램을 주목하는 이유는 유럽통합 차원에서 연대감을 확보한다는 기존의 취지를 넘어 문화창조산업과 연관되어 경제적 시너지 효과를 내고 있다는 점이다. 이 프로그램은 문화적 교류에 분명한 기여를 한 것과 동시에 경제적이고 사회적인 이익도 창출해 내고 있다. 유럽문화수도 프로그램은 1985년부터 현재까지 지속되고 있는 문화행사로 다른 지역에서도 벤치마킹되고 있다. 예를 들어 미대륙에서는 유럽문화수도 프로그램을 본뜬 아메리카 문화수도 프로그램이 있으며, 아랍 지역에서도 아랍 문화수도 프로그램이 진행되고 있다. 이는 실질적으로 커다란 파급효과를 가져왔다는 것을 증명한다. 여기에 선정되는 개별 도시들은 일 년 간의 행사 기간뿐 아니라 이후에도 파급 효과를 얻을 수 있다. 그들 도시를 발전시킬 수 있는 계기가 될 뿐 아니라 도시 자체가 보유하고 있는 그들만의 창조성을 이끌어내어 이를 통해 도시의 이미지를 변화시킬 수 있는 계기로 작용될 수 있는 것이다. 선정 도시의 시민들을 대상으로 한 설문조사에 의하면 응답자의 80%가 이 프로그램이 도시를 발전시킨다고 긍정적으로 평가했다.[38]

경제적 관점에서 볼 때 유럽문화수도 프로그램의 목적은 크게 네 가지 부문으로 나누어 제시된다.[39] 첫째는 관광산업이다. 자국민을 포함하여 외국인 관광객들을 유치하는 것을 목적으로 한다. 이를 위해서는 특히 문화적 기반시설을 확충하고 문화 행사들을 위한 시장 형성을 확대해야 하며, 전반적인 문화적 환경을 향상시켜야 한다. 둘째는 도시 이미지에 관해서이다. 지역 비즈니스 공동체에 대한 자신감을 고취시킴으로써 그들 자신의 도시에 대한 신뢰감을 형성시켜야 하며, 이것이 외부에 긍정적으로 이미지화되도록 힘써야 한다. 셋째는 경기활성화에 관해서이다. 문화 지구를 건설하고 공공투자의 확대를 통해 기반 시설을 마련해야 한다. 넷째는 산업과 직업에 관해서이다. 프로그램의 실행을 통해서 창조산업을 발전시키고 특별한 직업군의 개발을 촉진해야 한다.

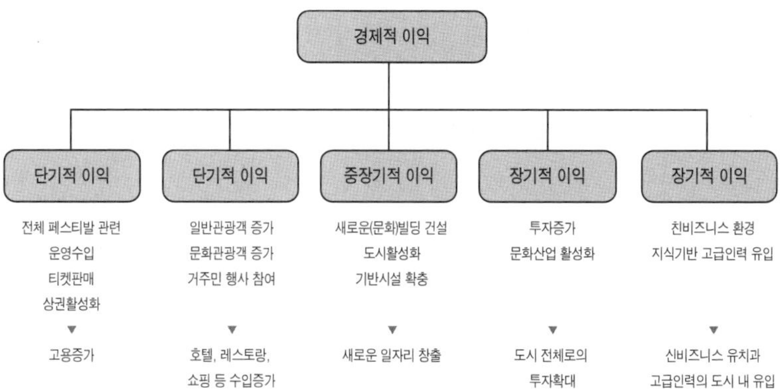

[그림 29] 유럽문화수도 프로그램을 통해 산출되는 경제적 이익[40]

유럽문화수도 프로그램을 시행할 때 발생하는 경제적 이익은 위와 같은 구조로 설명될 수 있다. 우선 첫 번째로 제시된 단기적 이익은 프로그램을 관리 운영하는 데 따른 고용 효과로 제시되고 있다. 이는 각종 티켓 및 문화 상품, 서비스 등을 판매함으로써 얻는 수익이다. 두 번째는 도시의 방문객 증가로 인해 발생하는 이익이다. 이는 단기 또는 중기적 관점에서의 이익 창출로 볼 수 있다. 왜냐하면 해당 년도의 관광객 유치뿐 아니라 그 이후의 지속적인 방문객 증가를 염두에 두고 있기 때문이다. 여기에는 일반적 관광객과 함께 문화 관광객이 포함될 수 있으며, 지역 경제 활성화에 중요한 역할을 할 수 있다. 호텔, 레스토랑, 상점 등의 이용 증가로 인해 실질적인 거주 시민들에게 직접적으로 이익을 주기 때문이다. 세 번째로 중장기적 이익을 가져다주는 자본 지출 부문이다. 이는 새로운 문화 시설의 건립과 이에 따라 부수적으로 파생되는 시설 등의 인프라 확산을 들 수 있다. 또한 결과적으로 다양한 일자리를 창출함으로써 경기부양책으로 이어질 수 있다. 네 번째는 도시의 투자 유치를 통한 장기적 이익이다. 투자 유치의 증가는 도시의 문화산업을 확대·발전시키는 데 장기적으로 중요하다. 다섯 번째는 도시의 이미지 향상을 통해 얻을 수 있는 장기적 경제 효과이다. 친(親)비즈니스적인 환경을 조성하고 지식기반 인력과 고기술 인력들에게 매력을 부각시킴으로써 이들의 도시 내 유입을 유도할 수 있다.

유럽문화수도 프로그램이 가지는 경제적 효과에 대한 유럽연합의 공식자료에 따르면, 행사 기간인 일 년 동안 도시의 방문자 수가 급증하는 것으로 나타난다. 1995년에서 2004년까지 평균적으로 숙박인원이 평균 12% 상승하였다. 투자 대비 이익 창출 효과를 수치적으로 계산해보면 1유로에 대해 8-10유로의 이익을 얻는 것으로 경제학자들은 분석했다. 그러므로 유럽문화수도 프로그램은 도시의 성장과 고용 창출에 매우 커다란 공헌을 할 수 있다고 전망된다. 1995년부터 2004년 사이 총 운영비용은 800만에서 7400만 유로로 증가하였으며, 총 자본 지출이 1000만에서 2억 2천 유로로 늘어났다. 자금 조달의 77%는 여러 차원의 공공 기관들에 의해 이루어졌으며, 13%가 개인 스폰서들에 의해 이루어졌다.[41]

그러나 유럽연합은 이러한 이익이 자동적으로 획득되는 것이 아니라, 도시가 일 년 동안 잘 경영되어 아래와 같은 위험 요소를 피함으로써 확보되는 것이라는 점 또한 지적하고 있다.[42] 첫 번째는 중앙 정부와 지자체 사이에 이해관계로 인한 충돌이 발생할 가능성이다. 국가적 차원과 지역적 차원의 이해관계자들은 6년 간의 준비기간뿐 아니라 1년 간의 시행 기간 동안 서로 간의 합의 사항을 존중하고 유지해나가야 한다. 두 번째는 지자체의 기관들이 여러 가지 발생할 수 있는 문제점들을 제대로 인지하지 못하는 상황이다. 가령 제기될 수 있는 비판이나 혹평, 재정적 어려움이라든가 잘 운영되지 못했을 때 발생할 수 있는 공적 투자자금 회수의 어려움이라는 문제를 미리 인지하고 대비해야 한다. 세 번째는 지자체 혹은 국가 차원에서 정권이 바뀌었을 경우에 발생할 수 있는 문제이다. 이 프로그램의 이행에 대한 약속들은 당파를 초월하여 지속적으로 지지되어야 하며, 이는 곧 재정적인 안정을 보장받는 길이다.

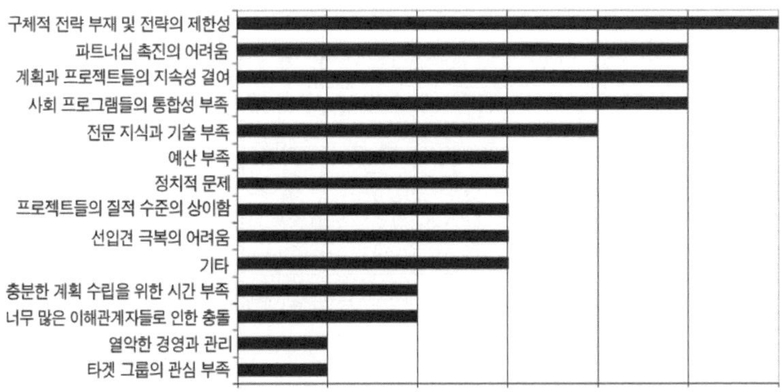

[그림 30] 유럽문화수도 프로그램의 사회적 효과와 관련된 문제점[43]

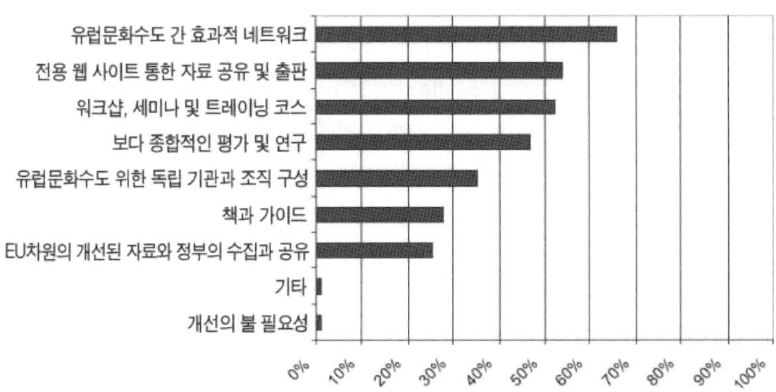

[그림 31] 도시 간 지식과 경험 공유를 위한 방안[44]

유럽문화수도 프로그램은 유럽연합의 모토인 '다양성 속의 조화'를 실현하기 위한 수단이자 문화에 의한 경제적 성장을 위해서도 큰 역할을 하고 있다. 또한 마찬가지로 사회적 포용과 문화 간 대화에도 공헌하고 있다고 본다. 몇몇 도시들은 창의적인 공동체 지원과 자원봉사자의 효과적인 활용 등을 이러한 아젠다에 염두를 두고 경영하였다. 유럽문화수도 프로그램이 시사하는 것은 문화의 의미를 예술분야에만 한정하는 협의적 개념을 탈피하여 도시개발, 산업, 교육, 복지 등 여러 가지 정책분야와 밀접한 관련이 있는 광의적 개념으로 이해하여 단순한 문화정책이 아닌 종합적인 도시 발전 전략으로서의 문화를 포괄하는 정책을 수립했다는 점일 것이다.

유럽문화수도 프로그램은 비단 유럽뿐만이 아니라 넓게는 동아시아, 좁게는 우리나라에도 적용될 수 있는 하나의 좋은 사례일 수 있다고 본다. 사실 한국에서도 이와 유사하게 광주시의 아시아문화중심도시, 경주시의 역사문화도시 등 다양한 문화도시 사업이 추진되고 있고, 지자체들마다 자신들의 고유한 특성들을 내세우며 다양한 축제를 비롯한 도시사업이 진행되고 있다. 그러나 아직 국내의 정치적 이해관계와 이들에 대한 예산 및 홍보부족으로 기대효과가 크지 않은 것이 사실이다. 따라서 유럽문화수도 프로그램과 같은 성공적 결실이 우리나라에도 온전히 자리 잡는다면 지역통합은 물론 국가 간 이해관계의 균형이 이루어지는데 어느 정도 기여하리라 본다. 특히 지역 인프라 개발은 한 국가 내에서도 낙후되어 있는 지역에 매우 매력적인 사업임에 틀림없다. 보다 역동적이고 효율적인 그리고 시민들의 참여가 활성화된 도시개발 프로젝트가 제대로 이루어 져야 한다고 보며 그것이 선행되었을 때 다시 동아시아를 향한 교류와 화합의 문화정책이 시도될 수 있으리라 본다.[45]

(2) 상호문화도시 프로젝트

'상호문화도시(Intercultural cities)'[46] 프로젝트는 유럽연합과 유럽평의회의 공동 작업이다. 핵심 주제는 유럽의 도시 내 문화다양성을 어떻게 경영하는가? 곧 유럽의 도시들은 학교나 직장, 스포츠, 여러 문화 활동의 장 같은 일상 속에서 다른 문화로부터 들어온 사람들 간의 대화를 어떻게 이끌어 내고 있는가? 하는 것이다. 이 프로젝트는 유럽의 도시들이 함께 이 문제에 대한 답을 찾고자 하는 데 의의가 있다. 현재 여러 도시에서 시범적으로 운영되고 있다. 여기서 중요한 점은 도시 내 문화다양성 경영에 있어 다른 도시들이 어떻게 하고 있는지를 서로 보고 배우며 상호 피드백을 통해 제3의 길을 공동으로 모색한다는 데 있다.

사실 문화, 언어, 사회, 종교, 지역 차원에서 생성되는 이질성들은 점점 더 심화되고 있으며 이제 그로 인한 문화적 다양화로부터 그 어느 집단도 자유로울 수 없다. 이방인 혹은 이질성은 어디나 존재하며 우리의 일상 깊이 들어와 있다. 특히 학교와 같은 공공장소는 그로 인해 보이지 않는 갈등과 해결 과제가 매우 심각한 것이 현실이다. 문화적 다양성은 통제될 수 있는 것이 아니다. 문화적 다양성 문제에 대한 오랜 침묵은 지속적인 무질서를 초래하는 근원이 되고 있음에도 이것의 인정에 그치는 단순한 확인 차원의 해결 아닌 해결에 머물러 있는 경우가 대부분이었다. 우리가 필요로 하는 것은 전혀 새로운 것이 아닌 이런 다원성을 어떻게 실현할 수 있는가에 대한 조건들을 구체적으로 현실화시키는 것이다.[47] 이에 상호문화도시 프로젝트는 문화적 다양성 앞의 오랜 침묵에 대한 새로운 시도이다.

유럽연합은 이 프로젝트와 관련해 다음과 같은 비전을 제시하고 있다. 다양성은 역동성과 혁신, 창조성, 성장의 원천이다. 다양성은 다른 모든 사람들의 규범과 문화유산, 정체성이 서로 간에 인정되고 수용될 때 비로소 성립될 수 있다. 그래서 공공장소, 학교, 집, 일터 등 일상의 공간은 서로 다른 문화적 배경의 사람들이 함께 섞여서 생산적이고 창조적으로 상호작용할 수 있도록 디자인되어야 한다는 것이다. 공공의 협의와 논의를 통한 결정은 공동체의 문화적 혼종을 반영하여야 하며, 정치가와 미디어는 가치있게 공유될 수 있는 정체성을 창조하기 위해 그들의 역할을 통해 시민의 참여를 적극 유도하여야 한다. 그리고 이러한 비전이 현실화되기 위해 도시들은 상호문화전략을 발전시켜야 하는 것이다. 이 전략을 통해 기존의 정책과 공공 장소와 수많은 기관과 공동체들의 관계가 변화되어야 하기 때문이다.

이 프로젝트의 목표는 우선 시범도시를 중심으로 해서 이민과 통합과 사회적 결속을 화두로 하는 문화 간 접근에 관한 폭넓은 논의와 정책 입안을 자극시키는 것이다. 그리고 시범도시를 대상으로 도시의 다양성을 경영하는 종합적인 상호문화전략을 발전시키는 것이다. 또 이를 통해 계속해서 유럽의 다른 도시들에게도 영감을 줄 수 있는 활동을 추진하는 것이다. 이 프로젝트는 소위 '문화 간 렌즈(intercultural lens)'에 대한 중요성을 강조하며 그 실천들을 진행시키고 있다. 예를 들어 전문가들의 자문, 방문 조사, 도시 간 멘토링, 주제별 워크숍, 공공 이벤트 등이 여기에 속한다.

상호문화도시 프로젝트를 실천하기 위한 세부 영역들을 살펴보면 다음과 같다.[48]

첫째, 교육 영역이다. 우선 일정 수의 학교나 대학들에 투자하여 교직원들은 물론 커리큘럼을 문화 간 대화와 교류에 역점을 두어 지원한다. 이문화와의 상호 협력적 학습 모델을 개발하여 학생들뿐만 아니라 학부모와 지역 공동체들과도 연계해 그 중요성을 알린다. 시범도시 중 한 곳인 틸부르그(Tilburg)에서는 하나의 카톨릭 학교와 무슬림 학교를 연계해 연합 캠퍼스를 만들어 시범적으로 운영하고 있다. 이 외에도 새로 이주해오는 이주민의 자녀들은 의무적으로 이러한 학교에 입학시켜 인종과 종교와 같은 다양한 문화적 배경이 긍정적으로 섞여 작동할 수 있는 여건을 만들어 주는 것 역시 앞으로 필요할 것이다. 이민자 그룹들, 특히 개인주의가 아닌 집단주의가

[그림 32] 상호문화도시 프로젝트[49]

강한 문화 그룹에 대한 문화적 관심과 접근 역시 필요하다. 또한 다문화학교에서는 문화 간 중재자를 두거나 교직원들 중 일부를 교육을 통해 양성시키는 것도 중요하다.

둘째, 공공장소 영역이다. 도시는 공공의 공간과 장소들에 대한 투자와 개선을 통해 어느 인종 그룹들에 의해서도 자유롭게 사용되고 서로 공유될 수 있게 해야 한다. 어떻게 서로 다른 문화의 그룹들이 같은 공간을 함께 사용하며 공존할 수 있는지에 대한 신중한 계획과 그 가이드라인을 줄 수 있어야 한다.

셋째, 거주지 영역이다. 이 프로젝트는 또한 인종적으로 다른 소수의 그룹들이 그들만의 거주지 구역에 모여 사는 곳에서 나와 다른 지역에서도 살 수 있다는 확신과 정보를 줄 수 있어야 한다. 이런 노력은 다방면에 걸쳐 펼쳐져 상호 공존의 두려움이 거주지라는 문화적 울타리로 경계되어 지지 않도록 해야 함을 의미한다.

넷째, 이웃 영역이다. 상호문화 공동센터와 같은 시설이 설치되어 문화적으로 다른 그룹들이 서로 이웃으로 살아가는 데 필요한 다양한 서비스들이 제공되어 져야 한다. 게다가 비록 소규모일지라도 공동 참여의 문화적 활동이 자연스럽게 정착되도록 유도해야 한다. 이는 개인이나 가족 단위의 문화 간 교류가 가져오는 유대감은 물론 타문화에 대한 근본적 무지와 두려움에 대한 해소를 위해 필요하다.

상호문화도시 프로젝트가 위와 같은 다양한 영역에 걸쳐서 표방하고자 하는 상호문화주의(interculturalism)는 문화다양성의 가치에 대한 인식과 문화다양성의 상호작용이 가져오는 문화혼종에 대한 가능성을 긍정적으로 본다. 물론 문화다양성으로 인한 갈등과 긴장 역시 배제하는 것은 아니지만 열린 공적 논의와 참여자들의 포용정책으로 문제를 풀어나가려 한다. 다문화주의는 각각의 문화에 대한 고유한 가치를 인정하고 이민자와 소수자 그룹에 대한 배려를 정책적으로 발전시키기는 하나 인종 간 갈등에 대한 문제점들이 소수자그룹의 집단 거주지와 같은 형태로 방치되어 실질적인 인종 간 화합의 해결책들이 미비하다는 지적을 받고 있다. 이런 고립된 형태의 인종 간 거주지 밀집지역의 방치는 다른 인종그룹들과의 상호 교류를 방해하고 소수그룹의 빈민화와 사회적 배제가 여전히 그 문제점으로 남아 있어 진정한 의미의 화합된 다문화간 시민사회로의 진입에 난점들이 많다. 상호문화주의는 이러한 다문화주의의 문제점들을 제기하며 모든 문화적 배경의 사람들이 사회 안에서 서로 교류와 화합을 다져 어느 소수그룹도 고립된 채 사회에 방치되어 빈곤과 배제의 악순환을 이어가지 않도록 한다는 데 그 주된 문제의식을 두고 상호 문화 간 접촉과 활동을 장려한다.[50]

상호문화도시 개념은 대개의 경우 다양성을 딜레마로 다루는 것과 달리 '다양성을 가진 도시가 상호문화적 교류와 혁신을 통해 얻을 수 있는 장점은 무엇인가'라고 묻는다. 묻혀있는 장점을 끄집어내기 위해서는 문화를 이해하고 다룰 수 있는 분야의 전문가들이 새로운 기술과 능력을 갖추어야 한다. 여기에 기본 원칙이 되는 것은 개방성이다. 끊임없이 자신의 영역을 넘어 호기심을 갖고 이를 추구할 수 있는 능력으로 연결되기 때문이다. 또한 원활한 상호작용을 가능하게 해주는 기술과 능력, 차이를 협상하고 적극적으로 해결할 수 있는 연대의 규칙이 요구된다. 한 마디로 상호문화주의는 획일적인 신조가 아니라 변화하는 과정이자 서로 영향을 주고받는 접근 방식이다. 상호문화적 접근법은 기회의 균등과 기존의 문화 차이에 대한 존중을 넘어서 공공 공간, 기관, 시민 문화의 다원적 변모를 꾀한다. 문화를 나누는 경계선이 고정되어 있지 않고 바뀔 수 있는 여지가 있다고 보는 것이다.[51] 이러한 점이 인식에 그치지 않고 실천의 영역으로 나오게 된 것이 바로 상호문화도시 프로젝트라고 할 수 있다.

유럽연합과 유럽평의회가 상호문화도시 프로젝트를 실행하기 위해서 제안한 전략들에 대해 알아보면 다음과 같다.[52] 모든 전략들은 공공정책을 추진하고 시민들이 공공의 자각을 도움으로써 문화 다양성에 대한 긍정적 비전을 현실화시키는 데 역점을 두고 있다. 첫째, 문화다양성에 대한 긍정적이고 적극적인 정책방향을 발전시키도록 유도한다. 이 문제에 대한 공론화와 상징적 활동들을 추진하여 도시정체성에 대한 새로운 문화 비전을 발전시켜 나간다. 둘째, 문화 간 렌즈를 통한 도시 기능의 활성화를 위해 시범정책을 추진한다. 교육, 공공장소, 거주지와 이웃, 공공서비스, 비즈니스와 경제, 스포츠와 예술 분야에서 그 내용들을 구체적으로 추진해 나간다. 셋째, 이문화 간 공동체들의 갈등에 대한 불가피한 문제들을 인정하고 그 중재와 해결 방안들을 도시의 성숙된 기능을 창출해 해결하도록 정부부처와 시민단체들의 공동의 노력과 방안들을 만들어 낸다. 넷째, 언어로 인한 거리감을 해소하기 위해 모든 이주민들이 제1공용 언어는 물론 소수민들의 언어 역시도 균형적으로 접하고 배울 수 있는 기회를 확대한다. 이에 학교 교육에 있어 다양한 언어 습득의 기회 역시 주어질 수 있는 정책을 펴나간다. 다섯째, 지역 미디어들의 참여를 이끌어 내어 이문화 간 대화의 중요성과 그 긍정적 미래를 홍보하고 지자체들의 활동들이 계속적으로 시민들에게 알려질 수 있는 통로를 유지한다. 여섯째, 도시의 대외적인 국제정책을 만들어 내어 다른 세계에서도 새로운 상호문화 간 도시 정책이 펼쳐지고 있음을 홍보하고 소수 문화 그룹들이 지역시민이자 세계시민임을 각인시켜 성숙된 도시문화 형성을 구축하고 있음을 알린다. 일곱째, 상호문화 간 지적 교류 기능을 활성화 한다. 외부 지역들과도 연계하여 이문화 간 학습과 화합이 가져올 수 있는 다양한 사례들을 실행하고 데이터를 구축해 지속적인 학습 네트워크를 만들어 간다. 또한 부정적 사례들에 대한 내용들도 계속 모니터링 해서 그 문제점들도 파악해 정책 이행에 반영시킨다. 여덟째, 상호문화에 대한 인식과 포용 훈련을 프로그램화 시켜 정책입안자부터 참여시킨 위로부터의 개혁을 이끌어낸다. 아홉째, 기존 이주민 외에 새로운 이주민들의 유입에 대해서도 성숙된 도시 문화가 바탕이 된 프로그램들이 도입되어 새로운 보금자리로서의 지역 정착에 도움이 되도록 적극 협력한다. 열 번째, 도시 내 다양한 의사 결정에 있어서도 다양한 문화적 배경의 시민들이 참여하여 상호 문화 간 대화를 장려하여 최상의 결정과 정책들이 나올 수 있는 열린 사회로의 모델을 만들어 간다.

도시는 앞으로 문화 간 대화를 추진하고 지원하는 데 있어 중요한 역할을 한다고 본다. 이문화 간 공존의 일상이 도시에서 이루어지기에 그 수용과 화합의 현실적 공간일 수밖에 없다. 도시 내 작은 지역의 이문화 공동체들끼리의 접촉과 만남의 장이자 긍정적이든 부정적이든 다양한 경험의 산실이기도 하다. 이러한 맥락에서 문화 간 대화의 경험과 지식의 과거 경험과 미래 화합의 비전을 제시할 수 있는 도시의 역할이 문화다양성에 대한 다문화적 한계를 극복한 상호문화 간 대화의 활동 무대로서 각 문화의 정체성과 상호 간 이해와 관용과 협력을 다지는 단위로서 제 기능을 다해야 한다. 이를 통해 도시는 이문화들의 소속감과 협력을 극대화하여 사회적이고 문화적인 통합의 장으로서 서로의 신념들을 창조적 승화로 이끌어 가야 한다고 본다. 이는 일상 속 다양한 생활 공동체 안에서 실현시켜 나가야 한다.

유럽연합은 1990년대부터 통합과정에 있어 새로이 유럽의 정체성을 만들어가고자 애쓰고 있다. 그 시작이 다양한 문화적 배경의 유럽시민들을 동참시키는 것이었고, 그 방법으로 유럽시민권과 함께 문화와 인적교류를 시행하였다. 그리고 이것이 밑거름이 되어 다시 유럽연합 차원의 문화창조산업 정책을 추진하여 문화의 유로화를 도모하고 있는 것이다. 유럽연합의 문화창조산업 정책 녹서에서 분명히 밝힌 "창조성의 근원은 지역이고 그 도달점은 세계이다"라는 명제는 글로컬라이제이션적 특성을 드러내고 있다. 유럽연합 28개국 회원국들 모두 그 고유함을 유지하면서 함께 유럽연합 안에서 조화로운 공존을 추구하는 것은 글로컬라이제이션의 좋은 예라 할 수 있다. 이런 전략은 사실 유럽연합의 문제뿐만이 아니라 모든 개별국가와 그 안의 지역단위와도 대응해 볼 수 있으며, 나아가 개별국가와 세계라는 글로벌 개념의 상황과도 연계해 볼 수 있다고 본다. 결국 중요한 것은 늘 작은 단위와 그 공간이 속한 더 큰 단위와의 상관관계 속에서 양자 간 균형적 고려가 중요하다는 것이다. 곧 독특한 로컬들의 고유성이 유지되면서 세계화로의 발판을 다지는 것이 글로컬라이제이션 전략의 핵심이자 출발점이라 할 수 있다는 것이다.

문화도시 프로그램 역시 유럽연합의 글로컬라이제이션 전략을 잘 보여주는 사례로 제시될 수 있다. 유럽문화수도 프로그램은 로컬 문화 간의 교류를 문화창조산업의 영역으로 이끌어온 경우이며, 미국이나 중동지역에서도 벤치마킹할 정도로 큰 성과를 이루어 내고 있다. 유럽연합은 여기에 그치지 않고 문화교류와 문화산업을 다시 넘어서려는 정책적 시도를 하고 있는데, 그것이 바로 상호문화도시 프로젝트였다. 유럽시민들의 사소한 일상에 보다 더 주목하고 있는 것이다. 여전히 다양한 문제들이 상존하고 있는 일상과 그 일상의 장(場)인 도시, 특히 학교를 비롯한 여러 공공장소에서 벌어지고 있는 문화 간 갈등에 귀를 기울이며 그 해결점을 찾아 나서고 있는 것이다. 비록 시작된 지 얼마 안 된 시범 프로젝트지만 그 목적과 의미는 다문화사회로 진입한 한국을 비롯한 모든 국가들에게 시사하는 바가 크다고 본다.

주석

1 진형준, 「상상력과 학문의 상호 연계성」, 『인문학연구』 제40권, 2007, p.126.

2 CEC, *Green Paper: Unlocking the Potential of Cultural and Creative Industries,* Brussels: COM(2010)183, 2010b, p.18.

3 홍종열, 「EU 문화창조산업의 정책 동향과 전망」, 『문화산업연구』 11-1호, 2011 참조.

4 Joern Beck, *Kultur(?)industrie-Aufklaerung als Massenbetrug,* München: GRIN Verlag, 2005, pp.2-5 참조.

5 신광철, 「한국 전통음악의 세계화를 위한 문화콘텐츠 개발의 방향」, 『인문콘텐츠』 제9호, 2007, p.353 참조.

6 KEA European Affairs, *op. cit.,* p.56.

7 *Ibid.*

8 David Ward(ed.), *op. cit.*, pp.245-246 참조.

9 Annabelle Littoz-Monnet, *The European Union and Culture: Between Economic Regulation and European Cultural Policy,* Manchester: Manchester University Press, 2007, pp.27-28 참조.

10 Monica Sassatelli, *op. cit.,* pp.42-44 참조.

11 *Ibid.,* pp.48-58 참조.

12 암스테르담 선언 전문 "The Amsterdam Declaration" (http://www.edc.nl/amsterdam conference/) 참조 (2011.1.20 검색).

13 http://www.proinno-europe.eu/newsroom/towards-pan-european-initiative-support-innovation-creative-industries-europe (2011.1.23 검색).

14 "Amsterdam Declaration Calls for Strengthening Creative Industries in Europe" (http://www.europe-innova.eu/web/guest/home/-/journal_content/56/10136/178407) (2011.1.20 검색).

15 리스본 전략은 2010년까지 유럽을 세계에서 가장 경쟁력있고 역동적인 지식기반 경제체제로 만들기 위한 유럽개혁 프로젝트이다. 그 결과 경제적 성장과 고용증대, 그리고 사회적 연대의 강화라는 핵심 사안에 대한 실천전략으로서 2010년까지 10년간의 장기적 계획이 마련되었던 것이다.

16 유럽연합 홈페이지 (www.ec.europa.eu) (2012.1.9 검색).

17 CSC Briefing Paper, *Europe 2020: A European Strategy for Smart, Sustainable and Inclusive Growth*, Brussels, 2010, p.2.

18 *Ibid.*, pp.10-18 참조.

19 유럽연합이 2010년 발표한 문화창조산업 정책에 관한 녹서 CEC(2010b)를 근거 자료로 활용하였음.

20 David Ward(ed.), *op. cit.,* pp.245-253 참조.

21 유럽연합 홈페이지 (www.ec.europa.eu) (2012.1.9 검색).

22 Pascal Fontaine, *op. cit.*, p.37.

23 2007년부터 2013년까지 진행되는 유럽연합의 문화정책 '문화 2007' 프로그램은 '문화 2000' 프로그램의 기본 틀을 잇고 있으며, 새로운 점은 유럽에 걸쳐있는 문화 조직에 대한 광범위한 이동과 교류를 촉진시키는 것을 그 핵심으로 삼아 주력하고 있는 것이다.

24 2005년 10월, 유네스코 제33차 총회에서 <문화적 표현의 다양성 보호와 증진 협약>이 체결되었다. 이 협약은 가능한 한 모든 나라들이 다른 나라의 무역 제재 위협에 구애받지 않고 자국 내에서 다양한 예술적 표현이 이루어질 수 있도록 여건을 조성할 수 있게 하는 중요한 수단이 되고 있다 (유네스코한국위원회, 『유네스코와 문화다양성』, 서울: 유네스코한국위원회, 2008, p.149).

25 유럽연합은 2007년부터 2013년까지 평생학습프로그램을 시행함으로써 지식기반 사회로의 진입이라는 사회적 변화에 적극적으로 대응하고자 하고 있다. 주로 지식기반 경제 사회에서 요청되는 새로운 기술을 유럽 시민 누구나 습득할 수 있도록 교육을 지원하는 형태를 띠고 있다.

26 Richard Florida는 *The Rise of the Creative Class* (New York: Basic Books, 2004)에서 창조적 계급(creative class)이라는 개념을 제안하면서, 전문가, 과학자, 예술가들 집단이 도시 공간을 중심으로 경제적·사회적·문화적·역동성을 창조해내고 있는 현상을 지적하였다.

27 Terry Flew, *Toward a Cultural Economic Geography of Creative Industries and Urban Development,* Taylor & Francis Group, 2010, p.86.

28 Charles Landry, *The Art of City-making*, London: Earthscan, 2008, p.6.

29 유럽연합 홈페이지 (http://ec.europa.eu/culture/our-programmes-and-actions/doc413_en.htm) (2011.1.2 검색).

30 박성훈 외, 『EU 문화정책의 유럽통합에 대한 파급효과와 동아시아 통합에 대한 시사점: 유럽문화수도 프로그램의 사례연구를 중심으로』, 서울: 대외경제정책연구원, 2008, p.37 참조.

31 2011년부터는 매년 각기 다른 나라의 두 도시가 선정될 예정이다.

32 유럽연합 홈페이지 (http://ec.europa.eu/culture/our-programmes-and-actions/doc459_en.htm) (2011.1.8 검색).

33 Palmer-Rae Associates, *European Cities and Capitals of Culture Part I,* Brussels: Palmer-Rae Associates, 2004, p.48, 박성훈 외, 앞의 책, p.43.

34 Palmer-Rae Associates, *op. cit.*, p.86.

35 Gianna Lia Cogliandro, *European Cities of Culture for the Year 2000: A Wealth of Urban Cultures for Celebrating the Turn of the Century*, AECC/AVEC, 2001, p.12.

36 유럽연합 홈페이지 (http://ec.europa.eu/culture/our-programmes-and-actions/doc413_en.htm) (2011.1.8 검색).

37 Jordi Pascual Ruiz & Sanjin Dragojević, *Guide to Citizen Participation in Local Cultural Policy Development for European Cities,* European Cultural Foundation, 2007, p.5.

38 Palmer-Rae Associates, *op. cit.,* pp.22-23.

39 *Ibid.*, pp.102-103.

40 *Ibid.*, p.105.

41 유럽연합 홈페이지 (http://ec.europa.eu/culture/our-programmes-and-actions/doc459_en.htm) (2011.1.8 검색).

42 위의 홈페이지 (2011.1.8 검색).

43 Palmer-Rae Associates, *op. cit.,* p.139.

44 *Ibid.,* p.157.

45 박성훈 외, 앞의 글, pp.85-91 참조.

46 문화 간 대화 2008 프로젝트의 성공적인 수행 이후 이를 발전적으로 지속시키기 위해서 여러 가지 관련 문화정책 프로젝트가 기획되었는데, 그 가운데 하나가 상호문화도시 프로젝트이다. 프로젝트의 전반적인 내용에 대해서는 유럽연합 홈페이지 (http://ec.europa.eu/culture/our-policy- development /doc2649_en.htm) (2010.11.2 검색) 참조.

47 마르틴 압달라-프렛세이,『유럽의 상호문화교육』, 장한업 옮김, 서울: 한울, 2010, pp.9-12 참조.

48 “Intercultural City: Governance and Policies for Diverse Communities” (http://www.coe.int/t/dg4/cultureheritage/culture/Cities/Interculturality_en.pdf) (2010.11.6 검색).

49 유럽평의회 홈페이지 (www.coe.int) (2012.1.9 검색).

50 위의 홈페이지 참조 (2010.11.6 검색).

51 Charles Landry, *op. cit.,* pp.256-262 참조.

52 Phil Wood(ed.), *Intercultural Cities: Towards a Model for Intercultural Integration,* Strasbourg: Council of Europe Publishing, 2009, pp.44-46 참조.

6

유럽연합의 창조유럽 프로젝트와 글로컬라이제이션

유럽연합(EU)의
문화창조산업 프로젝트

6

유럽연합의 창조유럽 프로젝트와 글로컬라이제이션

1. 왜 창조유럽 프로젝트인가

문화와 예술 영역이 경제성장과 고용, 혁신 그리고 사회적인 결합에 지대한 영향력을 행사하기 때문에, 유럽은 문화와 예술 영역에 대한 좀 더 많은 투자를 필요로 했다. 유럽연합은 창조유럽(Creative Europe) 프로젝트를 통해 문화적 언어적 다양성의 보호와 증진은 물론 문화와 예술 부문의 경쟁력 강화를 도모하고 있다. 이는 문화와 예술 부문이 유럽의 일자리와 성장을 부흥시킬 잠재력으로 판단하고 유럽연합의 재정 지원을 늘려 수 천 명의 예술가와 문화계의 전문가들이 유럽연합 역내 시민들과 보다 다양하면서도 지속적인 접촉을 가질 수 있도록 하고자 한 것이다.

창조유럽 프로젝트는 2014년부터 2020년까지의 새로운 7개년 프로젝트로 유럽연합이 20여 년 넘게 실행해 오던 문화정책, 교육정책, 미디어 정책을 보다 통합적인 차원으로 승화시켜 창조유럽이라는 기치아래 소위 새로운 융복합적 집중을 하고 있는 프로젝트이다. 또한 미래 유럽을 위한 혁신 전략인 '유럽 2020'에 기여할 수 있을 것이란 기대로 세 가지 전제조건 곧 스마트한 성장(smart growth), 지속가능한 성장(sustainable growth), 포용적인 성장

(inclusive growth)에 이바지 할 수 있다고 여겼다.

소위 '통합기구(one-stop shop)'로서의 창조유럽 프로젝트의 목적은 문화 활동가들의 수용능력을 증대시키고, 문화적인 작품의 초국가적인 순환과 유럽의 문화적 언어적인 다양성을 증진시키는데 있다. 이 프로그램이 이루고자하는 몇 가지 구체적인 목표를 제시하면 다음과 같다:[1]

- 국경을 초월한 제공을 위해 유럽 문화창조 부문의 수용능력 지원
- 유럽 안팎의 새로운 시민들과 접촉할 수 있도록 문화창조 작업과 제공자의 초국가적인 순환을 지원
- 문화창조 부문의 수용능력, 특히 중소기업과 중소단체의 수용능력을 강화
- 정책 개발과 혁신, 청중의 구축, 새로운 사업모델을 증진하기 위해 초국가적인 정책적 합의를 지원

그리고 이러한 목표는 문화, 미디어, 네트워크 강화라는 세 개의 측면에서 그 실행을 구체화하고 있다. 문화 부문은 국제적인 관광, 이벤트, 전시와 관련된 것이며 문화예술가들이 유럽 안팎에서 국제적인 경력을 쌓을 수 있도록 재정적인 지원도 한다. 여기에는 문학번역 작업도 포함하고 있다. 유럽문화상(European prize for culture), 유럽 유산라벨(European Heritage Label)[2] 그리고 유럽문화수도에 의해 중점적으로 운영된다. 다음은 미디어 부문인데 모든 플랫폼을 통한 유럽영화와 국제적인 영화의 유럽 내에서의 순환을 용이하게 하고, 특히 유럽시청각 작품의 제공과 증진을 통해 재정을 확보하고자 한다. 마지막은 네트워크로, 공식적인 용어로 '부문 간 연결(A CROSS SECTORIAL)' 파트인데 전문가와 기관들의 플랫폼과 문화창조 부문 간의 네트워크 강화를 통해 국경을 초월한 협력을 독려한다. 이와 같은 취지를 담은 보다 구체적인 내용은 몇 가지 세부적인 논의들과 함께 이어서 살펴보도록 하겠다.

2. 문화유산 정책과 전략적 맵핑

지역이 가지고 있는 문화유산의 활용은 지역의 정체성을 확립하고 지역민에게 자긍심을 심어주며 지역의 경제발전에 도움이 된다는 점에서 그 의미가 크다. 문화유산의 활용은 그것이 지닌 역사적 가치를 훼손하지 않는 것을 전제로 하여 효율적으로 사용하고 이를 통해 지역문화를 재발견하고 새로운 문화 가치를 창출하여 다양한 부가가치를 창조해 낼 수 있다. 문화유산이 가지고 있는 본래의 가치를 오늘날의 가치로 재해석하기 위해서는 활용의 과정을 거쳐야 하는데 단순히 과거의 문화유산을 보존하는 것만으로는 부족하며, 현재의 우리와 미래의 후손들이 함께 그 문화유산의 가치를 공감할 수 있는 활용방안을 찾아야 한다.[3]

오랜 역사의 흔적을 느낄 수 있는 수많은 문화유산을 적절히 활용하여 산업화할 때 사회적, 문화적, 경제적인 효과는 엄청날 것으로 전망된다. 오늘날 각 지역은 각자의 정체성을 정립하고 다른 지역과 차별화되는 경쟁력을 확보하는데 많은 노력을 기울이고 있다. 도시가 가지고 있는 여러 자원들을 활용한 경쟁력 있는 상품화를 추진하고 특화된 경쟁력을 창출하는데 중요한 요인 중 하나가 그 지역이 가지고 있는 문화자원이다. 이제 각 지역에서도 지역의 경쟁력 확보를 위하여 다양한 방법으로 중요한 문화자원인 문화유산의 활용을 시도하고 있기에 지역의 어떤 문화유산을 어떻게 활용하는 것이 바람직한가에 대한 논의가 중요하게 되었다.

유럽연합 내 회원국들이 가지고 있는 문화유산은 그야말로 풍부하고 다양하다. 유럽의 과거가 고스란히 담겨 있는 문화유산을 유럽연합은 유럽의 미래를 위해 새롭게 구상하여 그 활용을 고심하며 정책적 구상과 실천을 도모하고 있다. 특히 2014년부터 시행된 창조유럽 프로젝트의 일환으로 그 의미와 중요성을 강조하고 있다. 창조유럽 프로젝트는 유럽의 다양한 문화를 창조적으로 승화시켜 유럽연합 내 회원국들의 경제적 부를 창출하고 더 나아가 유럽연합 내 문화교류를 증진시키는 중요한 수단으로 삼고자 한다. 여기에서는 유럽의 문화유산이 가지는 의미와 그 정책적 논의를 살펴보고자 한다.

유럽연합과 유럽평의회는 유럽의 문화유산 활용에 대한 의미를 다음과 같이 두고 그 전략적 모색을 하고 있다.[4] 우선, 문화유산을 유럽의 지속가능한 발전을 위한 전략적 자원으로 보고 유럽연합 전체 회원국과 연계한 정책을 발전시키고자 한다. 특히 유럽2020 전략, 곧 스마트한 성장, 지속가능한 성장, 포용적 성장의 취지에 하나의 역할을 할 수 있는 장기적인 정책 모델을 발전시키고자 한다. 유럽의 문화유산은 어느 한 국가에 속한 것이기도 하지만 동시에 유럽 공동의 유산으로서 공동의 책임을 분명히 하고 있다.

유럽의 문화유산은 매우 다양하고 풍요로우며 매년 수천만의 사람들이 유럽을 방문하게 만들고 있다고 해도 과언이 아니다. 역사적 흔적이 남아 있는 도시들, 기념비적인 건물들을 포함한 역사적 기념물들, 고고학적 유적지와 각종 박물관 등 그 수가 헤아릴 수 없을 것이다. 이러한 문화유산들은 그곳에 사는 개인의 정체성은 물론 개인들의 집합인 공동체의 정체성 형성에도 중요한 역할을 하고 있다. 눈에 보이는 유형의 유산에서부터 눈에 보이지 않는 무형의 유산을 아우르며 지역 공동체의 결속에 이바지하고 있는 것이다. 유럽 역시 마찬가지인데 특히 유럽연합의 결속을 위한 중요한 요소로 작동하고 있으며 전략적 활용에 따라 더 강력하게 작동할 수 있다고 보고 있다. 유럽연합 내 회원국의 시민들을 더욱 결속시키는데 이바지할 수 있다는 역할로서 말이다.

게다가 유럽의 문화유산은 관광산업을 활성화시켜 지역 경제를 성장시키는데 중요한 역할을 할 수밖에 없다. 이는 직간접적인 영향 아래 지역 내 지속적인 일자리 창출에도 기여할 것이다. 그러나 다른 각도에서 보면 유럽의 문화유산은 지금 여러 위험에 노출되어 있는 것도 사실이다. 지구온난화와 같은 기후 변화, 각종 공해, 급격히 확장되고 있는 도시화로 인한 위협, 관광객의 대량 방문(mass tourism)으로 인해 야기되는 문제들, 사람들의 부주의로 인한 손실 및 심지어 테러에 의한 파괴까지 여러 요인들로 인해 유럽의 문화유산들은 점점 그 보호가 절실해 지고 있다. 이를 위해 유럽연합 내 회원국 각자는 물론 유럽연합 차원에서도 공동으로 그 보호와 활용을 논의해 나갈 필요가 있는 것이다.[5]

유럽연합은 문화유산 정책에 대한 전략적 밑그림[6]을 다음과 같이 그리고 있다. 우선, 문화다양성, 문화 간 대화, 접근가능하고 포용적인 문화 전략이다. 두 번째는 문화와 창조산업과 연계된 전략이다. 세 번째는 이동성 곧 교류의 문제인데, 유럽의 예술가들의 자유로운 이동과 협업은 물론 다양한 문화유산의 유동성을 확보해 유럽 전역에 걸쳐 모두가 접근할 수 있는 방법을 마련하고자 한다.

위의 전략적 밑그림은 세 가지 모두가 각각의 의미를 가지고 있는 것이 아니라 서로 상보적 작용을 할 수 밖에 없으며 그럴 때 그 효과가 온전히 나타날 수 있다. 유럽연합은 다양한 국가의 각기 다른 문화적 배경이 가져올 수 있는 갈등과 분열을 막고 다양성 속의 조화라는 모토를 실현시키기 위한 또 하나의 수단으로서 유럽의 문화유산이 잘 활용되기를 기대하고 있다. 이것이 실천된다면 유럽의 문화적 다양성이 성숙한 문화 간 대화를 이끌고 관용적이고 포용적인 유럽의 통합된 사회를 구축하는데 긍정적으로 작용할 수 있다고 본 것이다. 이는 다시 창조적 다양성으로 승화되어 유럽의 경제적 발전에도 크게 이바지하리라 본다. 지금 세계는 문화창조산업에 대한 매우 긍정적이고 적극적인 정책적 방향을 도모하고 있다. 유럽 역시 그들만의 독특한 특성인 다양성이라는 자원을 잘 활용해 그들의 독특한 문화창조산업의 경쟁력을 높이려 하고 있다. 이에 대한 중요한 자원 중 하나가 바로 문화유산이라고 보고 있는 것이다. 그들의 풍부한 문화유산을 글로벌화시켜 부가가치를 창출하려는 전략적 활용이다. 그리고 이를 위해 필요한 한 가지가 바로 역내의 역동적 교류이다. 유럽연합 입장에서는 이동과 교류가 중요한 화두가 되는 것은 필연적이라고 할 수밖에 없다. 문화적이고 창조적인 작업의 이동성과 순환을 어떻게 증가시키고 확대시키는지에 대한 유럽연합의 노력이 요청되는 부분이기도 하다. 예술과 문화 종사자들의 순환은 시민들에게 다양한 문화콘텐츠를 제공하고 새로운 시야를 여는 기회를 제공할 것으로 보인다. 나아가 유럽시민들이 서로의 문화를 더 잘 알고 이해하며 풍부한 문화적 다양성을 향유하여 그들이 공유하고 있는 것이 무엇인지 느끼도록 만들 수 있다는 것이다.

또한 구체적으로 유럽문화수도 프로그램이나 유럽유산라벨, 유럽문화상, 유럽유산의 날(European Heritage Days)과도 연계한 보호 및 발전을 지속시키고 있다. 디지털 시대에 걸맞게 새로운 기술력을 동원해 문화유산의 적극적인 접근과 활용 그리고 창조적 자원으로서 역할을 할 수 있도록 지원하고, 지속적인 관광 전략을 위한 지역의 문화와 창조 산업과도 연계해 그 시너지 효과를 창출하려 하고 있다. 당연히 이를 위해서는 지금 진행되고 있는 창조유럽 프로젝트와도 긴밀한 협력을 도모하지 않을 수 없을 것이다.

특히 유럽문화수도 프로그램을 주목해 볼 필요가 있는데, 이 프로그램의 목적은 문화유산과 예술적 역동성에 대한 강조를 통해 유럽 내 도시들의 문화적 풍요로움과 다양성을 재조명하고 있기 때문이다. 이는 동시에 유럽인들을 묶을 수 있는 문화적 결속을 다지기 위해서, 유럽 여러 나라들 사이에 접촉을 늘리고 상호 이해를 증진시키기 위해서, 유럽시민이라는 의식을 고취시키기 위해서이다.[7] 또한 이러한 유럽통합 차원에서 연대감을 확보한다는 취지를 넘어 문화창조산업과 연관되어 경제적 시너지 효과를 낼 수 있다는 점이다. 이 프로그램은 문화적 교류에 분명한 기여를 할 수 있다는 점과 동시에 경제적이고 사회적인 이익도 창출해 낸다는 점이다. 그리고 그 문화도시라는 타이틀 안에는 가장 핵심인 그 도시만의 독특한 문화유산이 함께하고 있다는 점이다. 문화유산과 문화도시가 서로 분리될 수 없음을 말해주고 있다.

유럽유산라벨[8]은 유럽의 역사와 이야기가 깃든 유산을 선정하는데 유럽적 차원이 강하게 드러나는 곳으로 선정된다. 유럽문화상[9]은 보호와 연구, 교육 등 유럽의 문화유산과 관련되어 업적이 인정되어 시상되는 상이다. 유럽유산의 날[10]에는 유럽 전역에서 이 날을 축하하며 거의 모든 박물관을 비롯한 문화유산이 시민들에게 무료로 개방된다. 위의 세 가지 행사를 보면 결국 유럽의 다양하고 풍요로운 유산을 기억하고 공유하여 서로의 연대감을 강화하려는 의도를 볼 수 있다. 한 국가의 차원에서 행해지고 있는 것이 아니라 유럽연합 차원에서 이루어지고 있는 것으로 유럽적 정체성 형성에 큰 기여를 할 것으로 예상하며 그 활용을 지속시켜 나가고 있는 전략이다.

이와 관련된 유럽연합의 전략적 연구 아젠다[11]를 조금 더 살펴보면 문화유산을 매우 총체적이고 통합적인 연구 영역으로서 이해하고 전개하려 한다는 것을 알 수 있는데 다음과 같다. 1) 사회의 성찰적 발전(developing a reflective society): 세계는 변하고 있고 연구를 위한 질문 역시 이에 맞추어져 변해야 한다는 자각에서 기인한다. 문화유산 역시 이와 맥을 같이 한다. 정체성, 가치, 윤리와 같은 영역과 문화유산이 변화하고 있는 세계에 어떤 새로운 질문을 던져야 하겠는가와 깊이 관련되어 있다. 2) 유산으로 사람들을 연결하기(connecting people with heritage): 사람들 사이와 커뮤니티 사이를 이어주는 교가로서의 유산에 대한 중요성이다. 관광산업에서 디지털산업까지 광범위하게 포괄되는 넓은 영역에 대한 이해를 동반한다. 3) 지식 창출(creating knowledge): 문화유산을 가지고 사회적 부가가치를 창출할 수 있는 혁신적 접근과 도구를 발전시켜 나가야 하는 것에 대한 문제이다. 4) 문화유산 자원 보호(safeguarding cultural heritage resource): 문화유산을 어떻게 보호할 수 있는가에 대한 문제이다. 기후변화부터 디지털 문화유산에 대한 보호까지 포괄적인 영역에 걸쳐 있다.

문화유산은 유럽 시민과 공동체와 지역을 위한 유러피언니스(Europeaness)를 위해 중요하다. 문화유산은 통합적 수단으로서 유럽 공동의 가치 정립을 위해 필요하다. 유산에 대한 존중은 유럽적 정체성을 고취시키는 중요한 수단이 된다. 곧 유럽의 문화유산은 유럽을 건설하는 데 있어 불가피한 동력 중 하나이다. 유럽의 소중한 자산인 문화유산이 유럽의 시민과 사회의 연대감은 물론 경제적 자원으로 새롭게 활용될 수 있고자 노력을 기울이고 있다.[12]

3. 미디어 리터러시와 유로피아나 크리에이티브

최근 사회 환경의 변화 중 하나는 디지털 테크놀로지의 발전으로 인한 지식기반사회로의 전환이다. 이러한 변화는 지식이 중요한 생산수단이 되었음을 의미한다. 그러나 이러한 지식의 홍수는 그 질적 활용에 있어 새로운 요청을 하고 있는데 그 중 한 가지가 미디어 리터러시(media literacy)에 대한 역량 강화이다. 디지털 미디어의 확산과 함께 고도로 복잡한 미디어와 정보 생태계가 조성되고 미디어의 중요성이 부각되어 있는 가운데 미디어 리터러시 교육은 이미 세계 각국의 중요한 정책과제로 부과되고 있다.

토메로(Tomero)는 이에 각 국가별로 차이가 있으나 시민성(citizenship) 함양과 경제 성장의 중요한 동력이라는 두 가지 흐름으로 미디어 리터러시 교육에 대한 중요성을 언급하고 있다.[13] 시민성 함양은 미디어 리터러시 교육이 추구하는 가장 일반화된 지향점으로 북유럽을 위시해 많은 국가들이 노력을 기울이고 있는 부분이다. 경제 성장 동력으로서 미디어 리터러시에 대한 정책적 관심은 세계 경제의 패러다임이 실물중심의 산업경제에서 정보와 지식 중심의 지식경제와 창조경제로 전환되고 있는 상황에서 개개인의 미디어 역량이 중요함을 의미한다.

(1) 미디어 리터러시와 유럽연합

유럽연합에 의하면 미디어 리터러시란 여러 가지 다른 종류의 미디어들에 접근하고, 이해하고, 창조하며, 비판적으로 평가하는 사람들의 능력과 관련된다. 디지털기술의 급속한 발달에 따른 비즈니스, 교육, 문화에서의 사용증가로 누구에게나 디지털 미디어를 이해하고 사용하는 것은 중요하게 되었다. 또한 미디어 리터러시는 경제성장과 일자리 창출에도 매우 중요한 역할을 한다. 디지털 기술들이 혁신과 경쟁력을 촉진시키는 역할을 하게 되었기 때문이다. 이와 관련하여 유럽연합은 다음과 같은 자신의 역할을 내세우고 있다. 우선 역내 회원국들과의 공조를 통해 정책적 방안을 마련하고, 또한 유럽 전역의 관련 전문가 그룹들과도 협력적 정책개발에 힘쓴다. 창조유럽 프로그램과도 정책적 연동을 일으키며, 이에 대한 보고서 작성 및 연구를 통해 역내 회원국과 시민들에게 도움이 될 수 있는 자료들을 많이 제공하고

자 한다.[14]

유럽연합은 미디어 리터러시는 모든 미디어와 관련된다고 언급하면서, 유럽시민권과도 연관되며, 시청각 유산 및 문화유산과도 긴밀함을 밝히고 있다. 여기서 모든 미디어라 함은 TV, 영화, 라디오, 음악, 인터넷 등 새로운 디지털 기술의 발전과정에서 나타나고 있는 거의 모든 매체를 포함하고 있다. 미디어는 유럽시민들이 사회를 더 잘 이해하고 참여하여 민주주의적 삶을 영위하고 향유하는데 기여할 수 있다고 보고 있다. 특히 문화적이고 정치적인 가치의 표현에 유럽시민들이 적극적인 참여는 물론 유럽적 정체성 함양에도 큰 기여를 할 수 있다고 본다. 이는 자연스럽게 유럽의 시민권과도 연계되는데, 미디어 리터러시는 오늘날 지식기반 사회에서 시민들의 적극적 참여를 증대시킬 수 있는 중요한 수단으로서 모든 세대를 아울러 모두 활용할 수 있는 수단으로 보고 있다. 미디어 리터러시가 사회에 대한 시민들의 대응을 발전시킬 수 있는데 기여할 수 있다는 것이다. 유럽의 시청각 유산을 향유하여 개별 회원국의 정체성을 넘어 유럽통합 과정에서 새롭게 요청되고 있는 유럽적 정체성 함양에까지 기여할 수 있다고 보고 있다. 그렇기 때문에 미디어 리터러시에 대한 그 중요성이 유럽연합에서도 크게 부각되고 있는 것이다.[15]

유럽연합의 미디러 리터러시 향상과 관련된 전략 및 정책은 이미 2002년부터 2003년까지의 eLeaning으로 가시화되면서 시작되었고 미디어 2007 프로그램을 지나 현재는 EAVI 등 여러 조직을 구축해 미디어 리터러시 정책을 강화해 나아가고 있다. 미디어(MEDIA) 프로그램과 미디어 문두스(MEDIA Mundus) 프로그램을 통한 지원, 미디어 리터러시의 이해와 기술 향상도모, 지적 재산과 같은 제도적 장치 향상 도모, 미디어 리터러시에 대한 보고서 발간 등이다.

미디어는 유럽에 있어 중요한 경제적, 사회적, 문화적 역할을 해왔다. 유럽은 강한 미디어 산업을 가지고 있다. 경제성장과 일자리 창출 역할을 하며, 유럽인들의 삶, 역사, 문화를 담아내어 자신들은 물론 세계에 그들의 가치를 소통시킬 수 있는 중요한 역할을 해 왔고 계속 할 것이기 때문이다. 이러한 중요성으로 인해 미디어에 대한 미래의 역할이 더욱 커질 것이라 전망하고 있다. 유럽집행위원회는 미디어 리터러시에 대한 지속적 정책개발과 지원 향상을 위해 노력할 것이며 이 지원은 특히 창조유럽 프로그램과 연계되어 제공될 것이라고 밝히고 있다.[16]

앞에서도 언급했듯이 창조유럽이 제시하는 목표는 1) 국경을 초월한 보급을 위해 유럽 문화·창조 영역의 수용능력 지원, 2) 새로운 청중과 소비자 확보를 위한 문화콘텐츠와 창작자의 초국가적인 순환 지원, 3) 중소기업과 중소단체의 수용능력 강화, 4) 정책 개발과 혁신적인 사업모델 증진을 위한 초국가적인 정책적 합의 지원 등이다.[17] 이에 대한 실행은 특히 미디어 부문에서 시청각 전문가들의 훈련 및 네트워킹, 유럽 내에서 영화콘텐츠의 초국가적인 생산과 마케팅, 순환 지원 등을 시행하며, 특히 디지털로의 전환에 초점을 맞춰 온라인 플랫폼을 통한 배포도 장려한다. 또한 유럽 시청각콘텐츠의 제공과 증진을 통해 재정을 확보할 계획을 가지고 있는데, 전체 예산의 55%가 여기에 지원된다. 매우 큰 비중이 창조유럽 프로젝트 안에서 미디어가 차지하고 있다는 의미이다.

유럽집행위원회는 미디어 리터러시에 대해 유럽적 차원에서 두 가지에 역점을 두고 정책을 펴고 있는데, 하나는 개인의 역량(individual competences)이고 다른 하나는 환경적 요인(environmental factors)이다. 그리고 이 둘의 역량 강화가 현재 진행 중인 창조유럽 프로젝트의 성공을 향해 중요한 초석이라고 인식하고 있다.

개인의 역량은 세 가지로 세분화 되는데 미디어에 대한 사용 및 기술(use/technical skills), 비판적 이해(critical understanding), 소통 능력(communicative ability)이 그것이다. 미디어 사용과 기술은 미디어에 접속하여 사용할 수 있는 능력을 말하고, 비판적 이해는 미디어와 콘텐츠들의 이해와 평가에 대한 부분이다. 소통 능력은 시민 스스로가 콘텐츠의 소비는 물론 생산 및 참여라는 보다 적극적인 활동을 의미한다. 이 세 가지가 한 개인에게 균형적으로 종합될 때 미디어 리터러시에 대한 개인적 역량이 함양될 수 있다고 본다.

환경적 요인은 미디어 리터러시 환경에 대한 통찰과 관련된다. 미디어 리터러시에 대한 개인의 역량은 미디어 리터러시에 대한 개인의 환경과도 긴밀한 영향을 주고받는 관계로 교육에서부터 정책에 이르기까지 거시적 통찰을 요청한다. 환경적 요인으로서의 미디어 리터러시는 미디어 교육, 미디어 리터러시 정책, 미디어 산업, 시민사회라는 네 가지 중요한 요소를 포함한다. 미디어 교육은 미디어 리터러시에 대한 교육적 차원으로서 학교의 커리큘럼, 교육자들에 대한 훈련이 주 내용으로 학생들에 대한 교육자적 능력함양과 우수한 커리큘럼 제공을 말한다. 미디어 리터러시 정책은 관련 정책에 대한 법적 제도적 장치를 마련하여 국가의 틀에서 건전한 환경 조성을 위한 노력을 의미한다. 미디어 산업은 각종 미디어 매체들이 만들어 내고 있는 산업군으로서 실제적으로 시민들에게 영향을 미치는 산업들로서 미디어 리터러시 환경의 중요한 부분일 수밖에 없다. 그리고 시민사회인데 이는 미디어 리터러시와 관련된 시민들의 자발적 조직 및 협력적 대응이 주 내용으로서 그 중요성이 계속 증가되고 있다.

결국 미디어 리터러시에 대한 유럽연합의 대응은 개인의 역량 강화와 함께 개인을 둘러싸고 있는 환경적 영향인 교육, 정책, 산업 등을 동시에 고려하며 발전시켜 나가야 한다고 보면서 개별 회원국들과 함께 유럽 차원에서 그 정책적 노력을 하고 있다고 볼 수 있다. 이는 앞에서 언급하였듯이 지식정보사회의 진입으로 인해 새롭게 시민들에게 요청되고 있는 능력으로서 개인의 삶의 질 향상은 물론 유럽 전체의 대응으로서 그 중요성은 자명하다 하겠다. 특히 유럽연합은 미디어에 대한 중요성을 언급하면서 이것이 유럽의 문화적 다양성과 그 풍요로움을 미디어라는 매체를 통해 역내 모든 시민들이 보다 적극적으로 향유할 수 있는 주요한 수단으로 보고 있다. 그리고 현재 유럽연합은 창조유럽을 표방하며 특히 미디어의 중요성과 함께 새로운 정책을 실천해 나가고 있다.

(2) 유로피아나 크리에이티브[18]

창조유럽의 실천 전략에 있어서 매우 중요하게 강조되고 있는 것 가운데 하나가 바로 디지털화에 대한 과제이다. 창조유럽은 디지털시대와 세계화라는 환경에 대해서도 이것이 많은 도전 과제를 던져주고 있지만 동시에 큰 기회로 작용할 수 있음을 인식하고 보다 적극적으로 대응하려 하고 한다. 디지털로의 전환은 창조산업의 상품 및 서비스의 제작과 유통, 소비 패턴에 있어서 큰 충격을 가져왔다. 디지털로의 전환은 적은 배포 비용, 새로운 배포 경로, 그리고 틈새시장의 품목을 위한 접근을 용이하게 했고, 전 세계적인 순환의 증가 또한 가능하게 했다.[19]

유럽연합이 주도하고 있는 유로피아나(Europeana)는 이와 같은 시대적 상황과 여건을 반영해 그 효과를 최대화하려는 야심찬 프로젝트 중 하나이다. 동시에 2014년부터 시행되고 있는 유럽연합의 창조유럽 프로젝트와도 맥을 같이 하고 있다. 유로피아나는 창조유럽을 표방하고 있는 유럽연합과 회원국들을 위해 하나의 중요한 역할을 할 수 있다고 보고 있는데, 회원국이 보유하고 있는 문화적 다양성과 그 풍요로운 활용의 중심에 디지털기술과 인문학의 결합체인 모델로서의 역할을 할 수 있다는 것이다. 곧 유럽의 디지털문화유산은 유럽 창조산업의 성장과 그 결실인 유럽 전체의 경제적 성장을 위해서도 강력한 소스로서의 활용을 기대해 볼 수 있기 때문이다.

유럽연합의 집행위원장인 바로소(Barroso)는 유로피아나 출범의 의의를 다음과 같이 언급하고 있다:

> "유로피아나를 통해 우리의 풍요로운 문화유산이 기술의 도움을 받아 네트워크와 커뮤니케이션을 증대시키고 더 나아가 유럽 내 선의의 경쟁이 가져다 줄 모두의 이익에 도달할 수 있다. 유럽인들은 지금 위대한 유산들의 풍요로운 보고(寶庫)를 빠르고 손쉽게 접할 수 있게 되었다. 유로피아나는 단순한 디지털도서관이 아닌 그 이상이다. 21세기의 신르네상스를 열어줄 창조성과 혁신

의 동력이 될 것이다. 회원국의 학생은 물론 예술가와 학자 그리고 기업가들까지 유로피아나를 통해 우리의 문화적 보물들을 자유롭게 활용할 수 있다는 것은 굉장한 일이 아닐 수 없다. 또한 이 성과는 문화가 유럽통합의 중심에 있음을 분명하고도 강력히 입증할 것이다."[20]

유로피아나는 유럽의 디지털도서관이자 기록보관소이며 박물관이다.[21] 유로피아나는 단순한 포털을 넘어 플랫폼 역할까지 하고자 한다. 인문학자들의 연구를 위한 풍부한 디지털 자료를 제공함은 물론이고 다양한 전문가 그룹들의 네트워크 형성과 지적 교류 촉진, 유럽시민들의 문화유산에 대한 손쉬운 접근과 향유 및 교육적 활용 나아가 디지털 혁신가들과 창조산업을 연결시켜주는 교두보 역할까지 추진하고 있다.

유로피아나는 암스테르담국립미술관, 영국국립도서관, 프랑스국립도서관, 루브르박물관 등 수많은 유럽의 도서관, 박물관, 기록관에서 제공한 300만 건 이상의 문화유산 콘텐츠를 일반인에게 무료로 제공하고 있다. 유럽에 산재한 문화유산을 디지털화하여 시·공간의 구애 없이 쉽고 정확하게 찾아볼 수 있게 해 주고 있는 것이다. 특히 유럽연합은 그동안의 문화정책을 2014년부터 창조유럽 프로젝트로 통합시켜 창조산업을 중심으로 유럽의 다양한 문화와 유산들을 교류와 성장을 위해 적극 활용하고 있다. 이에 유로피아나는 창조유럽 구축을 위한 중요한 동력으로 강조되고 있으며 모든 데이터의 활용을 통한 창조적 콘텐츠 생산을 적극 독려하고 있다.

결국 유로피아나는 회원국이 보유하고 있는 문화적 다양성과 그 풍요로운 활용의 중심에 디지털기술과 인문학의 결합체인 모델로서의 역할을 하고자 한다. 곧 유럽의 디지털문화유산으로서 인문학 연구에 풍부한 소스를 제공해 줄 수 있고, 유럽 창조산업의 성장과 그 결실인 유럽 전체의 경제적 성장을 위해서도 강력한 소스로서의 활용을 기대해 볼 수 있기 때문이다. 또한 궁극적으로 유럽연합이 표방하고 있는 '다양성 속의 조화'의 실현을 위해 보다 적극적인 활용을 기대해 볼 수 있겠다. 개별 회원국들을 넘어 유럽 전체를 연결시켜주는 다리 역할을 디지털 기술의 힘을 빌려 좀 더 가까이 실현시키고자 하고 있다.

4. 유럽연합의 글로컬라이제이션 모델

우리는 문화정체성의 문제에서 출발하여 유럽연합이 시행하는 문화정책을 다각적으로 살펴보았다. 그들은 내부적으로 끊임없는 전쟁의 역사를 청산하고 서로의 다양성을 인정하며 평화로운 공존의 길을 모색하고 있고, 외부적으로는 세계화가 가져오는 획일성을 거부하며 과거 갈등요인이었던 다양성을 풍요로운 자산으로 탈바꿈시켜 내어 놓고 있음을 알 수 있었다. 유럽인들은 서로를 더 잘 알아가며 지속적인 화합을 계속 이루어내기 위해 문화적·인적 교류를 활성화하고 있으며, 유럽 내 풍부한 문화와 유산을 문화창조산업으로 육성하여 창조적 유럽을 구축하는데 많은 노력을 하고 있다.

결론적으로 우리는 유럽연합의 문화정책을 통한 글로컬라이제이션 전략을 고찰하면서 고유한 특성을 도출해 볼 수 있다.

첫째, 유럽연합은 '쌍방향적 글로컬라이제이션(interactive glocalization)' 을 지향한다. 하나의 강대국에 의해 일방적으로 주도되는 세계화가 아니라, 여러 나라들의 로컬 문화가 서로에게 영향을 미치며 글로벌화되는 방식을 제시하고 있는 것이다. 세계적으로 영향을 미치는 '방향'과 권력관계가 지난 몇 십 년 간 다각도로 변해왔다는 지적은 '토크백(talk back)' 현상을 근거로 제기되고 있다.[22] 즉 영향은 항상 중심부에서 주변부로 흐르는 것이 아니라, 역류(逆流)할 수도 있다는 것이다. 예를 들어 크로스 오버 뮤직이라든가 영적 생활, 패션, 스포츠, 경제이론 등이 있다. 이러한 점은 이미 '쌍방향성'의 가능성을 말해준다. 여기에 '반문화'의 모델을 채택한다면 더 이상 중심과 주변의 구분도 무의미하다. 단지 평등한 위계를 지니고 문화가 상호 교환되는 것이다. 한 가지 더 부언할 것은 지역 문화의 복수성을 인정한다면 우리는 보다 쉽게 세계적인 것과 지역적인 것의 상호작용 과정을 이해할 수 있을 것이라는 점이다.[23] 단 하나의 문화만이 존재한다면 다수의 세계인들은 그것

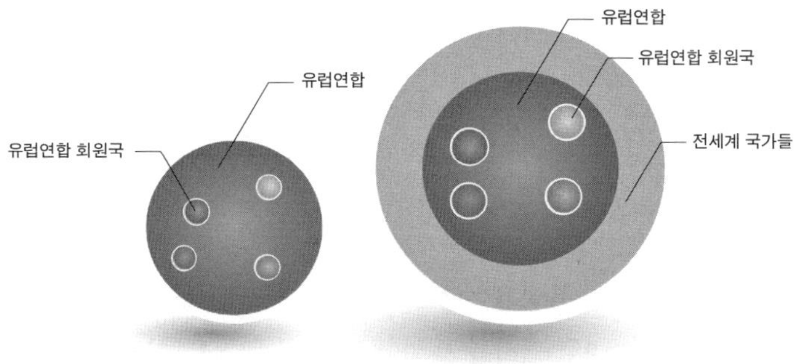

[그림 33] 유럽연합의 이중적 글로컬라이제이션

을 거부할 것이다. 반면 여러 문화가 공존한다는 관점을 취하면, 사람들은 서로 다른 문화 간의 차이를 인식하고 존중하는 것을 부자연스러워 하지 않을 것이다. 결과적으로 유럽연합의 쌍방향적 글로컬라이제이션은 다양한 문화 간의 평행한 상호교차를 지향하고 있다고 하겠다.

둘째, 유럽은 '이중적 글로컬라이제이션(two-level glocalization)'의 모델을 그려내고 있다. 마스트리히트조약에서는 최초로 보충성의 원칙이 명시되었는데, 이것은 유럽연합이 나아가고자하는 방향에 있어 가장 중요한 원칙이다.[24] 이 원칙이 의미하는 바는 유럽연합의 기구가 각 국가 또는 지방의 기관들 차원에서 다루어질 때보다 더욱 능률적일 수 있는 일만을 행하며, 불필요한 관여를 배제한다는 것이다. 유럽은 통합에 있어서 공통의 정체성 형성을 중요한 요소로 보고 있지만, 이는 획일화와는 분명히 다른 방식으로 이루어져야 한다는 점을 강조하고 있다. 여기서 알 수 있는 것이 유럽연합의 내부에서 표방되고 있는 '글로컬' 성격이다. '로컬'의 의미를 지닌 회원국들과 '글로벌' 차원의 유럽연합 공간이 형성되어 유럽 내부의 1차적 글로컬라이제이션을 만들어 낸다. 또한 유럽연합이라는 공간은 세계 무대에서는 '로컬'의 단위로 볼 수 있다. 따라서 개별 회원국 또는 유럽연합의 문화가 다시 세계화의 상황에서 글로벌화되는 2차적 글로컬라이제이션을 가정해 볼 수 있다. 이것이 바로 유럽연합의 독특한 이중적 글로컬라이제이션을 의미한다.

셋째, 유럽연합은 사회적 포용을 전제로 하는 '포용적 글로컬라이제이션(inclusive glocalization)'을 지향한다. 유럽연합이 내세우는 문화정책의 아젠다의 공통분모는 바로 쌍방향적 '소통'이라 볼 수 있다. 직접적으로 드러나는 것이 '문화 간 대화'의 아젠다이다. 사회적 포용이라는 아젠다 역시 복지정책을 통해 소외된 계층을 사회로 복귀·참여시킴으로써, 다시금 그들이 유럽시민으로서 제대로 의사를 표현할 수 있도록 유도하는 것이다. 나아가 유럽연합이 문화정책을 대외적 또는 세계적으로 확대시키는 글로컬라이제이션 방식에서도 '자신의 것'과 '타인의 것'을 상호 존중하는 태도로 교류하는 것을 전제로 하고 있다. 다음으로, 글로컬라이제이션의 아젠다는 사회적 포용의 아젠다를 함의하고 있다고 볼 수 있다. 이러한 특성은 유럽이 추구하는 고유한 복지 사회 모델을 근거로 하는 것이다. 국경 없는 시장은 국민들에게 불안을 부추긴다. 그들은 점차로 국가로부터 외면당한 채 경제 논리에 속수무책으로 노출되어 있다고 느끼게 된다.[25] 유럽연합은 세계화의 변화 속에서도 모든 시민들이 소외되지 않고 주체자로 동참할 수 있도록 정책을 펴고 있다. 대외적인 측면에서도 내부의 회원국뿐만 아니라 그 외 가입 희망국이나 제3세계 문화권과의 교류도 계속해서 유지해나가고 있다는 점을 알 수 있었다.

우리는 서두에서 세계화 시대의 담론들을 언급하면서, 문화정체성이 화두가 되고 있음을 지적하였다. 그리고 책의 본문을 통해 유럽연합의 문화정책 아젠다와 실행 프로그램들을 분석해봄으로써 그들이 구축해 나가고자 하는 문화정체성이 어떤 것인지를 제시해보았다. 결론은 그들이 유럽식의 새로운 사회모델을 제시하고 있다는 점이라 생각한다. 더욱이 유럽연합은 세계정치의 광범위한 이슈 영역에서 중심적인 행위자로 급격히 부상하고 있으며, 향후 국제질서의 변화 양상에 따라 그 중요성과 영향력은 더욱 증대할 것으로 예측된다.[26] 그리고 유럽의 사회모델이 획일화된 미국식 사회·경제모델에 대한 하나의 대안이 될 수 있다는 것이 이 책에서 우리가 내린 결론이다.

이러한 논의가 국내 문화콘텐츠 산업 정책에 주는 시사점은 무엇일까?

최연구는 해외 선진국들이 한결같이 문화콘텐츠 산업의 전략적 육성에 나서고 있다는 점을 환기시키며 각국의 문화정책을 범주화시켜 제시한 바 있다. 그런데 여기서 우리나라의 경우는 특정한 모델로 분류될 만한 뚜렷한 특징을 보이지 못한다고 지적했다.[27] 우리나라도 문화콘텐츠 지원 정책을 활발히 시행하고는 있지만 실질적인 토대가 아직 제대로 구축되지 않았다는 사실을 말해준다. 이러한 지점에서 유럽연합 문화정책의 글로컬라이제이션 전략 모델은 좋은 참조점을 제공해준다고 볼 수 있다.

세계화가 공통의 화두이듯이 글로컬라이제이션 방식은 모든 국가에 시사점을 제공한다. 그러나 특별히 우리나라를 포함한 동아시아를 둘러싼 담론도 1990년대 후반부터 시작해서 크게 확산되고 있다. 유럽연합의 경우를 비추어 보면 동아시아 지역 역시 현실과 특수성에 맞는 문화정책의 목적과 방향설정이 매우 중요하다. 상이한 근대화 과정과 역사인식 문제 등으로 정체성 자체가 약한 만큼 정체성의 지역적 공유와 새로운 지역 정체성을 만들어나가는 것이 필요하다는 것이다.[28] 따라서 문화정책의 효용성만을 강조하기 보다는 상호교류에 의한 공동의 정체성 확립에 주안점을 두는 유럽연합의 사례에서 교훈을 얻을 수 있을 것이다.

한편 국내에서는 한류가 단기적 현상에 그치지 않고 지속적인 국가전략사업으로 육성될 수 있어야 한다는 목소리가 높다.[29] 이러한 문제에 관한 해법을 유럽연합이 오랜 기간 동안 쌓아온 문화교류의 기반에서 찾을 수 있을 것이다. 즉 우리의 문화콘텐츠를 수출하는 데에만 급급할 것이 아니라, 우리 문화에 대한 소개와 상대방의 문화에 대한 이해가 선행되어야 한다는 것이다. 교류를 통해 서로 간의 공감대를 형성하는 기반 없이는 문화산업 육성 정책은 밑 빠진 독에 물 붓기 격으로 전락하기 쉽다. 이 책을 통한 우리의 연구는 다양한 문화 간 교류의 효과적인 방법들과 이것을 문화산업으로 연결시켜 시너지를 창출하는 전략을 얻을 수 있다는 점에서 의의를 지닌다고 하겠다.

주석

1 https://ec.europa.eu/programmes/creative-europe/

2 유럽유산라벨은 유럽의 역사와 이야기가 깃듯 유산을 선정하는데 유럽적 차원이 강하게 드러나는 곳으로 선정된다.

3 Si Bum Kim, Discussion for Cultural Contents Business Utilizing Regional Heritage Resources, Humanities Contents, (27), 2012.

4 http://data.consilium.europa.eu/doc/document/ST-15320-2014-INIT/en/pdf

5 JPI Cultural Heritage, The Joint Programming Initiative on Cultural Heritage and Global Change: a new challenge for Europe, http://www.jpi-culturalheritage.eu/about-us-2/vision/

6 European Commission, Mapping of Cultural Heritage actions in European Union policies, programmes and activities, http://ec.europa.eu/culture/library/reports/2014-heritage-mapping_en.pdf

7 Palmer-Rae Associates, European Cities and Capitals of Culture Part I, Brussels: Palmer-Rae Associates, 2004.

8 https://ec.europa.eu/programmes/creative-europe/actions/european-heritage-label_en

9 https://ec.europa.eu/programmes/creative-europe/actions/heritage-prize_en

10 https://ec.europa.eu/programmes/creative-europe/actions/heritage-days_en & http://www.europeanheritagedays.com/Home/About.aspx?id=33da673f-1180-4d50-ab55-db80f6b13d15

11 JPI Cultural Heritage, JPI Cultural Heritage and Global Change: Strategic Research Agenda, http://www.jpi-culturalheritage.eu/about-us-2/strategic-research-agenda/

12 http://www.europanostra.org/UPLOADS/FILS/Why%20Cultural%20Heritage%20matters%20for%20Europe%20062009.pdf

13 Tomero. J. P., ABC...Media Literacy White Paper: European Media Literacy-Selected Texts from Studies, Barcelona, 2013.

14 European Union, http://ec.europa.eu/culture/policy/audiovisual-policies/literacy_en.htm

15 Matteo Zacchetti, Media literacy: A European Approach, http://www2.mediamanual.at/themen/kompetenz/61Zacchetti-Media-Literacy-European-approach.pdf

16 Paolo Celot, Study on Assessment Criteria for Media Literacy Levels, Brussels, 2009.

17 'Creative Europe, the future of the culture in Europe'. http://www.welcomeurope.com/fact-of-the-day/creative-europe-future-of-culture-europe-145+45.html

18 박치완 외,『디지털인문학이란 무엇인가』한국외대출판부, 2015 참조.

19 CEC, *Proposal for a Regulation of the European Parliament and of the Council on* establishing the Creative Europe Programme, COM(2011) 785/2.

20 Europa: Press releases 2008, http://www.europa.eu

21 유로피아나, http://www.europeana.eu

22 Joana Breidenbach & Ina Zukrigl, *op. cit.*, p.129.

23 Paul Hopper, *op. cit.,* p.109.

24 Pascal Fontaine, *op. cit.*, p.7.

25 Joana Breidenbach & Ina Zukrigl, *op. cit.,* p.13.

26 온대원, 「유럽연합의 대외정책과 국제적 역할의 모색」, 『유럽연구』 제25권 1호, 2007, p.45.

27 최연구, 앞의 책, p.88.

28 박성훈 외, 앞의 책, p.86.

29 임영상, 「'문화콘텐츠 개발'과 인문학」, 『인문콘텐츠』 제6호, 2005, p.279.

나가는 말

"문화는 휴머니티로 향해가는 모든 꿈과 노고들이다"

- 드니 드 루즈몽

이제 우리는 문화정책에 대한 고전적 이해를 바꾸거나 버려야 한다. 그 이유는 기본적으로 문화정책이 예술과 관련된 특정 영역에만 국한된 것이 아니기 때문이다. 다시 말해 사람들이 살아가면서 만들어낸 다양한 삶의 방식들에 대한 진지한 고민이어야 한다는 뜻이다. 그렇기 때문에 제기될 수밖에 없는 것이 우리 모두가 다양하게 살아가고 있다는 공존에 대한 경건한 물음이다. 유럽연합은 이러한 미래 지향적인 문화정책의 초석으로 작동할 수 있는 시도를 하고 있다.[1] 유럽 사회는 문화 간 교류라는 결코 쉽지 않은 정책들을 시작하고 있고, 이것이 바로 유럽연합의 문화정책이 추구하고자 하는 내용인 것이다. 그에 대한 염려는 당연히 우리 모두의 몫이다. 그러나 적어도 그들 안에서의 다양함이 줄 수밖에 없는 갈등을 긍정적으로 승화시키려는 노력은 분명 새로운 도전이며, 긍정적인 시선으로 함께 공유할 문제라고 생각한다.

결론은 자명해졌다. 세계화시대의 문화산업은 어느 국가를 막론하고 서로 간의 이해와 교류를 통한 준비 없이는 세계의 문화산업 시장 앞에 제대로

설 수 없음이요, 그 준비는 각국의 책임이자 자세라고 생각한다. 그러나 유럽연합이나 우리나라를 비롯한 다른 어느 국가도 실천에 있어서는 아직 미숙한 수준이라고 판단된다. 한 가지 분명히 해두고 싶은 것은 유럽연합의 사례도 여전히 시행착오의 과정에 있다는 것이다. 이는 세계화 시대의 성숙된 문화산업 전략을 아직 실천하고 있지 않다는 것을 의미한다. 그렇다면 다양성 속의 조화라는 모토의 실천방안은 그들이 아닌 우리가 더 발전시켜 먼저 시행할 수 있다는 사실도 분명히 밝히고 싶다. 어느 국가가 먼저 세계적 위상을 갖춘 성숙된 모습으로 문화산업을 발전시킬지 지켜볼 일이다. 이러한 자각을 공유하고자 하는 것이 이 책의 의도이자 목적이었다는 점을 밝힌다.

세계는 그동안 감추어져 있던 다양성들이 드러나는 시기를 맞이하고 있다. 이는 우월한 국가도 우월한 시민도 없다는 사실과 그 동안의 역사가 지나치게 서구 중심적이었음을 성찰해야 하는 때가 왔음을 의미한다. 다만 다양성이 인정받고 조화로이 살아갈 수 있는 도약의 시대에 누가 먼저 성숙된 사회를 건설하고 실천해 나갈지가 관건이라 하겠다. 그런 사회에서 살 수 있는지 없는지는 우리의 의지와 실천 여부에 달려 있다.

주석

1 Ulrike Hanna Meinhof(ed.), *op. cit.*, pp.6-7 참조.

찾아보기

ㄱ

ㄷ

ㄹ

ㅁ

유럽연합(EU)의 문화창조산업 프로젝트

문화콘텐츠학 총서 10

초 판 발행 2012년 4월 20일
개정판 발행 2018년 7월 25일

지은이 홍종열
발행인 김인철
총괄 · 기획 가정준 Director, University Knowledge Press
편집장 신선호 Executive Knowledge Contents Creator
도서편집 박현정 Contents Creator
전자책편집 이리나 e-Contents Creator
재무관리 문수진 Managing Creator
사전 · 출판 정준희 Contents Creator
마케팅 파트장 백승이 Chief Marketing Creator
마케팅 이현진 Marketing Creator
발행처 한국외국어대학교 지식출판콘텐츠원
02450 서울특별시 동대문구 이문로 107
전화 02)2173-2493~7
FAX 02)2173-3363
홈페이지 http://press.hufs.ac.kr
전자우편 press@hufs.ac.kr
출판등록 제6-6호(1969. 4. 30)
디자인 · 편집 (주)이환디앤비 02)2254-4301
인쇄 · 제본 네오프린텍(주) 02)718-3111

ISBN 979-11-5901-370-6 14000 정가 14,000원
ISBN 978-89-7464-566-3 (세트)

* 잘못된 책은 교환하여 드립니다.

HU:iNE 은 한국외국어대학교 지식출판콘텐츠원의 어학도서, 사회과학도서, 지역학 도서 Sub Brand이다. 한국외대의 영문명인 HUFS, 현명한 국제전문가 양성(International+Intelligent)의 의미를 담고 있으며, 휴인(携引)의 뜻인 '이끌다, 끌고 나가다'라는 의미처럼 출판계를 이끄는 리더로서, 혁신의 이미지를 담고 있다.